Alfons Auer

Autonome Moral und christlicher Glaube

Alfons Auer

Autonome Moral und christlicher Glaube

2. Auflage, mit einem Nachtrag zur Rezeption der Autonomievorstellung in der katholisch-theologischen Ethik

Patmos Verlag Düsseldorf

CIP-Kurztitelaufnahme der Deutschen Bibliothek

Auer, Alfons:
Autonome Moral und christlicher Glaube /
Alfons Auer. – 2. Aufl. mit e. Nachtr. zur Rezeption
d. Autonomievorstellung in der kath.-theol. Ethik.
– Düsseldorf: Patmos Verlag, 1984.
ISBN 3-491-77521-3

 2. Auflage 1984
Umschlaggestaltung: Peter J. Kahrl
Gesamtherstellung: Clausen & Bosse, Leck
ISBN 3-491-77521-3

Meinen Freunden in dankbarer Verbundenheit

Für das Mitlesen der Korrekturen bin ich meinen Mitarbeitern, den Herren Hubert Bour und Siegfried Pirker, sehr verpflichtet.

Inhaltsverzeichnis

2. Kapitel:
Weltethos in der Heiligen Schrift

3. Kapitel:
Weltethos in der lehramtlichen Praxis und in der moraltheologischen Reflexion

Nachtrag: Die umstrittene Rezeption der Autonomie-Vorstellung in der katholisch-theologischen Ethik

Einleitung

Der Titel dieses Buches „Autonome Moral und christlicher Glaube“ will die beiden zentralen Probleme heutiger moraltheologischer Diskussion in sich selbst und in ihrer Interdependenz ansprechen.

Das erste Problem ist das des Sittlichen überhaupt. Tradierte sittliche Normen werden heute ohne Zögern beiseite geschoben, wenn sie nicht überzeugend begründet werden können. Überzeugen aber kann eine Begründung nur, wenn sie sich auf rationale Argumente stützt. Auch Autoritäten haben keine anderen Mittel, sofern es ihnen wirklich um Überzeugung zu tun ist; und anderes steht im Bereich des Sittlichen, im Unterschied etwa zu den das Strafrecht bestimmenden Sachzwängen, nicht an. Wie bei der Begründung tradierter Normen, so ist es auch bei der Auffindung sittlicher Orientierungshilfen in jenen Bereichen menschlichen Zusammenlebens, die im Zuge der fortschreitenden technischen Selbstmanipulation des Menschen ganz neue, ethisch noch nicht oder nicht ausdrücklich reflektierte Fragen aufwerfen. Jede Diskussion, in der inhaltlich konkretisierte sittliche Forderungen behauptet oder bestritten werden, führt über kurz oder lang mit Sicherheit in den Engpaß der Begründungsproblematik. Jedermann kennt die Schwierigkeiten, sich auch nur über ein in unserer Gesellschaft pädagogisch zu urgierendes ethisches Minimum zu vereinbaren. Kann man im Blick auf die beginnende Neuzeit noch von einer „Emanzipation *des* Ethischen“ von der religiösen Tradition sprechen, so muß sich bei der heutigen Krise der Eindruck der „Emanzipation *vom* Ethischen“[1] überhaupt einstellen. Wer sich in der Geschichte auskennt, macht sich über die Bedrohlichkeit einer solchen Entwicklung, falls die Diagnose stimmt, keine Illusionen. Auf der anderen Seite halten neuerdings sogar Soziologen Ausschau nach sittlichen Verhaltensmustern, weil sie feststellen, daß der völlige Verzicht auf normative Institutionalisierung der anthropologischen

[1] *G. Ebeling*, Die Evidenz des Ethischen und die Theologie 325.

Dringlichkeiten den Menschen schlechthin überfordert. Was ist in dieser Situation zu tun?

Wenn das Sittliche mit der Entfaltung menschlicher Freiheit und Würde zu tun hat, muß es kommunikabel sein. Es ist tatsächlich kommunikabel, weil es in der menschlichen Vernunft begründet ist. Aus eben diesem Grunde muß die Reflexion über ethische Fragen autonom ansetzen, sie muß Vorstellungen entwickeln, die von bestimmten Glaubenshorizonten unabhängig sind und doch ein sinnvolles und fruchtbares Zusammenleben der Menschen gewährleisten (1. Kapitel). Die Autonomie des Sittlichen ist auch für den Theologen nicht nur ein möglicher, sondern, zumindest in der heutigen Gesellschaft, der einzig sinnvolle Ansatz. Der Theologe begibt sich sonst a priori der Möglichkeit einer Kommunikation mit denen, an die sich die christliche Botschaft wendet und an die er sie doch vermitteln soll.[2]

Das zweite Problem gegenwärtiger moraltheologischer Reflexion hängt mit dem ersten unmittelbar zusammen. Wenn das Sittliche autonom ist, was kann dann der christliche Glaube zur sittlichen Verwirklichung menschlicher Existenz beitragen, und welche Aufgabe kommt in diesem Zusammenhang den Vermittlern und Interpreten der christlichen Botschaft zu? Die Untersuchung wendet sich, um diese schwierigen Fragen bedenken zu können, zunächst der Heiligen Schrift (2. Kapitel) und in einem kurzen Exkurs der geschichtlichen Entwicklung der Moraltheologie zu. Das 2. Kapitel über „Weltethos in der Heiligen Schrift" mag manchem Leser allzu breit angelegt sein, zumal es vom Standpunkt der Exegese und der biblischen Theologie her nichts Neues zu bieten hat. Aber das Problem, das in diesem Kapitel an die Heilige Schrift herangetragen wird, scheint die Exegeten nicht in gleicher Weise zu bedrängen wie die Moraltheologen. Die vorliegende Untersuchung kann darum keinesfalls darauf verzichten, aus dem Alten und Neuen Testament und wenigstens andeutungsweise auch aus der Geschichte der Moraltheologie einige wesentliche Modelle religiöser bzw. theologischer Integrierung autonomer

[2] Um es vorweg deutlich zu sagen: hier steht nicht das „Heilsethos", sondern das „Weltethos" zur Debatte. Es geht also um weltethische Orientierung, nicht um die „Unmittelbarkeit zu Gott". Was die „Unmittelbarkeit zu Gott" betrifft, sind wir auf die Orientierungshilfen der Heiligen Schrift angewiesen. Die Unterscheidung zwischen „Weltethos" und „Heilsethos" ist gewiß mit manchen Problemen behaftet. Doch sollte man dem, der sie trotzdem für sinnvoll hält, nicht allzu rasch und unbesehen vorwerfen, er verkenne die „Reziprozität" zwischen der Unmittelbarkeit zu Gott und der Zuwendung zur Welt.

Moral zu erheben und damit jenes Fundament bereitzustellen, auf dem sie zu einer Bewertung heutiger kirchlicher Praxis und heutiger moraltheologischer Reflexion ansetzen kann. Nur wenn aus der geschichtlichen Entwicklung, vor allem aus ihren theologisch privilegierten Anfängen, verbindliche Richtbilder sichtbar gemacht und mit einer gewissen Ausführlichkeit demonstriert werden, kann das christliche Proprium sittlichen Existenzvollzugs und die kirchliche bzw. theologische Ermächtigung bei der Findung weltethischer Weisungen genauer bestimmt werden (3. Kapitel).

Vor gut zwei Jahren hat der Verfasser in der Tübinger „Theologischen Quartalschrift"[3] einen Beitrag „Nach dem Erscheinen der Enzyklika ‚Humanae vitae' – Zehn Thesen über die Findung sittlicher Weisungen" veröffentlicht. Die Absicht, diese Thesen ausführlicher zu entfalten und sorgfältiger zu begründen, löst er mit der hier vorgelegten Untersuchung ein. Daß sich die Veröffentlichung so lange verzögerte, lag an den üblichen Belastungen, denen der Hochschullehrer heute ausgesetzt ist. Die Verzögerung hat allerdings den Vorteil, daß nunmehr eine Reihe inzwischen erschienener wichtiger Arbeiten mit berücksichtigt werden kann. Der Bericht über die gegenwärtige Diskussion unter den Moraltheologen soll die verschiedenen Positionen im einzelnen vorstellen, auch wenn dies den Anmerkungsteil beträchtlich anschwellen läßt. Doch geht es nicht nur um einen Bericht, sondern um die Darlegung und Begründung einer eigenen dezidierten Stellungnahme des Verfassers.[4] Diese Stellungnahme zielt keineswegs auf Kritik um der Kritik willen, sondern auf jene Differenzierung des Denkens und des Sprechens, zu der Kirche und Theologie durch die geistige und sittliche Entwicklung der Neuzeit aufgefordert sind.

Wenn die Untersuchung sich im wesentlichen auf die katholische Auffassung bezieht, hängt das damit zusammen, daß sich für Lehramt und Theologie der katholischen Kirche die Frage ungleich schärfer stellt als für den evangelischen Bereich, was gewiß nicht heißt, daß das Problem dort nicht besteht.

[3] 149 (1969) 75—85.

[4] *J. Meßner*, Ehemoral und Entscheidungsethik, in: Hochland 62 (1970) 1—19, hier 6—7, stellt einen Wandel in der Auffassung des Verfassers fest. Tatsächlich plädierte dieser zunächst für eine „Theologisierung" der Moral. Inzwischen ist er zu der Überzeugung gekommen, daß die Moraltheologie den autonomen Denkansatz aufgreifen muß — nicht nur, weil ihr die moderne autonome Profanität als Ort ihrer Reflexion zugewiesen ist, sondern weil ihr nur an diesem Ort Richtigkeit und Bedeutsamkeit dieses Denkansatzes erkennbar werden.

1. Kapitel
Weltethos als das Ja zur Wirklichkeit

I. Bestimmung des Sittlichen (im Sinne des Weltethos)

Die Frage nach dem Wesen des Sittlichen hat im Laufe der Geschichte ungezählte Antworten gefunden, die, sofern sie nur tief genug angesetzt waren, jeweils einen mehr oder weniger wesentlichen Beitrag zur Aufhellung dieses schwer durchschaubaren Phänomens geleistet haben. Alle diese Antworten wurden aus einem bestimmten ganzheitlichen Verstehenshorizont heraus formuliert und unterlagen damit automatisch dem Gesetz der perspektivischen Sichtverengung. „Jede kulturelle Antwort auf die großen Menschheitsfragen ist eben doch nur eine neben möglichen anderen und damit, wenn auch in sich nicht unzulänglich, so doch einseitig. Als entscheidende Form hat sie nur eine beschränkte Fassungskraft und schließt andere Formen aus ... Indem wir in der einen Antwort stehen und ihrer Vorzüge teilhaft sind, fühlen wir doch, daß uns gleichzeitig dadurch die Vorzüge anderer Antworten entgehen. Anderseits lassen sich die Vorzüge der verschiedenen Antworten nicht synthetisieren: Die Optima sind imkompossibel."[1] Die im Folgenden vertretene Position verleugnet ihre Herkunft von der durch Thomas von Aquin in klassischer Weise entwikkelten „Seinsethik" nicht, versucht diese aber auf Grund heutiger Einsichten zu aktualisieren.

[1] *M. Landmann,* Der Mensch als Schöpfer und Geschöpf der Kultur, München-Basel 1961, 73.

1. *Das Sittliche als das Ja zur Wirklichkeit*

a) Die These

„Alles Sollen gründet im Sein. Die Wirklichkeit ist das Fundament des Ethischen. Das Gute ist das Wirklichkeitsgemäße."[2] Das Sittliche ist also zu bestimmen als der Anspruch, den die Wirklichkeit an die menschliche Person stellt. Wenn ich wissen will, wie ich mich in Ehe, Familie, Beruf, Staat, Technik, Kunst, Wissenschaft usw. zu verhalten habe, muß ich zuerst wissen, was diese Lebensbereiche für die menschliche Person und ihre sozialen Beziehungen bedeuten, welche Gesetze in ihnen herrschen, welche Sinnwerte in ihnen repräsentiert sind, welche geschichtlichen Möglichkeiten ihnen offenstehen und welche Grenzen ihnen gesetzt sind. Erst dann kann mir klarwerden, wie ich mich in ihnen zu verhalten habe, damit sie ihren Sinn und ihre Funktion für das menschliche Dasein in optimaler Weise erfüllen. Das wahre Sein der Wirklichkeit, die innere Wahrheit der Dinge wird zum Maß und zur Norm des Handelns. Diese Sachlichkeit vermag nicht nur die augenblickliche Gestalt der Wirklichkeit, sondern auch ihr Zurückbleiben hinter den angebotenen Möglichkeiten und ihre wesenhafte Finalisierung auf das melius und schließlich das optimum potentiae, auf das Äußerste ihres jeweiligen Seinkönnens – das definitive Seinkönnen ist nicht zugänglich, solange die Geschichte dauert – wahrzunehmen.[3] Diese radikale Sachlichkeit allein

[2] *J. Pieper,* Die Wirklichkeit und das Gute 11, bringt mit dieser Formulierung die Auffassung des Aquinaten mit äußerster Prägnanz zum Ausdruck. Er stellt seinem Buch als Motto zwei Worte voraus, das erste von Bernhard von Clairvaux: „Ein Weiser ist, wem alle Dinge so schmecken, wie sie wirklich sind", das zweite von J. W. Goethe: „Im Tun und Handeln kommt alles darauf an, daß die Objekte rein aufgefaßt und ihrer Natur gemäß behandelt werden." Vgl. auch *H. Henkel,* Einführung in die Rechtsphilosophie 288: „Das Wort ‚Natur der Sache' ... bezeichnet im wissenschaftlichen Denken einen bestimmten Weg der Erkenntnis, der nicht auf Ideen hin gerichtet ist, sondern von den ‚Dingen' ausgeht und sich an ihrem ‚Maß' orientiert. Als eine solche Denk- und Betrachtungsweise kennzeichnet Schiller in dem bekannten und vielgenannten Brief an Wilhelm von Humboldt (vom 9. 11. 1795) Goethes ‚solide Manier, immer von dem Objekt das Gesetz zu empfangen und aus der Natur der Sache ihre Regeln abzuleiten'. Als Leitprinzip für das rechte Handeln versteht Adalbert Stifter die Maxime, stets das zu tun, ‚was die Dinge fordern'. Diese beruht, wie Bockelmann treffend formuliert hat, auf folgender Grundlage: ‚In jeder Situation, in jeder Konstellation von Tatsachen, menschlichen Strebungen und historischen Tendenzen liegt ein Maßstab des Richtigen verborgen, den es auszuhorchen gilt. Er ist den Dingen immanent, nicht transzendent.'"

[3] *Thomas von Aquin,* Summa Theologica I—II, 3,2: „Unumquodque autem intantum perfectum est, inquantum est actu; nam potentia sine actu imperfecta est — Jedes

schützt vor der Tabuierung des einzelnen Gewissens und vor der Anmaßung der „privilegierten Gewissen" von Ethikern und Moraltheologen. Diese Sachlichkeit bewahrt den Menschen auch davor, durch Egoismus und Willkür die Wirklichkeit um ihren Sinn und ihre Ordnung zu bringen und damit zugleich die Entfaltung der eigenen Existenz zu verhindern.

Die Grundthese der Seinsethik hängt an zwei Sachverhalten.[4] Sie hat zunächst zur Voraussetzung, daß menschliches Erkennen tatsächlich die Wirklichkeit richtig zu erfassen vermag (Realistische Erkenntnislehre). Dazu bedarf es jener Askese, durch die alle „Vorurteile" zurückgehalten werden und die Wirklichkeit allein zum Maß des Erkennens wird. Richtige Erkenntnis kommt nur zustande, wo der menschliche Geist mit dem Wirklichen übereinstimmt. Zum zweiten hängt die Grundthese der Seinsethik daran, daß die richtige Erkenntnis als Maß des Wollens und des Wirkens respektiert wird (Rationale Ethik). Thomas von Aquin formuliert diesen Sachverhalt folgendermaßen: „Das Gute des Menschen liegt im Sein gemäß der Vernunft, sein Böses im Sein wider die Vernunft."[5] Das Sittliche kann also verstanden werden als das Ja zur Wirklichkeit. Dieses Ja hebt an mit der Sachgerechtigkeit des Erkennens, schreitet fort zur Sachgerechtigkeit des Wollens und vollendet sich in der Sachgerechtigkeit des Tuns. Das Gewissen ist keine Instanz gegen den Anspruch der Wirklichkeit, es ist vielmehr das verbindliche Bewußtwerden des in der Wirklichkeit implizierten Anspruchs, wie auch Freiheit nicht Willkür ist, sondern als Befähigung und Verpflichtung zur Erfüllung dieses Anspruchs zu bestimmen ist.[6]

Wesen ist so sehr vollkommen, wie es verwirklicht ist; und die Unvollkommenheit liegt darin, daß ein Seinkönnen nicht zur Verwirklichung kommt."

[4] Vgl. zum folgenden *J. Pieper,* Die Wirklichkeit und das Gute 17—19.

[5] Summa Theologica I—II, 18, 5.

[6] Die hier vertretene Position kann nicht einfachhin als „seinsethisch" bezeichnet werden. Vielmehr ist der Begriff „Sein" durch den Begriff „Wirklichkeit" abgelöst. Dieser geht auf Meister Eckhart zurück, der mit „Wirklichkeit" das lateinische actualitas („Wirksamkeit") übersetzte. Im Begriff Wirklichkeit steckt also unverkennbar die Komponente des „Wirkens". Vgl. dazu Art. Wirklichkeit, in: Philosophisches Wörterbuch (Kröners Taschenausgabe Bd. 13), Stuttgart [18]1969, 663—665, und vor allem *D. Mieth,* Die Einheit von vita activa und vita contemplativa in den deutschen Predigten und Traktaten Meister Eckharts und bei Johannes Tauler (Studien zur Geschichte der kath. Moraltheologie, hrsg. von M. Müller, Bd. 15), Regensburg 1969, 335 (Stichworte „Werk", „Wirken", „Wirksamkeit", „Tätigkeit" im Register).

b) Die Bewertung der These

Man hat gegen die scholastische These „ens et bonum convertuntur" eingewendet, es handle sich in der Ethik „nicht so sehr um die Orientierung an einem Seienden, sondern am Seinsollenden"[7]. Das Erstrebte sei irreal, die Werte und die in ihnen gründenden Forderungen seien in Geltung, auch wenn die Wirklichkeit ihnen nicht entspreche. Man könne also nicht von einer Entsprechung zwischen dem ens und dem bonum sprechen. Demgegenüber ist festzustellen, daß das Seiende ja eben als Seinsollendes auftritt. Die Nichtidentität des Wirklichen und des Gesollten wird vom ethisch erweckten Menschen als sittlicher Impuls erfahren. Das Sollen liegt also gerade darin begründet, daß das Wirkliche noch nicht ein Voll-Wirkliches ist, daß es noch weitere Möglichkeiten der Verwirklichung in sich hat. Der Begriff von Wirklichkeit, der hier verwendet wird, meint gerade nicht die empirischen Faktizitäten, sondern ihre je mögliche bessere, d. h. menschlichere Gestalt, der die Tatsächlichkeit nähergebracht werden soll. Sittliche Erkenntnis ist somit nur dort gegeben, wo „Noch-nicht-Wirkliches als etwas Seinsollendes (entworfen wird), aber nicht in freier ‚Erfindung', sondern auf Grund eines bereits Wirklichen, des im Aktträger verwirklichten personalen Wesens des Menschen".[8]

Diese philosophische Begründung des Sittlichen befindet sich in einer größeren Nähe zur Heiligen Schrift, als man auf den ersten Blick vermutet. Was die Wirklichkeit an Sinngestalten, Ordnungsgesetzen und dynamischen Intentionalitäten in sich trägt, wird im Alten und Neuen Testament auf das schöpferische Tun Gottes durch den Logos zurückgeführt. Alles Wirkliche und alles Mögliche stammt aus der Kraft des schöpferischen „Wortes". Im Logos hat die Wahrheit der Welt ihren personalen Ursprung. Jo 3, 21 ist gesagt, daß nur der ins Licht kommen kann, der „die Wahrheit tut". J. Blank[9] hat darauf aufmerksam gemacht, daß die Formel „die Wahrheit tun" jenen alttestamentlichen Ausdrücken nachgebildet ist, in denen vom „Recht" und vom „Tun der Gerechtigkeit" die Rede ist. Die Begriffe „Recht" und „Gerechtigkeit" umgreifen im alttestamentlichen Sprachgebrauch

[7] *H. Meyer,* Das Wesen der Philosophie und die philosophischen Probleme, Bonn 1936, 115.
[8] *J. Stallmach,* Das Problem sittlicher Eigengesetzlichkeit des Individuums in der philosophischen Ethik 43; hier auch weitere Literatur über die „Richtigkeit" des seinsethischen Ansatzes.
[9] Krisis. Untersuchungen zur johanneischen Christologie und Eschatologie, Freiburg 1964, 106 f.

„die gesamte menschliche Lebensordnung nach ihrer objektiven und subjektiven Seite", sind also als „Inbegriff für das gottgemäße Handeln überhaupt" zu verstehen. Für den, der in die Gemeinschaft mit Christus eingetreten ist, erhebt die neutestamentliche Botschaft die zentrale sittliche Forderung, daß er „die gesamte menschliche Lebensordnung" in der durch das Pneuma ermöglichten Liebe aufzurichten habe. So darf man in dem „aletheuein en agape" von Eph 4, 15 eine Kurzformel christlicher Sittlichkeit sehen: Sittlich gut ist der Mensch, der die Wahrheit der Welt in Liebe vollzieht.

2. *Die Dimension der Wirklichkeit*

Das Sittliche ist das Ja zur Wirklichkeit. Die Sittenlehre hat also die Aufgabe, die Einsichten in die Wirklichkeit, in ihre Sinngestalten und Ordnungsstrukturen, in die Sprache der Verbindlichkeit zu übersetzen, die Indikative über die Wirklichkeit in Imperative für das Handeln umzuformen. Zur weiteren Klärung und Konkretisierung mag es dienlich sein, die Dimensionen dessen, was hier mit Wirklichkeit gemeint ist, kurz aufzuweisen.

Zunächst ist zu bedenken, daß der Mensch, um den sich alle weltliche Wirklichkeit zu einem sinnvollen Ganzen zusammenschließt, Person ist. *Personalität* bedeutet, daß der Mensch ein Eigensein ist und daß er dieses Eigenseins bewußt und mächtig ist oder doch bewußt und mächtig werden kann. Sie äußert sich darin, daß er sein Eigensein ausdrücklich aufzugreifen und in Erkenntnis und Freiheit zu entfalten und zu erfüllen vermag. Daß der Mensch Person ist, impliziert seine Befähigung und Verpflichtung, alles, was er ist, in die Hand zu bekommen, alle Schichten seines Wesens im geistigen Selbstand zu zentrieren. Nur in dem Maße, wie ihm dies gelingt, verwirklicht er personales Dasein.

Der Begriff der menschlichen Person schließt ihre dialogische Beziehung zu der sie umgebenden Umwelt wesenhaft mit ein. Menschliche Person ist nie weltlos, weil Sozialität und Materialität für sie konstitutiv sind. Darum kann sich menschliche Personalität nur im Handeln verwirklichen. Nur das Handeln bringt sie voran auf dem Weg zum „optimum potentiae", zur je möglichen besseren Einlösung menschlichen Seinkönnens. Menschliche Person ist auf Koexistenz mit anderen verwiesen. Sie trägt in sich dynamische Anlagen, intentionale

Kräfte, die sie aus der Verschlossenheit in sich selbst mit unwiderstehlicher Kraft in die *Sozialität* hinausdrängen. Der Mensch bedarf der Gemeinschaft nicht nur, um überhaupt ins Dasein zu treten und seine Daseinsgrundlagen fortwährend zu sichern, sondern um sich in Erkenntnis und Verbundenheit, in Wort und Liebe zusammen mit den anderen zur Erfüllung zu bringen. Er ist aufgerufen, sein volles personales Engagement zur sinnvollen und fruchtbaren Gestaltung jener Formen von Gemeinschaft und Gesellschaft zu leisten, in denen sich seine Sozialität konkret entfaltet: von Ehe, Familie, Freundschaft über Arbeit, Beruf, Gemeinde bis hin zu den umfassenden wirtschaftlichen, politischen, kulturellen und religiösen Sozialformen und schließlich zur universalmenschlichen Verbundenheit.
Wie in die Sozialität, so ist der Mensch auch in die *Materialität* hineingegründet. Als leibhaft existierendes Wesen ist er durch ein vielmaschiges Netz von Beziehungen in den anorganischen und organischen Bereich der Wirklichkeit unlösbar verflochten. Er ist auf die Welt der Dinge angewiesen, weil er ohne sie seine materielle Existenz nicht fristen kann. Über die Erfordernisse der baren Notdurft hinaus muß er die Materie geistig durchdringen und beherrschen. Ob er mit den Dingen in spielerischer Freiheit umgeht (homo ludens), ob er in ihrer künstlerischen Gestaltung seinen Daseinssinn schöpferisch ausdrückt (homo creator), ob er sich ihren Nutzwert zugute macht (homo oeconomicus) oder seine technische Herrschaft über sie aufrichtet (homo faber), immer muß sein Verhalten der Dingwelt gegenüber wirklichkeitsgemäß und sachgerecht, d. h. sittlich geprägt sein. Sittliches Verhalten gegenüber der Dingwelt erfordert Sachlichkeit in Erkenntnis, Gestaltung und Nutzung der Dinge, Aufgeschlossenheit für die in sie eingegründeten Sinnwerte und schließlich auch Freiheit zum Verzicht auf die Dinge. Technik und Kunst sind gewiß das „Werk der Freiheit“ (R. Berlinger), in dem der Mensch die Übermacht der Natur abschüttelt und ihre Selbstverschlossenheit aufbricht. Aber wenn er dieses „Werk der Freiheit“ aufgerichtet hat, dann muß er seine eigene Freiheit immer wieder in Sicherheit bringen, indem er nun auch die Herrschaft über sein Werk gewinnt und durchhält.
Diese Dreidimensionalität menschlicher Existenz (Personalität, Sozialität, Materialität) kann sich nur im Horizont der *Geschichtlichkeit* entfalten. Welthaftigkeit gibt es nur in der Gestalt der Werdehaftigkeit. Der Mensch ist immer unterwegs zum Ganzen seiner selbst und der Welt. Aus den Vorgegebenheiten der Vergangenheit muß

er die je gegenwärtigen Möglichkeiten auf eine fruchtbare Zukunft hin entfalten. Die Gesetze dieser Entfaltung erscheinen erst in ihrem Vollzug, und es ist gewiß, daß bestimmte Implikationen der menschlichen Natur nicht von Anfang an gewußt, sondern erst im Zuge der Herausbildung verschiedener kultureller Stile erkannt werden. Geschichte ist wesentlich offen, darum kommen auch die Strukturen menschlicher Existenz erst allmählich zum Erscheinen. Damit ist keineswegs jede beliebige kulturelle oder moralische Evolution legitimiert. Die Legitimation einer Entwicklung erweist sich ausschließlich an dem realen Gewinn an Freiheit, den sie in die menschliche Gesellschaft einzubringen vermag. Die Vorstellung geschichtlicher Dynamik und damit gegebener Wandelbarkeit und Relativität hat nichts gemein mit Willkür und Beliebigkeit. „Der Maßstab, der es erlaubt, echte Entwicklung von Regressions- und Verfallserscheinungen zu unterscheiden, liegt nicht im tatsächlichen Auftreten neuer Denkbilder und Verhaltensmuster, sondern in ihrer Konsonanz oder Dissonanz mit der Grunddynamik der Evolution."[10] Diese aber zielt auf tiefere und weitere Entfaltung von Freiheit und Liebe.

Die geschichtlich sich entfaltende Dreidimensionalität menschlicher Existenz ist nicht ein Letztes, hinter das man nicht zurückfragen kann. Im Bewußtsein moderner Profanität freilich stehen Mensch und Welt radikal in sich selbst, sie haben ihren Grund, ihre Mitte, ihr Ziel und ihren Sinn in sich selbst, es gibt keine Relationen zu einer *transzendenten Wirklichkeit.* Nun weist allerdings schon die Philosophie die Grenzen einer rein innerweltlichen Daseinsinterpretation auf, mag sie sich auch völlig außerstande sehen, näheres über die Dimension der Transzendenz auszusagen. Die Verwiesenheit auf eine absolute, transzendente (personale) Wirklichkeit ist urmenschliche Erfahrung, sie wird erlebt als innere Wesensunruhe, als Heimweh nach Ganzheit und Ewigkeit, als „Krankheit des Endlichen" (K. Adam). Von den verschiedenen Versuchen, die Transzendenz zu be-

[10] *L. Monden,* Sünde, Freiheit und Gewissen, Salzburg 1968, 94—97. Vgl. auch *H. Schelsky,* Soziologie der Sexualität (Rowohlts Deutsche Enzyklopädie, Sachgebiet Soziologie), Hamburg [5]1956, 49: „Gewiß sind auch die Sexualnormen relativ. Aber worauf? In ihren Grundtatbeständen immer auf das Gesamtgefüge der jeweiligen Kultur. Diese Normen zu erschüttern, heißt dann nicht mehr und nicht weniger, als das Gesamtgefüge der jeweiligen Kultur in seinen Grundlagen angreifen. Es würde eine Leugnung der geschichtlichen Dimension unseres kulturell-konkreten Menschseins bedeuten, wollte man aus der grundsätzlichen Variabilität und Formbarkeit des Geschlechtlichen schließen, daß man es nun zu jeder Zeit beliebig sozial normieren oder umstellen könne. Wir sind nicht soeben ‚vom Baum gesprungen'."

streiten[11], kann hier nicht die Rede sein. Aus der Sicht der christlichen Offenbarung kann jedenfalls das Wesen des Menschen ohne diesen Bezug zur Transzendenz überhaupt nicht voll bestimmt werden. In der Tatsache, daß der Mensch zutiefst ein theologisches Wesen ist, ist zugleich die entscheidende Dimension der Wirklichkeit im ganzen impliziert. Die Erkenntnisse und Aussagen über diese Dimenison müssen wie alle anderen Indikative in die Sprache der sittlichen Verbindlichkeit übersetzt werden. Auch die Relation in die Transzendenz muß sittlich verifiziert werden, sobald und in dem Maße wie sie dem Menschen in Sicht kommt. (Hier ist von „Heilsethos" die Rede im Unterschied zum „Weltethos", in dem die sittliche Verifizierung der immanenten Relationen zur Darstellung kommt.)

3. Der Anspruch der Wirklichkeit

a) Begründung des Anspruchs

Daß die Wirklichkeit einen Anspruch an die menschliche Person erhebt, ergibt sich zunächst aus dem Wesen des Menschen selbst. Die Wirklichkeit, in die der Mensch hineingestellt ist und die ihn selbst umschließt, ist eine auf Sinn und Ordnung hin finalisierte Wirklichkeit, d. h. sie besitzt eine wesenhafte Rationalität. (Näheres dazu ist im nächsten Abschnitt zu sagen.) Der Mensch aber ist befähigt, diese Rationalität zu durchschauen, Sinnwerte und Strukturen der Welt wahrzunehmen. Diese Fähigkeit ist von allen irdischen Wesen allein dem Menschen zuteil geworden, und sie ist ihm offensichtlich nur deswegen zuteil geworden, weil ihm Verantwortlichkeit zubestimmt ist. Er ist ein geistiges Wesen, und als solchem ist ihm verbindlich auferlegt, den geistigen Grund der Welt zu erkennen und durch die Geschichte hindurch zu entfalten.[12]

[11] Vor allem im ideologischen, existentialistischen, humanistischen, nihilistischen und wissenschaftlichen (religionsgeschichtlichen, modernistischen, psychoanalytischen, rationalistischen) Atheismus. Vgl. dazu *P. L. Berger,* Auf den Spuren der Engel. Die moderne Gesellschaft und die Wiederentdeckung der Transzendenz, Frankfurt 1970.

[12] *G. Ebeling,* Die Evidenz des Sittlichen und die Theologie 349: „Die den Menschen angehende Wirklichkeit fordert ihn zum Wirken heraus ... Sie fordert ihn (aber) auch zum Sprechen heraus. Weithin kann der Mensch der ihn angehenden Wirklichkeit überhaupt nicht durch Wirken, sondern allein durch das Wort entsprechen und so gerecht werden."

Die Betrachtung von der Wirklichkeit her führt zum gleichen Ergebnis. Die Welt ist nicht eine von Anfang an fertige, sie ist vielmehr in einen amorphen Ursprung hineingestiftet. Die Urgestalt der Welt ist allerdings voll von Dynamismen und Intentionalitäten, die in ihr wie ein Gefälle auf Entfaltung hin wirksam sind. Es besteht also durch die ganze Geschichte hindurch eine Spannung zwischen der tatsächlichen, noch unerfüllten und vielleicht sogar sehr ungeordneten Gestalt der Wirklichkeit und ihrer je besseren und schließlich ihrer vollendeten Gestalt. An dieser Spannung zwischen Tatsächlichkeit und geschichtlich eröffneter Möglichkeit, zwischen dem esse reale und dem esse melius – die Scholastik sagte: dem esse perfectum – entzünden sich jegliche sittliche Verbindlichkeit und jegliche geschichtliche Dynamik. Der Mensch vermag an sich selbst und an der ihn umgebenden Welt diese Spannung zu erfahren. Da er zugleich erfährt, daß er von allen geschichtlichen Wesen allein fähig ist, diese Spannung zu mildern, spürt er in sich die sittliche Verpflichtung, die Bestimmung der Wirklichkeit auf Entfaltung und Erfüllung hin einzulösen. Die ontologische Begründung dieser Aussagen liegt in der Funktion des Menschen als eines umgreifenden Ordnungsprinzips innerhalb des Universums. Weil die Welt sinnvoll und geordnet ist, ereignet sie sich gewissermaßen in jedem ihrer Teile. Im Menschen aber ist sie am vorzüglichsten repräsentiert. Er ist die ontologische Spitze der Welt. Darum trifft sich in ihm die naturhafte dynamische Intentionalität der gesamten übrigen Welt auf ihre optimale geschichtliche Verwirklichung hin. Weil in ihm die Evolution zum Bewußtsein ihrer selbst gekommen ist, hat er ihren weiteren Fortgang zu verantworten.[13]

b) Stufen der Erkenntnis und Anerkenntnis des Anspruchs

Sozial auferlegte Sittlichkeit

Menschen müssen miteinander leben. Dies ist von allem Anfang an nur möglich, wenn sie ihr Verhalten verbindlich unter sich abstimmen.

[13] *R. Hofmann*, Was ist Sittlichkeit? 10: Im Sittlichen gewahren wir „eine geistige Ordnung, in der Sinngehalte und Werte auf Verwirklichung drängen, die sich auf den Menschen und sein freies persönliches Tun mit einem letztentscheidenden Forderungsanspruch beziehen. Aus dieser Ordnung kommt ein gebietendes Sollen, eine absolute, dem Menschen selbst nicht verfügbare, vorgegebene Normierung." — Für die Interpretation der Erfahrung, in der dem Menschen die Spannung zwischen Tatsächlichkeit

Nun gibt es zu allen Zeiten verschiedene soziale Verhaltensordnungen, die sich gegenseitig stützen: Sitte, Recht, Moral, Religion. In diesen verschiedenen Verhaltensordnungen artikuliert sich der Anspruch der Wirklichkeit, aber er vermag sich nicht überall in gleicher Klarheit und Intensität durchzusetzen.

Auch wenn – etwa im Bereich der Großfamilie und des Stammes – das unverzichtbare Minimum sozialen Verhaltens zunächst vorwiegend durch primitive Formen von Brauchtum und Recht durchgesetzt wird, ist bereits das sittliche Empfinden der Sozietät wirksam. Schon hier kann eine Ordnung auf die Dauer nur Bestand haben, wenn sie von der sittlichen Bereitschaft einzelner und von einem wenigstens keimhaften moralischen Empfinden der Gesamtheit getragen wird. Der Grundbestand der gemeinsamen Anschauungen und Wertungen mag als „einfache Sittlichkeit" (O. F. Bollnow) bezeichnet werden, er läßt sich jedenfalls nicht ausschließlich auf soziale Nützlichkeit oder gar bloße Umgänglichkeit reduzieren, etwa im Sinne der Fabel A. Schopenhauers von den Stachelschweinen.[14] Insofern die sozialen Notwendigkeiten nur instinktiv aufgenommen oder gar nur mit Widerwillen akzeptiert werden, ist freilich die Sphäre des Sittlichen noch nicht erreicht. Anderseits schließt die bloße Tatsache, daß die Sozialmoral durch den Gemeingeist als verbindliches Verhaltensmuster entwickelt und in Klugreden artikuliert oder in Bräuchen und rechtlichen Festlegungen institutionalisiert ist, das Moment des Sittlichen keineswegs aus. Die Prävalenz des Utilitären führt allerdings – und zwar nicht nur in den Primitivstadien menschlicher Sozietäten – zu massiven Gefährdungen. Wo die Würde des Menschen und der spezifische Eigenwert zwischenmenschlicher Beziehungen unberücksichtigt bleiben, wird beispielsweise „über Selbstmord, über Euthanasie, die Tötung schwerleidenden Lebens, über Tötung werdenden Lebens nach naheliegenden Motiven des Mitleids, der Zweck-

und Eigentlichkeit bewußt wird, erscheint die Vorstellung einer „Kontrasterfahrung", die E. Schillebeeckx entwickelt hat und von der später noch zu handeln sein wird, besonders hilfreich.

[14] Versäumte Lektionen, hrsg. von P. Glotz und W. R. Langenbucher, Gütersloh 1965, 249: „Eine Gesellschaft Stachelschweine drängte sich an einem kalten Wintertage recht nahe zusammen, um durch die gegenseitige Wärme sich vor dem Erfrieren zu schützen. Jedoch empfanden sie die gegenseitigen Stacheln; welches sie dann wieder voneinander entfernte. Wann nun das Bedürfnis der Erwärmung sie wieder näher zusammenbrachte, wiederholte sich jenes zweite Übel, so daß sie zwischen beiden Leiden hin- und hergeworfen wurden. Bis sie eine mäßige Entfernung voneinander herausgefunden hatten, in der sie es am besten aushalten konnten. — Und diese Entfernung nannten sie Höflichkeit und feine Sitte."

mäßigkeit, des gerade gegenwärtigen Notbehelfs geurteilt, ohne zu erwägen, daß es letztlich um die Unverfügbarkeit (der) menschlichen Existenz, schließlich überhaupt um die Grundlagen menschlicher sittlicher Lebenshaltung und gemeinschaftlicher Lebensordnung geht"[15]. Es entspricht nun aber der geschichtlichen Dynamik jeder Gemeinschaft und Gesellschaft, daß sie um einer fruchtbaren Existenz willen auch künftiges Sozialverhalten zu beeinflussen sucht. Wenn die Zukunft einer Sozietät glücken soll, müssen das angestrebte Ziel und die Wege dorthin aus einer tieferen Einsicht in die menschliche Ordnung heraus bestimmt und die sittlichen Kräfte ins Spiel gebracht werden. Als „gut" erscheint dann nicht mehr das, was tatsächlich und technisch geht, sondern nur was menschlich geht, d. h. was auf die Dauer gesehen dem äußeren und inneren Wohlbefinden und der schöpferischen Entfaltung der Person und ihrer sozialen Verbundenheiten dient.[16]

Personal bejahte Sittlichkeit

Das sittliche Moment in der Innerlichkeit und im Handeln des Menschen erstarkt in dem Maße, wie das erkannte Gute um seiner selbst willen erstrebt, wie der finis operantis mit dem finis operis, d. h. die Absicht des handelnden Menschen mit dem der Handlung immanenten Eigenwert identifiziert wird. Der wahrhaft sittliche Mensch tritt in den reinen Dienst der besseren Gestaltung der Wirklichkeit – ohne Rücksicht auf äußeren Erfolg, auf sinnliche Befriedigung und soziale Anerkennung. Das erkannte Bessere wird in die volle personale Verantwortlichkeit übernommen. Das im Gewissen sich meldende Verpflichtungsbewußtsein wird uneingeschränkt ausgetragen. Das sittliche Handeln kommt aus der Mitte der personalen Existenz, aus dem Kern des Menschen und zielt auf die freie Selbstentfaltung eigener und mitmenschlicher Würde. Dies ist der Kontext, in den Kant seinen kategorischen Imperativ ausdrücklich hineinstellt: „Die Menschheit selbst ist eine Würde; denn der Mensch kann von

[15] *R. Hofmann,* Was ist Sittlichkeit? 20.

[16] *H. Rombach,* Die Wissenschaft und die geschichtliche Selbstbestimmung des Menschen 171: „Geschichte ist die Erfahrung des ‚Es geht', dies freilich so verstanden, daß es nicht im Hinblick auf bestimmte Ziele und begrenzte Zeiten, sondern im Hinblick auf Zielhaftigkeit überhaupt und Zeit schlechthin (d. h. zuletzt im Hinblick auf Menschsein) möglich ist. So gesehen ist tatsächlich die schlichteste Forderung für einen geschichtlichen Prozeß, daß er ‚geht', auch schon das höchste Prinzip für die humane Bewertung, daß in ihm Menschsein möglich ist."

keinem Menschen (weder von anderen noch sogar von sich selbst) bloß als Mittel, sondern muß jederzeit zugleich als Zweck gebraucht werden, und darin besteht eben seine Würde (die Persönlichkeit), dadurch er sich über alle anderen Weltwesen, die nicht Menschen sind und doch gebraucht werden können, mithin über alle Sachen erhebt."[17] Solche personal angeeignete Sittlichkeit ist nicht am Anfang, sondern nur auf dem Höhepunkt der Entwicklung des sittlichen Bewußtseins möglich. Sie hat zur Voraussetzung, daß der Mensch vor allen konkreten Einzelentschlüssen eine fundamentale und totale Orientierung seines Lebens („Grundentscheidung") auf „das Gute" hin vollzieht, daß ihm der Durchbruch zur Freiheit und zur Liebe gelingt. Von personaler Sittlichkeit kann freilich auch schon auf den Vorstufen solcher Entbindung zu Freiheit und Liebe gesprochen werden – jedenfalls von dem Augenblick an, in dem sich der Mensch entschlossen auf den Weg macht zur wahren Verwirklichung menschlicher Würde um ihrer selbst willen.[18] Eine solche Einstellung lebt im letzten aus der Kraft und Entschiedenheit des einzelnen, soviel auch aus der sittlichen Erfahrung des ihn mittragenden Lebenskreises und der Menschheit im ganzen in sie eingeströmt sein mag. Man kann sittliches Sein und Handeln, das auf das Gute um seiner selbst willen gerichtet ist, als „autonome Sittlichkeit"[19] bezeichnen, weil hier die „Idee des Guten als eines in sich Wertvollen und deshalb zu Verwirklichenden" als eigentlich bewegende Kraft wirksam wird. Damit tritt auch das Gewissen als „Zentrum der autonomen Sittlichkeit" in voller Klarheit hervor. Nur darf dabei nicht verkannt werden, daß das Gewissen eben nicht autonom ist; es ist vielmehr der personale Grund, in dem der Mensch sich der Verbindlichkeit der Wahrheit bewußt wird. Das Gewissen steht nicht für sich selbst, es findet sein Maß an der „Wahrheit der wirklichen Dinge" (J. Pieper), d. h. an ihrem jeweiligen Seinkönnen.

[17] Kant-Brevier. Eine Auswahl aus seinem Werk, hrsg. von J. Pfeiffer (Goldmanns Gelbe Taschenbücher Bd. 1700), München 1966, 61 f.

[18] Vgl. dazu das ungedruckte Bekenntnis E. Wasmuths: „Ich glaube an das Geheimnis des Stillen und des Schwachen. Ich glaube an die Wurzeln des Steinbrech, die — so zart sie sind — die Felsen sprengen. Ich glaube an die Kiesel aus der Schleuder Davids. Ich glaube an das Unausrechenbare der nur dem Guten dienenden und nichts außer ihm suchenden Handlung."

[19] *H. Henkel*, Einführung in die Rechtsphilosophie 129—131.

Christlich integrierte Sittlichkeit

Über das Proprium des christlichen Ethos wird später ausführlich zu handeln sein. Hier sei nur darauf hingewiesen, daß die christliche Botschaft gegenüber einer autonomen Ethik keine zusätzlichen materialen Normen vorlegt, sondern die autonom entwickelte Sittlichkeit in einen neuen Begründungszusammenhang stellt. Indem die biblische Verkündigung das durch die Offenbarung vermittelte Menschen- und Weltbild vorlegt und die aus der Sachgesetzlichkeit der einzelnen weltlichen Bereiche sich ergebenden Normen im göttlichen Schöpferwillen begründet und im Mysterium des Heils integriert, bringt sie die volle Wahrheit über die Wirklichkeit in den Blick und ermöglicht damit auch die erfüllte Gestalt der Sittlichkeit. Im christlichen Sinnhorizont wird das Sittliche zur Antwort an den persönlich anrufenden Gott, zum Vollzug der Nachfolge Christi und zum Aufbruch in die absolute Zukunft der Welt. Diese religiöse Dimension des Sittlichen muß sich aber in den autonom weltlichen Strukturen realisieren; es ist ihr nicht ein spezifisches Feld der Bewährung zugewiesen, von dem aus sich der Christ gar vom Engagement für die Verwirklichung der Menschenwürde dispensieren könnte. Der zum Heil berufene Mensch antwortet auf die ihm in Jesus Christus zuteil gewordene Huld Gottes mit einer Freiheit und einer Großmut, die ihn wenigstens da und dort über das „sittlich Gebotene“ hinaustragen und zum reinen Abbild dessen machen, daß Gott die Liebe ist.

Bewertung der Dreistufigkeit des Sittlichen

Keine der drei Stufen des Sittlichen vermag die sittlichen Implikationen der Wirklichkeit adäquat darzustellen. Trotzdem sollte man sich nicht scheuen, für die Bewertung dieser Stufen verschiedene „Höhenmarken“ (H. Henkel) anzusetzen. Sittlichkeit kommt um so mehr zu sich selbst, je reiner und unverkürzter sich der Anspruch der Wirklichkeit in ihr durchzusetzen vermag. In der personal bejahten Sittlichkeit trifft dies mehr zu als in der sozial auferlegten Sittlichkeit, in der christlich integrierten mehr als in der personal bejahten. Damit ist noch nichts über den Ernst und die Redlichkeit der menschlich sittlichen Bemühungen auf den verschiedenen Integrationsstufen ausgesagt. Autonome Sittlichkeit kann im konkreten Einzelfall

ungleich tiefer und würdiger gelebt werden als da und dort die christlich integrierte.
Zum anderen aber ist mit Nachdruck zu betonen, daß zwischen den einzelnen Ausprägungen des Sittlichen eine reale gegenseitige Wechselwirkung besteht. Die sozial auferlegte Moral lebt vom personalen Ethos vieler einzelner; es lebt aufs Ganze gesehen auch die autonome Sittlichkeit aus ihrem nicht erkannten göttlichen Grund. Aber die Geschichte beweist uns zugleich die Gegenwirkung von „unten" nach „oben": Christliches Ethos wird durch das Mächtigwerden autonomer Ethik zu reinerer Selbstdarstellung gefordert, und die Zunahme des sozialen Weltstoffes zwingt die Vertreter autonomer Gewissensethik immer wieder ins Gemenge mit den konkreten Realitäten. O. F. Bollnow, der die Unterscheidung zwischen „einfacher Sittlichkeit" und „Hochethos" eingeführt hat, sieht in den Formen des hohen Ethos „nur die letzten, höchsten Gipfel, die sich aus einem sehr viel weiter reichenden Untergrund sittlich bedeutsamer Erscheinungen herausheben. Diese Hochformen sind aber einseitig. Sie erfassen bestimmt geartete Möglichkeiten des menschlichen Lebens, aber sie schließen eben dadurch andere, ebenso berechtigte Möglichkeiten aus. Sie sind daher unfähig, das Leben im ganzen und auf die Dauer zu formen. Neben der allseitigen Entfaltung der Persönlichkeit steht der nur durch Einseitigkeit zu erreichende Nutzen für die Gesamtheit, neben dem heldischen Einsatz des vollen Daseins steht die stille Bescheidung im vorgegebenen Kreis. Die eine Möglichkeit schließt immer die andere aus, und die in der einen ungeformt gebliebenen Kräfte drängen ihrerseits gewaltsam nach Gestaltung. So wandeln sich diese Formen beständig im Laufe der Geschichte."[20]

4. *Folgerungen*

a) Rationalität des Sittlichen

Aus den bisherigen Überlegungen ergeben sich wichtige Folgerungen für das rechte Verständnis des Sittlichen; sie brauchen hier nur vorläufig angedeutet zu werden. In der sittlichen Ordnung erscheinen Sinn und Ordnung menschlicher Existenz in ihrer unausweichlichen Verbindlichkeit. Zu einer sicheren Erkenntnis seines Wesens und damit

[20] Einfache Sittlichkeit, Göttingen ^{3}1957, 20—22.

auch der sittlichen Ordnung gelangt der Mensch durch seine Vernunft. (Über die Bedeutung von Offenbarung und Glauben für das menschliche Selbstverständnis wird später zu handeln sein.) Der Mensch muß über sein In-der-Welt-sein nachdenken und seine guten und schlechten Erfahrungen in gründlicher Reflexion bedenken, wenn er zu einem sinnvollen Entwurf seines Daseins und seines Handelns kommen will. Aus der Vernunftnatur des Menschen resultiert die Rationalität des Sittlichen. Das Tier wird durch seine Instinkte angeleitet, das für sein Dasein Notwendige zu tun. Der Mensch kann den Sinn seiner Existenz und die zu seiner Erfüllung erforderlichen Verhaltensweisen nur erkennen, wenn er über sich selbst nachdenkt. Dazu gehört aber wesentlich, daß er sich die gesellschaftlichen und geschichtlichen Zusammenhänge klarmacht, in die er hineingestellt ist.[21] Die Rationalität des Sittlichen enthüllt sich weniger in der abstrakten Spekulation als in der Reflexion über die geschichtlichen Erfahrungen der Menschheit. Die Geschichte macht offenbar, auf welchen Wegen eine sinnvolle und fruchtbare menschliche Existenz gewonnen und auf welchen sie verfehlt wird. Die geschichtliche Betrachtungsweise vermag auch, im Unterschied zur abstrakt spekulativen, jene Offenheit durchzuhalten, in der zukünftige Möglichkeiten eine reelle Chance haben, neue Seiten des Menschseins zur Entfaltung zu bringen.[22]

b) Autonomie des Sittlichen

Mit der Rationalität des Sittlichen ist seine Autonomie gegeben. Wenn man die Authentizität der ontologischen und der axiologischen Ebene und zugleich deren Unterschiedenheit beachtet, kann man auch als Theologe ohne jede Gefahr des Mißverständnisses von der Auto-

[21] *U. Lück*, Das Problem der allgemein gültigen Ethik 102: „So ist die historische Vernunft des Menschen das Organ, durch das dieser die sittliche Ordnung erkennt, auf die er von Natur verwiesen ist." Vgl. auch *G. Ebeling*, Die Evidenz des Sittlichen und die Theologie 343: „Denken heißt, sich Rechenschaft geben. Die Vernunft selbst hat Verantwortungsstruktur. Zwischen der Vernünftigkeit des Menschen und der Moralität besteht engster Zusammenhang ... Als einer, der des Wortes mächtig ist, ist (der Mensch) Rede und Antwort schuldig, ist er verantwortlich. Das Sittliche kommt also nicht zur Vernunft hinzu. Eher könnte man fragen, ob das, was man sittliche Zurechnungsfähigkeit nennt, nicht das sachlich Frühere ist gegenüber dem, was man als geistige Zurechnungsfähigkeit zu bezeichnen pflegt. Das Denken gehört offenbar in den Horizont des Sittlichen, so daß es sittliche Pflicht ist, zu denken, das Denken aber auch an sittliche Verantwortung gebunden ist."

[22] Vgl. *A. Auer*, Die Erfahrung der Geschichtlichkeit und die Krise der Moral, in: Theol. Quartalschrift 149 (1969) 4—22.

nomie des Sittlichen sprechen. Man muß allerdings darauf verzichten, von allem Anfang an und ausdrücklich die ontologischen Grundlagen des Sittlichen bis auf den tiefsten Grund in die Diskussion miteinbringen zu wollen. Der eigentliche Sinn und der unmittelbare Gebrauchswert der Formel von der Autonomie der Moral liegt darin, sichtbar zu machen, „daß die (ontologischen) Grundlagen (der praktischen Ideale) in verschiedenen Tiefenbereichen angetroffen werden können, von denen einige die radikalen metaphysischen und religiösen Entscheidungen noch nicht einschließen"[23]. Nach theologischer Lehre kann der Mensch zwar nicht ohne die wirksame Hilfe Gottes, aber sehr wohl ohne die ausdrückliche Erkenntnis Gottes den Vollsinn seiner Existenz in der Welt und damit auch den entscheidenden Kern des Sittlichen verstehen. Aus der Mitte seiner eigenen Existenz tritt ihm der unabdingbare Anspruch der ihm vorgegebenen Wirklichkeit entgegen.

c) Realistik des Sittlichen

Schließlich ist darauf hinzuweisen, daß die konkrete geschichtliche Erfahrung die ständige Gegenprobe zu den sittlichen Entscheidungen des Menschen ausfertigt. Wenn die ethischen Vorstellungen und Verhaltensweisen gegen das eigentlich Menschliche – früher sagte man: gegen die Wesensstruktur des Menschen – verstoßen, verfehlt er den Sinn seines Daseins und frustriert sich selbst. Alle sittlichen Verfehlungen haben Verwirrung oder gar Zerstörung zur Folge. Die sittliche Ordnung ist tatsächlich „die Seinsgrundlage der Existenz und des Wohlergehens der Völker und der Individuen"[24]. Auf die immanenten, d. h. aus der inneren Ordnungsstruktur der Welt selbst sich einstellenden Sanktionen des Sittlichen hat schon Augustin hin-

[23] *J. Girardi,* Überlegungen zur Begründung einer weltlichen Moral 47. Vgl. *D. Mieth,* Auf dem Wege zu einer dynamischen Moral 19 f.: „Wenn der Säkularisierung der Welt eine Säkularisierung, eine Enttheologisierung des Sittlichen entspricht, dann erscheint die sittliche Norm nicht mehr als vorgegeben, sondern als dem Menschen aufgegeben. Sie wird zu der Verbindlichkeit, die das menschliche Verständnis der menschlichen Natur in ihrer Entfaltung und in der Gesamtheit ihrer Sinnwerte, das heißt in ihrer Integrität, jeweils impliziert. Sittlichkeit, so könnte man sagen, ist nicht mehr theonome Vorordnung, sondern die Verpflichtungsseite des menschlichen Selbstverständnisses. Dieses aber ist geschichtlich zu verstehen . . ." — Ähnlich, wenn auch mit anderer Akzentuierung: *F. Böckle - I. Hermann,* Die Probe aufs Humane 11 f., 16—18.
[24] *U. Lück,* Das Problem der allgemeingültigen Ethik 103.

gewiesen: „Du hast es, o Gott, so geordnet, daß sich selbst zum Fluche wird jeder ungeordnete Geist."

Man kommt zum gleichen Ergebnis, wenn man – im Anschluß an R. K. Merton[25] – die Begriffe Funktionalität und Disfunktionalität der Normen einführt. Freilich darf man, wenn man sie als Maßstab für die vernünftig-sachliche Prüfung der Brauchbarkeit und Nützlichkeit einer Norm oder einer sittlichen Zielvorstellung anlegt, nicht den verengten Horizont eines eindimensionalen Funktionalismus im Auge haben, sondern muß auf die optimale Entfaltung des Humanum beim einzelnen und im ganzen abheben. Die Funktionalität der Normen ist unentbehrliche Voraussetzung für das Gelingen menschlichen Zusammenlebens, ihre Disfunktionalität impliziert einen Widerspruch zur Rationalität der Welt und des Sittlichen und gefährdet oder zerstört schließlich gar Ordnung und Produktivität des menschlichen Zusammenlebens. Ob eine Norm oder eine Struktur sachgerecht und geschichtsgerecht entwickelt und eingesetzt wird, erweist sich nicht durch schlüssige Deduktionen, sondern an ihrem realen Beitrag zur Humanisierung der Welt. Normen und Strukturen sind richtig, wenn und solange es unter ihrer Geltung mit der Menschheit auf ihrem Weg zu Freiheit und Liebe vorangeht. Die Gegenprobe: „Eine Struktur" – ähnliches gilt von der Norm (der Verf.) – „erweist sich dann als in der Gefahr der Verkümmerung stehend, wenn sie an gewissen Stellen ihres Zusammenhanges nicht mehr gehen will, wenn dieser Zusammenhang gegen sich selbst steht, wenn also Mißverhältnisse auftreten, die die Form der Selbstbehinderung haben; es lichtet sich nichts, Menschsein kommt nicht frei. Es ergibt sich so, daß es ein und dieselbe Prüfung ist, wenn sachlich (freilich konsequent genug) darauf gesehen wird, daß es geht (‚vorangeht') und wenn sittlich (freilich historisch genug) danach gefragt wird, ob das Menschliche dadurch gefördert wird. In der Tiefe, und das heißt in der formalen Radikalität, laufen diese Betrachtungen zusammen. Menschsein ist das freie Gelingen in der Realisation historischer Aufgaben auf konkreten, sich geschichtlich durchdeterminierenden Sachfeldern."[26] Von diesen Einsichten her erscheint die Realistik – neben der Rationalität und der Autonomie – als ein wesentliches Kriterium des Sittlichen.

[25] Vgl. *S. Keil,* Absolutheit und Relativität der Normen in soziologischer und theologischer Sicht 71—74; ferner *A. K. Ruf,* Maßstäbe sittlichen Verhaltens 163.

[26] *H. Rombach,* Die Wissenschaft und die geschichtliche Selbstbestimmung des Menschen 172.

II. Die Rationalität der Wirklichkeit als Grund des Sittlichen

Soviel dem Menschen auch undurchsichtig oder absurd erscheinen mag, er hat eine Art Urvertrauen in den Gang der Geschichte und seines persönlichen Daseins. Allen Anfechtungen zum Trotz unterstellt er, daß es sinnvoll ist, zu leben und Verantwortung für sich und andere zu übernehmen. Er unterstellt weiterhin, daß auf dem Grunde der Welt eine Ordnung waltet und daß er durch ein vielmaschiges Netz von Beziehungen in diese Ordnung einbezogen ist und von ihr getragen wird. Er weiß zwar, daß die Wirklichkeit und sein Stehen in ihr nicht bis ins letzte hinein aufhellbar sind. Aber die undurchdringlichen Irrationalitäten stehen im Horizont einer – aus welchen Gründen auch immer – für sicher gehaltenen Rationalität.

Der amerikanische Soziologe P. L. Berger handelt in seinem Buch „Auf den Spuren der Engel“[27] von der Wiederentdeckung der Transzendenz in der modernen Gesellschaft. Er spricht von dem fundamentalen Vertrauen auf eine der menschlichen Geschichte letztlich zugrundeliegende Ordnung; er spricht von dem naturalen Drang des Menschen, sich in mannigfachen Formen spielerischer Selbstentfaltung von den Sachzwängen seines Daseins zu befreien; er spricht von der unverwüstlichen Kraft, allen Zusammenbrüchen zum Trotz auf ein endgültiges Überleben zu hoffen. Und er behauptet, solch prototypisches menschliches Verhalten, solche menschlichen Urgebärden und Urgesten seien als „Zeichen der Transzendenz“ anzusehen. Wenn uns nicht alles täuscht, muß es jenseits oder auf dem Grunde der Wirklichkeit, in die wir verstrickt sind, einen durchhaltenden Sinn geben, von dem her unser aller Urvertrauen in diese Wirklichkeit erst eigentlich erklärbar wird. Jeder einzelne erfährt es, und es wird auch in der Geschichte der menschlichen Kulturen evident: „Der menschliche Drang nach Ordnung gründet sich auf das Vertrauen oder den Glauben, daß die Wirklichkeit letztlich ‚in Ordnung‘, ‚schon recht‘, ‚so wie es sein soll‘ ist ... Das ist der Glaube an Ordnung als solche, ein Glaube, der dem fundamentalen Wirklichkeitsvertrauen des Menschen eng benachbart ist.“ Es gehöre zum Auftrag der Eltern, ihren Kindern dieses Urvertrauen zu vermitteln, weil deren Sozialisation sonst nicht gelingen könne. Man könne die Formeln, in denen Eltern

[27] Die moderne Gesellschaft und die Wiederentdeckung der Transzendenz, Frankfurt 1970, besonders 75—109.

ihre Kinder das Vertrauen lehren, in die kosmische Aussage übersetzen: „Vertraue dem Sein."[28] Natürlich können solche Aussagen statisch mißverstanden werden; Geschichte und Gegenwart bezeugen es deutlich genug. Daß sie ebensogut im Sinne einer dynamischen Interpretation der Wirklichkeit ausgelegt werden können, wird jeder zugeben, dem nicht infolge ideologischer Fixierung die Bereitschaft zum Hören auf andere gänzlich abhanden gekommen ist.

1. Die Rationalität der Wirklichkeit

Wenn hier von „Rationalität der Wirklichkeit" die Rede ist, dann soll ausgedrückt werden, daß die Wirklichkeit auf die Ermöglichung einer fruchtbaren menschlich-geschichtlichen Existenz angelegt ist. Es soll hier keineswegs einer totalen teleologischen Prädestination das Wort geredet werden. (Daß manche dies herauslesen werden, ist mit Sicherheit zu erwarten und kann nicht verhindert werden, weil sie es eben „wahr haben wollen".) Es soll aber doch einer exzessiven Aufwertung menschlicher Kreativität gegenüber betont werden, daß diese nur im Rahmen vorgegebener Möglichkeiten (nicht „ex nihilo") aktuiert werden kann. Im Folgenden sollen zunächst die für den Zusammenhang wichtigen Aspekte der Rationalität der Wirklichkeit klarer herausgehoben werden: ihre Vorgegebenheit, ihre Dynamik und ihre Verbindlichkeit.

a) Ihre Vorgegebenheit

Menschen und Dinge, so selbständig sie auch erscheinen, sind auf andere verwiesen und über die Verwiesenheit hinaus in reale Beziehungen zu anderen gestellt. Nichts steht für sich allein, alles hat seinen Ort im Ganzen, wie dieses auch im einzelnen bestimmt werden mag. Man kann, wie Kant und Nietzsche, aus der Subjektivität des Menschseins, man kann, wie Epiktet und Heidegger oder Jaspers, aus der Objektivität des In-der-Welt-seins zu Vorstellung und Sinn-

[28] A. a. O. 80—86. 83: „Im Mittelpunkt der Menschwerdung, im innersten Kern der Humanitas steckt ein Erlebnis des Vertrauens in die Wirklichkeit der Ordnung bzw. die Ordnung der Wirklichkeit." Vgl. auch *J. Sudbrack*, Christliche Meditation — Versenkung oder begreifende Ekstase, in: Geist und Leben 43 (1970) 437—454, besonders 450, und *D. Wyss*, Strukturen der Moral, Göttingen 1968, 36—39. 132.

deutung von „Ordnungszusammenhängen" kommen.[29] Ordnungen implizieren bestimmte Strukturen, die uns als konstante Beziehungen erscheinen und die doch eine gewisse Offenheit zulassen und sogar fordern, weil sonst Dasein und Geschichte nicht möglich werden. Der Mensch erfährt sich selbst in die Bereiche des Anorganischen und Organischen hineinreichend und damit deren Gesetzlichkeiten unterworfen, er spürt in sich Triebe sowie Regungen des Gefühls und des Bewußtseins, er hat die Fähigkeit der Erkenntnis und der freien Entscheidung. Diese Grundbestimmungen personalen Menschseins liegen unabänderlich fest, aber sie können und müssen in immer neuen Daseinsentwürfen konkretisiert werden. Damit ist weiterhin vorgegeben, daß sie im Zusammenhang mit sozialen Strukturen verwirklicht werden müssen, die ihrerseits wiederum teils verfügt und teils zu verantwortlicher Gestaltung aufgegeben sind, die also eine „seinsgesetzlich bestimmte konstante Grundlage" und zugleich einen „offenen Raum möglicher Selbstgestaltung nach historisch wandelbaren Entwürfen"[30] umschließen. In dem Netz sozialer Verbundenheiten, die hier nicht im einzelnen darzustellen sind, bilden sich bestimmte Verhaltensweisen heraus, „soziale Spielregeln"[31], mit deren Hilfe sich das Zusammenleben in dem Maße ermöglicht, wie sie das innere Gefüge der vielfältigen Wechselbeziehungen in verbindlicher Weise zu artikulieren vermögen. Die personalen und sozialen Strukturen ruhen schließlich auf Sachstrukturen auf, d. h. Person und Gemeinschaft sind in ihrer Entfaltung auf Anerkennung und Nutzbarmachung physiologisch-biologischer und psychologischer Determinationen angewiesen. Auch sie sind als unabänderliche Vorgegebenheiten zu bewerten, auch sie lassen hinsichtlich ihrer konkreten Aktuierung dem Menschen in der Regel ausreichenden Raum freier personaler und sozialer Gestaltung.

[29] Vgl. *E. Maihofer,* Vom Sinn menschlicher Ordnung, Frankfurt 1956; *H. Krings,* Ordo. Philosophisch-historische Grundlegung einer abendländischen Idee (Philosophie und Geisteswissenschaften, hrsg. von E. Rothacker, Bd. 9), Halle/Saale 1941; *F. Schmidt,* Ordnungslehre, München-Basel 1956; *H. Barth,* Die Idee der Ordnung. Beiträge zu einer politischen Philosophie, Zürich-Stuttgart 1958.

[30] *H. Henkel,* Einführung in die Rechtsphilosophie 201.

[31] *J. Pieper,* Grundformen sozialer Spielregeln, Frankfurt 1955.

b) Ihre Dynamik

Von verschiedenen Seiten wird immer wieder kritisch eingewendet, die Annahme vorgegebener Sinngestalten und Ordnungsstrukturen führe unvermeidlich zu einer statischen Weltkonzeption. Dieser Gefahr entgeht man von vornherein, wenn man das Sein der Welt nicht als fertiges, sondern als werdendes, auf Entfaltung und Vollendung drängendes Sein, also als Wirklichkeit auslegt: Alles geschieht aus den Möglichkeiten, die in der Welt angelegt, mit den Mitteln, die ihr mitgegeben, und auf die Ziele hin, die ihr gesetzt sind. Vorgegebene Keime drängen zur Entfaltung, angelegte Potenzen zu maximaler Verwirklichung. Die Hinführung auf die – wie bereits gesagt: apriorisch nicht erkennbare – Zielgestalt ist nicht in geschichtsloser Abstraktion, sondern nur in konkreten, einander überbietenden Ausprägungen denkbar und realisierbar. Nicht erst Teilhard de Chardin hat durch seine „metaphysische Weltformel" des „Plus-être" das statische Weltverständnis durch ein dynamisch-evolutionäres ersetzt und damit das biologische Konzept des 19. Jahrhunderts theologisch adaptiert. Bereits H. Schell hat Entwicklung als den „Grundcharakter der ganzen Natur und Wirklichkeit" voll anerkannt und sie von den Urelementen bis zur Welt des Geistes und der Freiheit als einen einzigen und allumfassenden Vorgang aufgewiesen, der im Menschen konvergiert, seiner selbst bewußt wird und nunmehr auf das Ziel zunehmender Humanisierung hin verantwortet werden muß.[32] Sobald sich der Mensch über seine Stellung in der Welt klar wird, fühlt er sich von den ihn umgebenden und auf ihn gerichteten Möglichkeiten der Welt bedrängt: Er muß sie aufnehmen und erfüllen, weil außer ihm dazu niemand imstande ist.

c) Ihre Verbindlichkeit

Die Antike sah in der Welt einen Kosmos, in dem das Ziel als entelechiale Kraft wirksam ist und Ordnung stiftet. Für das moderne Denken ist Welt etwas Gestaltloses, das der menschlichen Durchformung harrt und das erst durch das menschliche Engagement seine Potenzen freigibt. Dies ist freilich nur möglich, weil in der Welt

[32] Vgl. *H. Mynarek*, Der Mensch — Sinnziel der Weltentwicklung. Das Bild des Menschen in einem dynamischen Universum, München-Paderborn-Wien 1967, 1 f. 36—59. 345—362; *J. Illies*, Biologie und Theologie im 20. Jahrhundert, in: Bilanz der Theologie im 20. Jahrhundert II, 160—194, besonders 175—183.

selbst und im gestaltenden Menschen potentielle Rationalität vorgegeben ist. Nur weil der Mensch selbst rational ist, vermag er die Rationalität der Welt zu entdecken und zu heben. Menschliche Rationalität impliziert Verantwortung für die Rationalität der Welt. Wer fähig ist, die Welt ihrem Sinn und ihrer Ordnung näherzubringen, ist mit dieser Fähigkeit in Pflicht genommen. Hier ist der eigentliche Ursprungsort des Sittlichen. Weil die Rationalität der Welt noch nicht reine Aktualität, sondern immer noch auf Verwirklichung drängende Potenz ist, darum ist sie auf das Entgegenkommen menschlicher Rationalität angewiesen. Der Mensch erfährt die Tendenz der Welt auf ihre je bessere Verwirklichung hin in seinem Bewußtsein als unausweichliche Verbindlichkeit. Außerdem weiß er, daß er auch sich selbst nur im Durchgang durch eine sachliche Leistung, durch Selbstrepräsentation in einer rational gebauten Welt verwirklichen kann. Der Weg zur Menschlichkeit führt über die Sachlichkeit; menschliche Rationalität ist für ihre Selbstdarstellung auf die Entfaltung der Rationalität der Welt verwiesen.

2. *Die normative Artikulierung der Rationalität der Wirklichkeit*

In den Anfangsstadien der Entwicklung artikulieren sich Rationalität und Verbindlichkeit menschlicher Sozialbeziehungen in verhältnismäßig undifferenzierten Formen, aber sie artikulieren sich in jedem Fall. Auch wo keine Autorität Weisungen erteilt, ergibt sich unausweichlich die Notwendigkeit einer Vereinbarung sozialer Spielregeln. Da es sich zumeist um kleinere Gruppen handelt, darf ein Gemeinbesitz an Erfahrungen, Vorstellungen und Wertungen angenommen werden. Dieser Gemeinbesitz hat zunächst die Gestalt der Sitte, also eines sozial vereinbarten, allgemein anerkannten und von jedem einzelnen erwarteten Verhaltens. Die Sitte garantiert eine gewisse Sicherheit des konkreten äußeren Verhaltens und oft auch der inneren Gesamtorientierung. Wenn diese Sicherheit gefährdet ist oder auch nur die Gruppe einen größeren Umfang annimmt, werden die ursprünglich von der Sitte vorgeschriebenen Verhaltensweisen in Rechtsnormen fixiert und mit Sanktionen ausgestattet. (Dieser Prozeß vollzieht sich nicht selten über die Zwischenstufe des Gewohnheitsrechts.) Da die Gruppe sich zumeist als Stiftung einer Gottheit versteht, unterstehen die Verhaltensweisen auf den verschiedenen Stufen den Regeln des Tabus: Wer sich den sozial anerkannten Verpflichtungen verweigert, muß mit der göttlichen Bestrafung rechnen. Diese wird durch die Gruppe vollzogen. Wenn der Übeltäter nicht gänzlich ausgeschlossen oder gar getötet wird, muß er sich einem kultischen Reinigungsverfahren unterziehen. Die Tabuierung hebt das instinktiv als sozial nützlich und gültig erkannte Verhalten in den Rang absoluter Forderungen. Erst wenn die von der Gruppe entworfenen Verhaltensmodelle vom einzelnen in ihrer Rationalität durchschaut und frei bejaht werden, entwickelt sich aus Sitte, Recht und Tabu die Sittlichkeit. Sittlichkeit ist also nicht die einzige Form normativer Artikulierung der Rationalität der Welt; sie löst die anderen Formen auch in späteren Phasen der Sozialentwicklung nie ganz ab. Auch in kulturell entwickelten Gesellschaften ist die Sittlichkeit – das gleiche gilt für den Bereich des Rechts – von unreflektierten Meinungen, Trieben und Reaktionen unterströmt und bleibt darum immer gefährdet.[33] Man mag darauf vertrauen, daß vernünftig geförderte Aufklärungsprozesse diese Gefährdung mehr und mehr reduzieren. Nach dem Ausweis der bisherigen Geschichte vollziehen sich aber solche Prozesse zumeist recht schwerfällig und provozieren über kurz oder lang gegenläufige Tendenzen, denen sich die Kräfte der Enttabuierung und Entmythologisierung auf die Dauer selten gewachsen zeigen. Damit ist für künftige Entwicklungen freilich nichts Definitives ausgesagt.

Die progressive Differenzierung der ursprünglichen Formen normativer Explizierung von Sinn und Ordnung der Welt entspricht unverkennbar dem Entwicklungsgesetz menschlichen Gemeinschaftslebens. Je weiter nun die Differenzierung voranschreitet, desto deutlicher treten ihre konstitutiven Elemente hervor. Es scheint, daß wir gegenwärtig eine kritische Phase erleben. Durch die umstürzenden Fortschritte der modernen Humanwissenschaften (der Physiologie, der Biologie, der Psychologie, der Soziologie, der Verhaltensforschung, der Kulturgeschichte, der Ethnologie) ist das jahrhundertelang feststehende metaphysische, ethische und rechtliche Leitbild unseres Kulturkreises in Frage gestellt worden. Wir wissen sehr viel mehr über den Menschen als frühere Generationen. Die physiologisch-biologischen Bedingtheiten, die Gesetzlichkeiten der psychischen Funktionsabläufe und die massiven Zwänge der sozialen Gegebenheiten sind mit

[33] *H. Jäger - K. S. Bader,* Der Normanspruch des Staates 175—179.

großem Aufwand präzisen wissenschaftlichen Analysen unterzogen und dem allgemeinen Bewußtsein nahegebracht worden. Damit erscheint die Lehre von der Freiheit des Menschen, in der wir das Fundament jeder Sitten- und Rechtslehre zu sehen haben, vielen als ein Relikt aus einer Zeit, die sich von den Ergebnissen und vor allem von den Möglichkeiten heutiger humanwissenschaftlicher Forschung keine Vorstellung machen konnte. Ideologisch engagierte Totalisierung wirklich oder vermeintlich gesicherter Ergebnisse einzelner Humanwissenschaften spricht dem Menschen jede reelle Fähigkeit zu personaler Eigenverfügung ab und erwartet folgerichtig eine bessere Zukunft ausschließlich von einer wissenschaftlich fundierten Änderung der sozialen und ökonomischen Strukturen. „Eine die neuen Erkenntnisse popularisierende und in die Ebene der ‚Weltanschauung', des Naturalismus, transponierende Literatur erhielt den scharfen Akzent sozialrevolutionärer Anklagen, die sich gegen die bestehende Gesellschaftsordnung, ihre Moral und ihre Rechtsordnung richteten."[34] Das sittliche Koordinatensystem – vom rechtlichen ist hier nicht zu handeln – und sein metaphysisches Fundament, durch lange Jahrhunderte unbestritten in Geltung, erscheinen plötzlich als zufällige oder gar willkürlich-repressive Konstruktionen, die nunmehr endgültig abzubauen sind, nachdem die Wissenschaften das Wesen und die Konstitution des Menschen definitiv aufgehellt haben. Wie soll der Mensch unseres wissenschaftlichen Zeitalters noch Wertvorstellungen, Ordnungskonzeptionen und Detailnormierungen anerkennen, die ihre Ursprünge einer unaufgeklärten Vorzeit verdanken!

Die Krise, von der hier die Rede ist, ist ein Ausdruck dafür, daß wir hinsichtlich der normativen Explizierung der Rationalität der Welt in einem irreversiblen Differenzierungsprozeß stehen. Damit sich aber die anhebende Differenzierung nicht allzu rasch in einer neuen und angesichts der zunehmenden Technisierung höchst gefährlichen Simplifizierung verkapselt, müssen die konstitutiven Elemente einer echten Differenzierung klar ins Bewußtsein treten: die humanwissenschaftliche Grundlegung, die anthropologische Integrierung und die ethische Normierung.

[34] *H. Henkel*, Einführung in die Rechtsphilosophie 195.

a) Humanwissenschaftliche Grundlegung

Wenn sich die Lehre von der sittlichen Selbstverwirklichung des Menschen nicht im luftleeren Raum abstrakter Spekulationen verlieren soll, muß sie von der realen Gesamtkonstitution des Menschen ausgehen und diese fortwährend im Auge behalten. Die traditionelle Moraltheologie hat dies unter dem Stichwort „circumstantiae", also in dem Traktat von den „Umständen des sittlichen Handelns" – wenn auch, besonders in ihrem „Speziellen Teil", nicht mit dem nötigen Nachdruck – tatsächlich getan. Die ethischen Konsequenzen, die dieser Ausgangspunkt ethischer Reflexion nahelegte, waren in einem mehr oder weniger unreflektierten, von Geschlecht zu Geschlecht weitergegebenen Erfahrungsschatz (Weisheitsliteratur, Klugreden, Sprichwörter) artikuliert und wurden von reifen Menschen auf Grund ihrer eigenen Lebenserfahrung ausgelegt. Hier lag der tiefste Grund für die Autorität des Alters gegenüber der Jugend. In der „Theologischen Summe" des Thomas von Aquin heißt es: „Es gibt gewisse auf natürliche Weise erkannte Prinzipien, zu deren Beurteilung es vielfältiger Überlegung verschiedener Umstände bedarf; solch sorgfältige Überlegung ist nicht Sache jedes beliebigen, sondern der Weisen, so wie es auch nicht allen, sondern allein den Philosophen zusteht, die Folgerungen aus wissenschaftlichen Erkenntnissen im einzelnen zu bedenken."[35] Die Verhältnisse des modernen Lebens sind nun freilich so komplex geworden, daß die „sapientes" und die „philosophi" nur dann glaubwürdig bleiben, wenn sie sich nicht nur auf ihre Lebenserfahrung und auf die Kraft ihrer Spekulation, sondern auf begründete wissenschaftliche Einsichten stützen. Die spezifische Funktion der Humanwissenschaften liegt nun genau darin, diese Einsichten bereitzustellen und damit die Bedingtheiten und die Chancen menschlichen Handelns in der jeweiligen Gegenwart aufzuzeigen. Die Eingründung seiner personalen Existenz in physiologisch-biologische, psychische und soziale Realitäten unterwirft den Menschen deren immanenten Gesetzlichkeiten und engt damit seinen Freiheitsraum ein. Die Ergebnisse der neueren Forschungen weisen dies für die verschiedenen Dimensionen menschlicher Existenzentfaltung mit erdrückender Materialfülle aus. Zugleich zeigen diese Forschungen aber auch, daß in den konkreten Gegebenheiten des heutigen Lebens

[35] Summa Theologica I—II, 100, 1; vgl. auch *W. Schöllgen*, Die soziologischen Grundlagen der katholischen Sittenlehre 398.

besondere Chancen personaler und sozialer Selbstverwirklichung des Menschen liegen. Die mannigfachen Bedingtheiten erscheinen also nicht als totale Verschlossenheit, vielmehr eröffnen sie spezifische Möglichkeiten für die „leibhafte“ Selbstdarstellung der menschlichen Person im Stoff der Welt. Die Einsicht in die wesentliche Nicht-Abschließbarkeit menschlicher Strukturen macht den Blick für die evolutive Sicht frei und weckt die kreativen Kräfte des Menschen.[36]
Der Mensch ist aber nicht nur physiologisch-biologisch, psychologisch und soziologisch bestimmt, er hat auch eine geistige Determination. Damit kommen die Grenzen der Humanwissenschaften in Sicht. Auf einer breiten Basis empirischen Materials definiert die moderne Anthropologie das biologische „Mängelwesen“ Mensch (A. Gehlen) als Kulturwesen. Der Mensch ist dem totalen Zwang der Instinkte entronnen. Das bedeutet den Gewinn geistiger Freiheit, aber auch den Verlust der automatischen Sicherung durch den Funktionalismus der Instinkte. Der Mensch ist ein unausgefertigtes, von der Natur „nicht bis zum Ende durchgeformtes Wesen“ (N. Hartmann), ein „weltoffenes Wesen“ (M. Scheler, A. Gehlen, W. Pannenberg). Inmitten seiner Bedingtheit verbleiben ihm Möglichkeit und Verbindlichkeit eigener freiheitlicher Lebensverantwortung. Er ist sich nicht nur vorgegeben, sondern aufgegeben. Die Orientierung, nach der sich menschliche Selbstverwirklichung auszurichten hat, kann nun aber nicht von einzelnen Humanwissenschaften und auch nicht von allen zusammen signalisiert werden, weil sie durch ihren methodischen Monismus mehr oder weniger fixiert sind. Sie bedürfen vielmehr – wie gleich ausdrücklicher darzustellen ist – der integrierenden Kraft der philosophischen Anthropologie. Es ist nicht anthropologisch verantwortete Ethik, sondern Psychologismus, wenn die Vermeidung seelischer Funktionsstörungen und die Wahrung seelischer Gesundheit zu den alleinigen Prinzipien der Lebensentfaltung deklariert werden. Es ist nicht anthropologisch verantwortete Ethik, sondern Soziologismus, wenn die Eliminierung sozialer Spannungen und die Herstellung eines reibungslosen Zusammenlebens zu den alleinigen Prinzipien der Lebensentfaltung deklariert werden.[37] Niemand wird solchen Forderungen die Qualität des Sittlichen absprechen, aber sie umgrei-

[36] Zur Bedeutung der Humanwissenschaften vgl. auch *J. Gründel,* in: *J. Gründel - H. van Oyen,* Ethik ohne Normen? 49—54; *W. Korff,* Empirische Sozialforschung und Moral, in: Concilium 4 (1968) 323—330; *F. Rauh,* Das sittliche Leben des Menschen im Lichte der vergleichenden Verhaltensforschung (Eichstätter Studien, N. F. II), Kevelaer 1969.
[37] Vgl. *R. Hofmann,* Was ist Sittlichkeit? 21.

fen nicht den ganzen Horizont und nicht die ganze Sinntiefe menschlicher Existenz, weshalb ihre Einlösung allein in der Regel auch Störungsmomente meist nur an der Oberfläche abzufangen vermag und nicht selten schwerere Störungen in wesentlicheren Bereichen menschlicher Existenz verschuldet.

Von vielen möglichen konkreten Beispielen sei hier lediglich die Konzeption einer „biologischen Moral" von P. Chauchard erwähnt.[38] Der bekannte französische Neurophysiologe will nicht an die Stelle des Moraltheologen oder Ethikers treten, aber deren Thesen bestätigen. Er lehnt eine Aufspaltung des Menschen in zwei aufeinander einwirkende Wesenheiten ab und plädiert für eine „Biologie des Menschen, die das *Wesen* des Menschen in seiner Vielfältigkeit, Ursprünglichkeit und Einheit sieht". Der Neurophysiologe „erforscht die zerebralen Grundlagen des Verhaltens, des Denkens und des reflektierenden Bewußtseins im gegenwärtigen Zustand beim zivilisierten Erwachsenen, im fortschreitenden Aufbau beim Kind und in der biologischen Evolution, die aus dem Menschen den Endpunkt eines Aufsteigens zu einem höher entwickelten Gehirn macht. Diese biologische Evolution findet ihre Fortsetzung in der geschichtlichen Kulturentwicklung, in der Fähigkeit, sich des menschlichen Gehirns zu bedienen." Eine solche Wissenschaft ist nicht mehr nur deskriptiv, sondern normativ. Sie will das Menschliche bestimmen, „wie es der psychobiologischen Natur des menschlichen Lebewesens entspricht". Indem die Neurophysiologie eine „Gehirnphysiologie und eine Gehirnpathologie der Freiheit und der Verantwortlichkeit" aufbaut, leistet sie ihren Beitrag zur Moral. Moral hört damit auf, ein „rein geistiges Ideal" zu sein, sie wird zur „notwendigen Hygiene des Menschen, der nicht krank oder anomal sein will". – Das klingt durchaus einleuchtend und ist für den Ethiker gewiß von hoher Bedeutung. Aber man wird stutzig, wenn man dazwischen den Satz liest: „Diese neue Biologie will das herausarbeiten, was den Menschen zum Menschen macht und zur Entfaltung der Möglichkeiten dieser menschlichen Natur hinführt. . ." Wo Biologie und Anthropologie konvertibel sind, werden es auch Hygiene und Moral. Dann kann man von biologischen Gegebenheiten unvermittelt zu hygienisch-moralischen Normierungen kommen. Der Neurophysiologe sieht das

[38] Vgl. zum folgenden vor allem das Einleitungskapitel von *P. Chauchard,* Wie frei ist der Mensch? 11—26; dazu auch die Rezension von *D. Mieth,* in: Theol. Quartalschrift 148 (1968) 369—372.

Sittliche darin, daß die physiologische Vorrangigkeit der Präfrontalregion im Gehirn gesichert wird. Nun kann man aber das typisch Menschliche – Freiheit, Verantwortlichkeit, Liebe, Gutheit u. a. m. – nicht auf kausal-analytischem Wege, also nicht empirisch aufweisen, man kann es nur erfassen, wenn man die empirischen Gegebenheiten auf das Ganzheitlich-Personale hin transzendiert. P. Chauchard kann die Neurophysiologie wohl nur deswegen auf die Anthropologie hin überschreiten, weil er in seine wissenschaftliche Arbeit als Neurophysiologe hinein bereits ein ganz bestimmtes Vorverständnis des eigentlich Menschlichen mitbringt. Das braucht gewiß kein Unglück zu sein, sondern kann im Gegenteil sehr hilfreich werden, zumal P. Chauchard auch die anderen Humanwissenschaften gleichermaßen ganzheitlich ausgerichtet sehen möchte. Aber der heutige Mensch stellt höchste Anforderungen an einen wissenschaftlichen Beweisgang, und sie scheinen nur einlösbar, wenn die einzelnen Wissenschaften ihre methodische Eigenständigkeit resolut durchhalten und sich auch ihrer methodischen Grenzen bewußt bleiben. Die Anthropologie kann die Ergebnisse der einzelnen Humanwissenschaften integrieren, aber diese Wissenschaften können sich selbst nicht auf Anthropologie hin überschreiten, sie können und müssen nur offen bleiben angesichts der Fragen, die sie von sich aus nicht zu beantworten vermögen. Sie dürfen nicht den Eindruck erwecken, als könnten sie die volle Wahrheit über den Menschen aussagen. (Darum sind Formulierungen wie medizinische, biologische, psychologische usw. Anthropologie mit der gehörigen Einschränkung zu verwenden.)

W. Schöllgen[39] sucht, was hier gemeint ist, mit Hilfe einer Analogie einsichtig zu machen. Man kann heute – sagt er – biblische Texte nicht mehr erklären, wenn man nicht die philologischen und geschichtlichen Grundlagen der Erklärung zuvor herausgearbeitet hat. Früher mochte man mit gesundem Menschenverstand und mit frommem Sinn durchaus zurechtkommen. Ähnlich verhält es sich in unserem Bereich. Ohne humanwissenschaftlichen Unterbau reicht die Klugheit nicht mehr allzuweit. Aber der wissenschaftliche Unterbau präjudiziert die ethischen Aussagen genausowenig, „wie die Sprachkenntnisse allein schon entscheiden, welche Aussagen der Bibeltext selber macht“.

P. Chauchards Werk soll in seiner positiven Bedeutung keineswegs verkannt werden, wenn hier die sorgfältige Wahrung der methodi-

[39] Vgl. Die soziologischen Grundlagen der katholischen Sittenlehre 398.

schen Eigenständigkeit und Begrenztheit der einzelnen Wissenschaften moniert wird.[40] Während man bei ihm eine Grenzüberschreitung von der Biologie zur Anthropologie feststellen zu müssen glaubt, versuchen nicht selten auch Vertreter anderer Humanwissenschaften, alles über den Menschen im Rahmen ihrer methodischen Möglichkeiten auszumachen. Was darin nicht verifiziert werden kann, gilt dann als nicht existent, jedenfalls als nicht relevant. Freilich kann man auch hier Zeichen eines Wandels vermerken. Der Blick für die Begrenztheit einzelner Teilaspekte schärft sich zusehends. Der Mensch stellt sich den verschiedenen wissenschaftlichen Bemühungen doch als ein sehr komplexes Gebilde dar, an dem sie nicht nur Zwänge und Bedingtheiten, sondern auch Freiheit und Offenheit feststellen. Die da und dort unverkennbar anhebende humanwissenschaftliche Selbstbescheidung schafft gewiß nicht einfach wieder Raum für eine Neuauflage des alten Idealismus, aber sie weckt die Bereitschaft zur Kooperation und zur Synopse. Der Psychiater und Kriminologe Friedrich Stumpfl charakterisiert die Situation folgendermaßen: „Nach all dem naturwissenschaftlichen Aufwand von Tiefenpsychologie, Psychiatrie, Vererbungswissenschaft, Konstitutions- und Milieuforschung ist das Ergebnis wahrhaft enttäuschend. Wir glaubten durch unsere Forschungen den Menschen in seiner Begrenzung, seiner Gebundenheit durch Triebe, Geisteszustand, Erbe, Körperbau und Milieu aufweisen zu können, gleichsam ein Produkt aus Erbanlage und Umwelt, Charakter-Entelechie und Erziehung, Körperkonstitution und Krankheit, und was uns nach all den jahrelangen Bemühungen aus Staub und Asche des zweiten Weltkrieges entgegentritt, ist das Bild seiner Freiheit."[41] Auch wenn man bei dieser Kennzeichnung der Situation eine gewisse emphatische Übertreibung in Abzug bringt, bleibt noch genug übrig, um den gemeinten Wandel anzuzeigen.

[40] In ähnlicher Weise wie P. Chauchard die Möglichkeiten der Biologie, so scheint *V. Satura,* Die heutige Psychologie und das theologische Denken, in: Bilanz der Theologie im 20. Jahrhundert II, 194—197, die Möglichkeiten der Psychologie zu überspannen, wenn er es als Aufgabe der heutigen Psychologie bezeichnet, aus den Teilergebnissen der verschiedenen Schulen „ein Gesamtbild der menschlichen Person zu erarbeiten, und zwar nicht rein enzyklopädisch, sondern in Form einer organischen Synthese, die die effektive Struktur des Menschen widerspiegelt".

[41] In: Wiener Zeitschrift für praktische Psychologie (1949) 20, zitiert bei *H. Henkel,* Einführung in die Rechtsphilosophie 197.

b) *Anthropologische Integrierung*

W. Schöllgen weist seit einer Reihe von Jahren nachdrücklich auf die integrierenden Wissenschaften als einen neuen Typ von Wissenschaften hin.[42] Beispielsweise kann Verkehrswissenschaft nur betrieben werden, wenn sich der Mediziner, der Psychologe, der Straßenbauer, der Auto-(bzw. Flugzeug-)konstrukteur, der Philosoph und der Ethiker zur Kooperation zusammenfinden. Das gleiche gilt von den Sozialwissenschaften, die sich von der Erforschung der Geopsyche bis hin zur Ideologieforschung erstrecken. Es gilt von der Politik, von der Sportpädagogik, von der Publizistik u. a. m. Auch traditionelle Disziplinen wie Geographie, Agrarwissenschaft, Medizin oder Psychotherapie sind nach isolationistischen Zwischenphasen mit zweifellos erstaunlicher Erfolgsbilanz hinsichtlich des fachspezifischen Sachwissens auf „anthropologisch wesentliche Gesamtaspekte" hin in Bewegung geraten. Sie suchen in der Anthropologie ein sie alle integrierendes Bezugssystem.

Nun hat es gewiß auch mit der Anthropologie seine Schwierigkeiten. Immerhin kann man sagen, daß sie sich als philosophische Anthropologie mit dem Menschen als Person befaßt und daß sie dies nur im Durchgang durch die Erkenntnisse der Humanwissenschaften über den Menschen als Naturwesen vermag. Man wird auch Zustimmung finden, wenn man der Anthropologie die spezifische Aufgabe zuspricht, über den Sinn menschlicher Existenz und über den in der menschlichen Personalität zentrierten Sinn der Welt überhaupt zu reflektieren. Schließlich scheint klar, daß heutige philosophische Anthropologie gleich weit von purem Empirismus wie von purem Apriorismus entfernt ist: „Eine Deduktion von oben her ist ebenso wenig möglich wie konstruierender Aufbau von unten nach oben."[43] Für unsere Überlegungen werden wir ohne weitere Begründung von der These ausgehen dürfen, daß es jenseits oder auf dem Grunde der humanwissenschaftlich-empirisch faßbaren Sachverhalte einen umgreifenden Sinnverhalt gibt, der die Grundwerte des Menschseins umgreift. Was damit gemeint ist, kann man auf verschiedene Weise

[42] Vgl. zum folgenden vor allem Konkrete Ethik 31—45.

[43] *J. Möller*, Zum Thema Menschsein (Probleme der praktischen Theologie, Festgabe zum 60. Geburtstag von J. M. Reuß, hrsg. von L. M. Weber und A. Görres, Bd. 1), Mainz 1967, 12. Der Verfasser gibt S. 10—21 einen knappen, aber sehr informativen Überblick über die philosophische Anthropologie der Gegenwart.

umschreiben. B. Schüller[44] verlangt in seiner Lehre von der Begründung des Sittlichen, daß das Faktische und Empirische überschritten und das „Essentielle", der „intelligible Wesenscharakter menschlichen Seinkönnens" eingesehen wird; das bloß Faktische könne als Nicht-Notwendiges, als Kontingentes keine sittliche Notwendigkeit begründen. Er verweist beispielhaft auf das vergebliche Bemühen Epiktets um den Nachweis, daß der Mann sich deswegen nicht rasieren dürfe, weil sein Bart das natürliche sichtbare Unterscheidungsmerkmal gegenüber der Frau sei. Hier wird eine biologische Tatsache zur sittlichen Forderung hinaufideologisiert. B. Schüller bemerkt dazu: „Epiktet vollzieht die für die ethische Normierung richtige Denkbewegung, nämlich vom Sein zum Sollen. Wenn er trotzdem zu einem Fehlschluß gelangt, dann eben deswegen, weil er das bloß empirisch, nicht intellektiv erfaßte Sein des Menschen zum Fundament einer sittlichen Norm machen will." Bis in die neueste Zeit herauf haben kirchliches Lehramt und Moraltheologie sich des gleichen Fehlers schuldig gemacht, wenn sie die physiologisch-biologische Integrität des ehelichen Aktes als solche – die Zwischenschaltung einer „Metaphysik des ehelichen Aktes" ist kaum mehr als ein Versuch der Errichtung eines „ideologischen Überbaus" – in den Rang einer sittlichen Norm erhoben haben, anstatt sie von ihrer Bedeutung für die gesamtmenschliche Entfaltung her zu würdigen. In ähnlicher Weise – so wiederum B. Schüller – haben sie das moralische Gewicht der Lüge verkannt, weil sie in der Sprache lediglich ein Informationsmittel und nicht ein Medium menschlicher Selbstmitteilung gesehen haben.

H. Rombach vertritt die Auffassung, daß man genaueren Aufschluß über das Wesen des Menschen nur gewinnen kann, wenn man eine Fülle geschichtlichen und kulturkundlichen Materials zusammenträgt.[45] Nur aus strukturalen („wesensgeschichtlichen") Einsichten lassen sich normative („wesensgesetzliche") Festlegungen treffen. Beide freilich, die Einsichten und die Festlegungen, erreichen nie definitiven Charakter, sondern bleiben für künftige Entwicklungen offen, was freilich ihrer augenblicklichen Geltung keinerlei Abbruch tut, weil sie im Horizont einer bestimmten Zeit und eines bestimmten Ortes als richtig und darum auch als verbindlich erscheinen. Der Aufweis solcher Richtigkeit und Notwendigkeit „erschöpft sich . . .

[44] Vgl. Wieweit kann die Moraltheologie das Naturrecht entbehren? 58—62.

[45] Die Wissenschaft und die geschichtliche Selbstbestimmung des Menschen 180—183. 174. Vgl. *P. Touilleux*, Kritische Theologie, in: Theol. Quartalschrift 149 (1969) 235—258.

nicht in einer Nachschilderung der gegebenen Verhältnisse, er interpretiert und prüft auf strukturellen Zusammenhalt hin (darum: „strukturelle Anthropologie"), er stößt auf Spannungen im Gesamtgefüge, Verhärtungen im Verlebendigungsprozeß, Selbstbeeinträchtigung eines Menschentums, gerade auch im Hinblick auf die besonderen Voraussetzungen und Beschränkungen seines Lebensraumes." Diese „strukturelle Interpretation" allein vermag zwischen der Scylla dogmatistisch-ideologischer Verabsolutierungen und der Charybdis eines permanenten selbstzerstörerischen Relativismus den sicheren Weg zu finden. In so verstandener anthropologischer Sicht wird an alle Gefahren und Chancen der Entwicklung der Maßstab des Ganzheitlich-Sinnvollen angelegt. Wenn sich die einzelne Humanwissenschaft monistisch verabsolutiert, verfehlt sie mit diesem Totalitätsanspruch das Maß des Menschlichen, weil die Aspekte anderer Wissenschaften und die integrierenden Aussagen der Anthropologie unterschlagen werden. Ein universaler wissenschaftlicher Humanismus hat allerdings zur Voraussetzung, daß über ein gewisses Vorverständnis des Menschseins wenigstens unbewußt Einvernehmen besteht und daß grundsätzlich alle Aspekte menschlicher Wesensart – der leibliche, seelische, personale, soziale und religiöse – in ihrer Eigenwertigkeit und in ihrer Interdependenz anerkannt werden.[46]

c) Ethische Normierung

Vor dem Horizont der humanwissenschaftlichen und der sie integrierenden anthropologischen Betrachtungsweise wird das ganze Elend der Ethik und der Moraltheologie offenkundig. Wie sollen sie mit dem überwältigenden Fortschritt der humanwissenschaftlichen Einzeldisziplinen Schritt halten? Ethische Untersuchungen sind hinsichtlich ihres Grundlagenwissens nicht selten schon nach einem Jahrzehnt durch die weitere Entwicklung einzelner Wissenschaften überholt und vermögen die aktuelle Problematik nicht mehr genau zu treffen. Es

[46] Vgl. *L. Jerphagnon*, Die Wissenschaften führen zur Moral, in: *P. Chauchard*, Wie frei ist der Mensch? 191—208. *H. Schelsky*, Ortsbestimmung der deutschen Soziologie, Düsseldorf-Köln 1959, 126, wendet sich gegen die Selbstbeschränkung der Wissenschaften auf das exakt-kausal Feststellbare: „Die wesentlichste Aufgabe der wissenschaftlichen Kontrolle der Wirklichkeit könnte im gegenwärtigen Zeitpunkt . . . gerade eine Funktion *gegen* die universal gewordene Anschauung von der ‚Machbarkeit' der Menschen und Dinge sein. Dann sind nicht die Ziele, sondern die Grenzen des sozialen Handelns der legitime Gegenstand der gegenwärtigen Soziologie. Und dies gerade um der Freiheit und der Wirksamkeit des sozialen Handelns willen."

ist kaum möglich, das Gesamt der humanwissenschaftlichen Forschungen im Auge zu behalten. Darüber hinaus bedarf es aber noch ihrer anthropologischen Integrierung, ehe überhaupt an eine ethische Explizierung zu denken ist. Wenn die philosophische Anthropologie selbst ihre integrierende Funktion gegenüber den Humanwissenschaften in größerem Maße ausüben könnte, als es tatsächlich der Fall ist, täten sich Ethik und Moraltheologie wesentlich leichter. L. Jerphagnon fragt mit vollem Recht: „Kann man unter diesen Umständen vernünftigerweise hoffen, daß uns eine durchgesehene und verbesserte Auflage der Lebenslehre geboten wird? Man kann es um so weniger, als alle zehn oder zwanzig Jahre eine neue Auflage herauskommen müßte, wenn wirklich ordentliche Arbeit geleistet werden sollte. Man kann ernsthafte ethische Untersuchungen nicht in Hast betreiben, und die Arbeit der Theoretiker der Moral erledigt sich nicht in ein paar Arbeitstagen. Die Ethik ist ein Phänomen von menschheitlichem Ausmaß. Der Beitrag der verschiedenen Generationen baut sich nur langsam in das Ganze ein, durch Prägung der Gesinnung und mit manchmal verblüffenden Lücken."[47]

Nun soll man gewiß die Lage nicht unnötig dramatisieren. Auch wenn die Theoretiker der Moral hinter ihrer Zeit zurückbleiben, ist der Mensch in seinem Handeln nicht so allein gelassen, wie es auf den ersten Blick scheint. Die wichtigsten sittlichen Verhaltensmodelle werden nicht alle Augenblicke auf den Kopf gestellt oder völlig neu aufgebaut, vielmehr entwickeln sie sich meist sehr allmählich aus der reflektierten Erfahrung kleinerer oder größerer Gruppen und gewinnen durch die Tradition eine gewisse Beständigkeit. Wenn sich die Verhältnisse spürbar ändern und die tradierten Leitbilder als der gewandelten Situation nicht mehr angemessen erscheinen, aktuiert sich spontan die sittliche Reflexion, um je neu gewonnene Einsichten in die menschliche Existenz für die gesamte Daseinsorientierung fruchtbar zu machen. Schöpferische Weiterbildungen des ethischen Bewußtseins müssen allerdings, wenn sie im breiten Umfang wirksam werden sollen, in irgendeiner Weise positiviert und institutionalisiert werden. Es gibt nicht allzu viele Menschen, die sich eine ethische Dauerreflexion, soweit eine solche überhaupt durchzuhalten ist, ohne neurotische Gefährdungen leisten können.

Soviel ist jedenfalls klar, daß die Artikulierung sittlicher Verbindlichkeiten nur noch im Dialog der Wissenschaften möglich ist. Dieser

[47] Die Wissenschaften führen zur Moral, in: *P. Chauchard,* Wie frei ist der Mensch? 197.

Dialog kann sich in der normalen wissenschaftlichen Diskussion oder in ad-hoc-Kommissionen vollziehen. Seine Zielsetzung ist klar: „die immer neue Gestalt der wichtigsten Interessenbereiche des Menschen auf dem Integrationsniveau der jeweiligen geschichtlichen Stufe wissenschaftlich (zu durchleuchten)“[48]. – Diese allgemeinen Aussagen sollen in zweifacher Hinsicht verdeutlicht werden.

Entstehung sittlicher Normen[49]

Die geschichtliche Entwicklung macht immer neue Aspekte der menschlichen Existenz sichtbar. Darum ist jede menschliche Erkenntnis wesenhaft perspektivisch, sie sieht die Wahrheit des Menschseins jeweils nur von einigen Aspekten aus und bedarf ständig der Ergänzung und des Wachstums.[50] Nur die Synopse der sich immer mehr ergänzenden Aspekte führt näher an die zeitgeschichtlich mögliche Wahrheitserkenntnis und damit an die Wahrheit überhaupt heran. Dies gilt hinsichtlich des humanwissenschaftlichen Sachwissens, es gilt auch hinsichtlich der anthropologischen Einsichten in die Sinnwerte des Menschseins im ganzen und der einzelnen Bereiche seiner Verwirklichung. Ethische Weisungen oder Normierungen können aufgestellt werden, wenn auf diesem Hintergrund unverkennbare Dringlichkeiten einer sinnvollen und fruchtbaren menschlichen Existenz aufgewiesen werden. Gewiß entsteht auf diesem Wege zunächst kaum mehr als ein „Labyrinth der Teilaspekte“, in dem die einzelnen Betrachtungsweisen nicht selten nach alleiniger Geltung streben und sich gegeneinander stellen: „das Bekenntnis gegen die Erkenntnis, die Statistik gegen die Moralbegriffe, die traditionellen Ordnungsvorstellungen gegen die Verhaltensforschung, die anthropologischen Leh-

[48] *W. Schöllgen,* Konkrete Ethik 43.

[49] Vgl. die klärenden Bemerkungen *J. Gründels* zum Normbegriff, in: *J. Gründel - H. van Oyen,* Ethik ohne Normen? 17—21: „Norm“ kann Verschiedenes bedeuten, die von unten her gewachsene und darum induktiv zu begründende Lebensordnung einer Gemeinschaft, die aus Nützlichkeitserwägungen um des Gemeinwohls willen erlassene und den jeweiligen Erfordernissen immer wieder angepaßte Satzung (Gesetz) oder das Gesamt der aus den Strukturen des Menschen und des mitmenschlichen Verhaltens einsichtigen Gegebenheiten („Seinsnorm“). Da im Gewissen die sittliche Verbindlichkeit dieser verschiedenen Normgehalte erfahren wird, hält J. Gründel den Begriff einer „Gewissensnorm“ mit Recht für überflüssig. Im übrigen handelt es sich bei den angeführten Normverständnissen nicht um einander ausschließende Aspekte, sondern lediglich um verschiedene, aber durchaus interdependente Begründungsebenen bzw. Geltungsbereiche. Vgl. auch *A. K. Ruf,* Maßstäbe sittlichen Verhaltens 165—172.

[50] Vgl. *J. Gründel,* a. a. O. 61 f.

ren über den Gesellschaftswert der Normen und Institutionen gegen die Erfahrungen und Einsichten der Psychopathologie"[51]. Nur mit dem Maßstab des Ganzmenschlich-Sinnvollen kann in diesem Labyrinth eine klare Orientierung gegeben, können wenigstens Prioritäten und Ranggesichtspunkte aufgestellt werden. R. Henning[52] spricht im Hinblick auf die kirchenamtlichen Sozialprogramme von einem „Ineinander von sozialtheologisch argumentierender Prophetie, philosophischen Grundwerturteilen und tagesbezogener Orientierungshilfe", und er tut dies mit Recht ohne jede abwertende Tendenz, weil dieses Ineinander die einzige sachliche Möglichkeit ist – womit freilich über die Berechtigung von konkreten Einzelaussagen noch nichts ausgemacht ist.

Die Gewinnung ethischer Normierungen oder Orientierungen auf Grund der integrierenden Synopse von humanwissenschaftlichen Erkenntnissen und anthropologischen Sinneinsichten, von Sachverhalten also und von Sinnverhalten, ist auch mit der von J. Gründel eingeführten Formel von der „Konvergenzargumentation" gemeint.[53] Diese Weise der Normfindung bzw. Normbegründung gibt der induktiven Methode gegenüber der deduktiven zweifellos wieder ein stärkeres Gewicht. Indem freilich nicht den Faktizitäten als solchen ethisch normativer Charakter zugesprochen wird, ist eine ausreichende Absicherung gegen den moralischen Positivismus gegeben. Weil auf dem Gebiet der Ethik die logische Beweisführung kaum zur Evidenz führen kann, ist man – J. Gründel greift hier auf Newman zurück

[51] *H. Jäger - K. S. Bader,* Der Normanspruch des Staates 163.
[52] Sachgesetzlichkeit und Ethik 5.
[53] Vgl. *J. Gründel,* Die Bedeutung einer Konvergenzargumentation für die Gewißheitsbildung und für die Zustimmung zur absoluten Geltung einzelner sittlicher Normen, besonders 1619—1630; *ders.,* in: *J. Gründel - H. van Oyen,* Ethik ohne Normen? 64—66. Im Zusammenhang mit seinen Darlegungen über Chancen und Grenzen der menschlichen Selbstmanipulation spricht *D. Mieth,* Auf dem Wege zu einer dynamischen Moral 43 f., vom Setzen bestimmter Prioritäten aus dem jeweils gesicherten Verständnis der Humanität — anstelle der Behauptung zeitlos gültiger Axiome. Er nennt im einzelnen „die Priorität der Lebenschance vor dem Schutz vor Abnormität, die Priorität der Heilung vor der Entwicklung, die Priorität der nüchternen Behutsamkeit gegenüber der leibhaften Verfaßtheit des Menschen vor der genetischen Veränderung, die Priorität der freien Entscheidung des einzelnen vor politisch manipulierenden Zwangsmaßnahmen, die Priorität der Sinnwerte der Ehe vor Fortpflanzungsmanipulationen" und fährt dann fort: „Die Formulierung solcher Prioritäten setzt eine Abwägung der Sinnwerte des Menschen in ihrer Gesamtheit voraus, denn nur diese Sinnwerte in ihrer Gesamtheit machen die Integrität des Menschen aus." Hier ist deutlich ausgesprochen, daß die Argumente aus den Humanwissenschaften nur im Durchgang durch die anthropologische Integrierung jene Konvergenz erlangen, die für die Setzung von Prioritäten und damit für eine sittliche Orientierung maßgebend werden kann und muß.

– auf Probabilitäten verwiesen, allerdings nicht auf die bloße Häufung, sondern auf echte Konvergenz von Probabilitäten: Die verschiedenen Einsichten müssen in ihrer gesamtmenschlichen Relevanz erfaßt und in einer Zusammenschau aufeinander bezogen bzw. ineinander integriert werden. Schon J. H. Newman hat diesen Sachverhalt und seine Bedeutung mit dem „Bild eines Kabels (veranschaulicht), das aus einer Anzahl einzelner Drähte verfertigt ist, von denen jeder für sich genommen schwach ist und keine Tragkraft besitzt“[54]. Es versteht sich fast von selbst, daß im Wirklichkeitsbereich des eigentlich Menschlichen, das sich ja immer in der Gestalt des Konkreten und des Geschichtlichen darstellt, nur auf diesem Weg „moralische Gewißheit“ erreicht werden kann.[55]

Es kann allerdings auf diesem Weg in der Regel eben auch nicht mehr als „moralische Gewißheit“ erreicht werden. Kirchliches Lehramt und Moraltheologie beginnen dies einzusehen und rücken langsam von der früher üblichen Apodiktik ihrer Äußerungen zu sittlichen Problemen ab. Um so hoffnungsloser scheinen heute manche radikalen Vorkämpfer einer „moralischen Liberalisierung“ von der (genealogisch übrigens leicht bestimmbaren) Utopie fasziniert zu sein, auf Grund „streng wissenschaftlicher“ Methoden und Kriterien das „richtige Denken“, die wahre „Orthopraxie“ endlich definieren zu können. Es sind dieselben, die auch jede Veränderung und jede Bewegung

[54] Vgl. *J. Gründel*, a. a. O. 1627; ferner *H. Fries*, Art. Konvergenzargumentation, in: LThK VI (1961) 517 f.: Konvergenzargumentation ist „ein Verfahren, das Erkenntnis aus dem ‚Zusammenstreben' mehrerer Gründe gewinnt. Daß es eine Konvergenzargumentation gibt, ist in Geschichtlichkeit und Leibgebundenheit menschlichen Erkennens und der Pluralität seiner Erfahrungs(quellen) begründet, so daß der Mensch zwar zu allem Sein schlechthin offen ist, aber nicht alles Seiende komprehensiv und auf einmal ergreifen kann, sondern dies oft genug perspektivisch und sukzessiv tun muß ... Die ausschließliche Orientierung des Erkennens am mathematischen Evidenzideal oder an der experimentell verifizierbaren Naturwissenschaft hat die Konvergenzargumentation lange Zeit zu Unrecht in Mißkredit gebracht.“ Vgl. auch *G. Ebeling*, Die Evidenz des Ethischen und die Theologie 329: „Wenn ich im folgenden von *Verstehensmöglichkeiten in bezug auf das sittlich Gefordertsein* spreche, so meine ich nicht zwingende Beweise — solche kann es da, wo es um Verstehen und deshalb um Freiheit geht, wesenhaft nicht geben —, sondern den Aufweis von Verstehensbedingungen, die mit der menschlichen Existenz vorgegeben sind und den Charakter von Not Bereitendem haben.“ Im einzelnen führt G. Ebeling aus: Nötigung zum Wirken, Nötigung zur Hingabe, Nötigung zum Zurechtbringen und Nötigung zur Rechenschaft. — Es gibt also keine Evidenz und keine logisch zwingenden, zu rationaler Einsicht innerlich nötigenden „Beweise“ für bestimmte sittliche Forderungen. Wohl aber lassen sich anthropologische Dringlichkeiten für die Bejahung dieser und die Verneinung jener Verhaltensweisen sichtbar machen.

[55] Zu den Methoden der Ethik vgl. auch *U. Lück*, Das Problem der allgemein gültigen Ethik 16.

für „Fortschritt" halten, und dieselben, die ohne irgendeine Differenzierung jede Institutionalisierung sittlicher Wertungen auf den Generalnenner der Repression bringen – „Die herrschende Moral ist die Moral der Herrschenden" –, allerdings nur so lange, bis es ihnen gelänge, ihre Moralvorstellungen in einer nun freilich nicht mehr hinterfragbaren Institution zu zementieren.
Es ist für den Ethiker höchst interessant zu sehen, daß heutige Rechtsphilosophie vor den gleichen Problemen steht und zu ähnlichen Einsichten kommt. Sie lehnt es ab, die konkreten Rechtsnormen einfach aus dem Machtanspruch des Gesetzgebers oder aus der bloßen Tatsache ihrer Geltung oder aus bestimmten empirischen Befunden (etwa aus dem Bereich der Soziologie oder der Psychologie) zu begründen. Sie beruft sich aber auch nicht, wie die verschiedenen Naturrechtslehren es getan haben, auf das „wahre Recht", das allem positiven Recht vorausliege und aus dem dieses geschöpft werden müsse. Heutige Rechtslehre hat klar erkannt, daß die Rechtsgewinnung nicht mit einer monistischen, sondern nur mit einer komplexen Methode möglich ist. Diese „verfährt nicht linear im Sinne des Deduktionsverfahrens, sondern konstruktiv im Sinne einer echten Gestaltung aus Bauelementen, die in den Topoi gegeben sind und einer sinn- und zweckhaften Zusammenfügung bedürfen"[56]. Unter Topoi versteht die Rechtsphilosophie jene leitenden Gesichtspunkte, die zur Findung des „Wahren" oder „Richtigen" verhelfen. Zu diesen Topoi rechnet H. Henkel zunächst jene Vorgegebenheiten, die zu den „Realfaktoren der Rechtsbildung" gehören: die Personhaftigkeit des Menschen, die Gesetzlichkeiten und Strukturen der Dingwelt, die Sozialstrukturen, die gesellschaftlichen Interessenstrukturen, Sitten und Gebräuche, die soziale Wertordnung, die vorgegebenen Institutionen, die sachlogischen Strukturen u. a. m. Eine zweite Hauptgruppe von Topoi sieht H. Henkel in den allgemein anerkannten Wertideen des Rechts, näherhin in den Prinzipien der Gerechtigkeit, der Billigkeit, der Zweckmäßigkeit und der Rechtssicherheit. Nun gibt es keine apriori festliegende Rangfolge der einzelnen Topoi, auf Grund deren eine Konkurrenz mehrerer Topoi durch Vorziehen oder Nachstellen des einen oder anderen geklärt werden könnte. Im Konkurrenzfall müssen die mit einzelnen Topoi angezeigten Orientierungen im Hinblick auf das Sachproblem gegeneinander abgegrenzt und zu der je möglichen Harmonie oder doch zu einer angemessenen Gewichtsverteilung gebracht werden.

[56] *H. Henkel,* Einführung in die Rechtsphilosophie 422.

„Diese nicht mehr regulierbare Tätigkeit des Erwägens und Abwägens kennzeichnet sich in Wahrheit als die Kunst des Findens auf dem Weg zum richtigen Recht."[57]

Es ist also bei der Findung des „richtigen Rechts" ähnlich wie bei der Findung der „richtigen Moral". Es gibt einen Kernbestand der menschlichen Natur, aus dem sich eine Reihe sittlich bedeutsamer, wenn auch sehr allgemeiner Richtlinien deduktiv herleiten lassen, etwa daß menschliche Existenz sich unabdingbar in Leiblichkeit und Geschlechtlichkeit vollzieht und daß damit nicht nur Gefährdungen, sondern hohe Möglichkeiten menschlicher Selbstdarstellung in der Welt aufgetan sind. (Hätte man sich in Moraltheologie und sittlicher Verkündigung daran gehalten, hätte man gewiß gegenüber dualistischen und spiritualistischen Überfremdungen der christlichen Aszese und Mystik einen resoluteren Widerstand aufgeboten.) Darüber hinaus gibt es aber Forderungen, die sich nur aus der geschichtlich wandelbaren Realnatur des Menschen ergeben. Man faßte sie unter der Formel vom „sekundären Naturrecht" zusammen, und man kann sie durchaus als Konkretisierung des „primären Naturrechts" verstehen. Aber schon Thomas von Aquin hat für diese Konkretisierung nicht nur den Weg der logischen Deduktion (conclusio), sondern mit Vorzug den Weg der positiven Bestimmung (determinatio) empfohlen. W. Schöllgen nennt den letzteren den Weg der „schöpferischen Synthese"[58]. In dem Maße, in dem die Evidenz und die aus ihr resultierenden Prinzipien für die anfallenden sittlichen Reflexionen in den Hintergrund treten oder ganz und gar ausfallen, müssen die menschliche Erfahrung und ihre denkerische Durchdringung sowie die Ergebnisse der Humanwissenschaften und ihre anthropologische Integrierung ins Spiel kommen. Die verhältnismäßig geringen Möglichkeiten der Deduktion müssen auf dem Weg der Induktion aufgefüllt werden. Im übrigen ist schwer auszumachen, wieviel an ursprünglich induktiv gewonnenen Einsichten in die Voraussetzungen der Deduktion eingegangen ist. Die traditionelle Naturrechtslehre erscheint manchem als systematisierte Summe aus den prima principia deduzierter Normen. In ihrem fixierten Endzustand erweckt sie tatsächlich diesen Eindruck. Aber dieser Endzustand ist auf einem langen geschichtlichen Weg mit immer neuen Reflexionen über immer neue menschliche

[57] A. a. O. 422. Zum Ganzen vgl. das Kapitel „Das Problem des ‚richtigen' Rechts", a. a. O. 379—459.

[58] Konkrete Ethik 26.

Erfahrungen herausgebildet worden. Bei der Entwicklung der Naturrechtslehre ist vermutlich viel mehr experimentelles als spekulatives Wissen verwertet worden.

Funktion sittlicher Normen

Sittliche Reflexion ist nicht jedermanns Sache, und sittliche Dauerreflexion – darauf wurde schon hingewiesen – impliziert zusätzliche Probleme. Der Mensch braucht also für seine Selbstverwirklichung Weisungen, Richtbilder oder Verhaltensmodelle, weil ihm die instinktive Selbtsregulierung des Tieres mangelt. Die geschichtlich je neu zu findenden und neu zu artikulierenden Orientierungshilfen müssen darum in irgendeiner Weise institutionell zugänglich gemacht werden. Die moderne Sozialpsychologie hat die funktionale Bedeutung institutionalisierter Normen gründlich bedacht; diese ermöglichen uns, auf Erfahrungen und Reflexionen früherer Geschlechter zurückzugreifen, und ersparen uns, in jedem Augenblick und in der Konfrontation mit den verschiedensten Situationen aus uns selbst schöpferische sittliche Entscheidungen treffen zu müssen. A. Gehlen bewertet Normen als „eingeschliffene Verhaltensfiguren", als „habitualisierte Automatismen", als „eingelebte Gewohnheiten", durch die eine bestimmte soziale Gruppe die ihr wichtigen Werte und Ordnungen schützt, durch die sie die täglich zu treffenden Entscheidungen vorweg ausformt und gesellschaftlich eingewöhnt. Dadurch wird der einzelne von dem Zwang entlastet, sittlich gutes oder doch anständiges Verhalten immer neu selbst zu erfinden. Ohne Frage nähert sich solchermaßen institutionalisierte Sittlichkeit stark der Sitte an. Das personale ethische Bewußtsein verblaßt unter dem Druck zur sozialen Anpassung. Die einzelnen „Rollenträger" unterwerfen sich allzuleicht jenem utilitären Übereinkommen, durch das die Gruppe die Entscheidungen vorwegnimmt. An die Stelle des authentischen sittlichen Verpflichtungsbewußtseins tritt ein Gefälle zur Gleichförmigkeit und zur Anpassung.[59] Die Gruppe ihrerseits geht gern den für sie leichteren Weg: Anstatt die personalen Potenzen mühsam zu wecken, übt sie Repressionen oder doch „soziale Dressur" aus. – Das ist freilich nur die eine Seite. Man sollte nicht verkennen, daß mit der Entlastung von der

[59] Vgl. *A. Gehlen,* Die Seele im technischen Zeitalter, Hamburg 1957, 74. 104—113; ferner *H. Jäger - K. S. Bader,* Der Normanspruch des Staates 164—170. Vgl. auch *A. Gehlen,* Urmensch und Spätkultur, Frankfurt-Bonn ²1963.

Qual des ständigen Improvisierens in den vordergründigen Bereichen des Lebens zugleich positive Möglichkeiten einer schöpferischen Freiheit in die Zukunft hinein gegeben sind. A. Gehlen sieht schöpferische Freiheit und institutionelle Bindung nicht in steriler Gegensätzlichkeit. Beides sind – nach einer Interpretation A. Gehlens durch W. Schöllgen – „dialektische Stadien im Prozeß des Aufwachsens menschlicher Kultur. Wer der Freiheit dienen will, hat es nicht nötig, deshalb in einem radikalen Nihilismus (nach rückwärts) alle Errungenschaften des geschichtlichen Erbes seit der Eiszeit zu zerstören; der Raum der Freiheit liegt immer in der Zukunft – gerade in dem von Lebensnöten entlasteten Raum, den sichernde Institutionen abstützen und freihalten“[60]. Es kann also nicht darum gehen, jede Form von Institutionalisierung zu verketzern, vielmehr gilt es, ihre soziale Notwendigkeit anzuerkennen und doch keine Mühe zu scheuen, damit ihre restriktiven Wirkungen möglichst eingeschränkt und ihre befreienden Wirkungen optimal entfaltet werden.

[60] *W. Schöllgen,* Konkrete Ethik 217; vgl. *J. Gründel,* in: *J. Gründel - H. van Oyen,* Ethik ohne Normen? 21—23, und *A. K. Ruf,* Maßstäbe sittlichen Verhaltens 164.

2. Kapitel

Weltethos in der Heiligen Schrift

I. Weltethos im Alten Testament

Was wir „Ethik des Alten Testaments" nennen, ist bei näherem Zusehen ein sehr komplexes Gebilde, das im einzelnen darzustellen hier nicht der Ort ist. Außerdem fehlt dem Moraltheologen die fachliche Zuständigkeit. Hier können lediglich die Erkenntnisse der alttestamentlichen Exegese und Theologie unter dem engen Blickwinkel unserer speziellen Thematik untersucht werden. (Das gilt natürlich auch für das anschließende Kapitel über „Weltethos im Neuen Testament".) Die drei Stufen, in denen sich die Sittlichkeit des Jahwevolkes im wesentlichen entfaltet, sind das Ethos des Gesetzes, das Ethos der Propheten und das Ethos der Weisheit.[1] Die folgenden Überlegungen werden sich auf die genannten drei Schwerpunkte beschränken und können auch diese jeweils nur nach einigen zentralen Aspekten ins Auge fassen.

1. Der Dekalog

Innerhalb der Tora kommt den „Zehnworten" (bzw. „Zwölfworten") aus mannigfachen Gründen erhöhte Bedeutung zu. Aus dem Gesamt dieser Reihen greifen wir im Hinblick auf seine inhaltlichen Aussagen, auf sein sachliches Gewicht und auf seine relativ leichte Überschaubarkeit den klassischen ethischen Dekalog heraus, den uns Ex 20,2–17 und Dt 5,6–21 in zwei nur unwesentlich verschiedenen Fassungen überliefern. Die Gebote bzw. Verbote I–IV betreffen das Verhalten Israels zum Bundesgott (pietas), während die anschließenden Weisungen auf die grundlegenden zwischenmenschlichen Ordnungen zielen (probitas).[2] Da der Dekalog fundamentale Minimal-

[1] Diese Einteilung wählt auch *H. van Oyen*, Ethik des Alten Testaments.

[2] *H. Gese*, Der Dekalog als Ganzheit betrachtet 131—137, glaubt im Aufbau des Deka-

forderungen aufstellt, die nach den Ausführungsbestimmungen anderer Rechtssammlungen lediglich todeswürdige Vergehen unter Verbot stellen, vertreten manche Autoren die Auffassung, der Dekalog wolle nur die Grenzpfähle abstecken, jenseits derer keine Gemeinschaft mit Jahwe und seinem Volk mehr möglich ist.[3] Andere sehen in den Geboten bzw. Verboten eher Hinweise auf die wesentlichen sittlichen Ordnungen, deren konkrete Verbindlichkeiten in anderen Gesetzen kasuistisch entfaltet werden; während sie anfangs „Repräsentativgebote für alle Bereiche gemeinschaftsschädigender Verbrechen" gewesen seien, habe man sie später in anderen Zusammenhängen als „Repräsentativgebote für alle Bereiche der Sittlichkeit" verstanden.[4] Wir brauchen diesem Problem im Rahmen unserer Thematik nicht nachzugehen. Uns interessiert lediglich die Frage, ob der Glaube an den Bund Jahwes mit seinem Volk vorher nicht gekannte Weisungen für das zwischenmenschliche Verhalten hervorbringt oder ob er lediglich eine bestimmte, ihm vorausliegende Ausprägung des Sittlichen religiös integriert.

a) Das vorgefundene Ethos

Die neueren Forschungen haben überzeugend aufgewiesen, daß es sich bei den „Geboten der zweiten Tafel" – also im Bereich des Weltethos – nicht um spezifisch israelitische Sittlichkeit handelt. In dieser Beziehung ist Israel ein antikes Volk unter anderen. Aus den baren Notwendigkeiten des Zusammenlebens hat sich eine Anzahl unverzichtbarer ethischer Normierungen entwickelt. Diese mögen zwar von Anfang an in einem sakralen Bezug gestanden haben, aber sie galten auch schon zu einer Zeit, als nicht für jedes einzelne von ihnen eine „offenbarende" Weisung Jahwes angeführt werden konnte. Die Entstehung von Sitte und Sittlichkeit gehört zu den selbstverständlichen Voraussetzungen jeder Volkwerdung. „Aus dem Leben der Gemeinschaft heraus bildet sich im engsten Zusammenhang mit völkischer Eigenart und Veranlagung, geschichtlicher Erfahrung und Beeinflussung durch die Umwelt, aber auch mit dem religiösen Leben

logs fünf Paare von Geboten und in dieser Ordnung eine „universale Systematik" entdeckt zu haben: „Es wird folgerichtig und umfassend der schalom-Zustand abgegrenzt und gegründet, in den Israel eintreten kann."

[3] Vgl. etwa *G. von Rad*, Theologie des Alten Testaments I, 207—209, oder *H. Haag*, Der Dekalog 15. 31 f.

[4] Vgl. *N. Lohfink*, Bibelauslegung im Wandel 145—149.

und Denken, ein Komplex von Regeln und Verhaltensweisen, der in seiner Gesamtheit als Grundlage der Gemeinschaft und Voraussetzung der Zugehörigkeit zu ihr jedes Glied der Gemeinschaft verpflichtet."[5] Dieser Selbstverpflichtung einer Gemeinschaft durch die Entwicklung von Sitte und Sittlichkeit eignet eine naturale Autorität hohen Ranges. Es versteht sich von selbst, daß der beschriebene Vorgang und sein Ergebnis in der Regel zunächst in kleineren sozialen Gebilden anzutreffen sind und erst von hier aus in die völkische Dimension ausgreifen. Wir brauchen uns aber im Hinblick auf den Dekalog nicht mit dieser allgemeinen Feststellung abzufinden.

Nachdem A. Alt in seiner bekannten Untersuchung „Die Ursprünge des israelitischen Rechts" auch die Frage nach der Herkunft des Dekalogs aufgeworfen hatte, kam die Forschung nicht mehr zur Ruhe. A. Alt traf die seitdem allgemein angenommene Feststellung, daß es in Israel kasuistisches und apodiktisches Recht gegeben habe. Das kasuistische Recht sieht einen bestimmten Fall und eine bestimmte Sanktion vor, etwa Ex 22,15 f.: „Wenn jemand eine Jungfrau, die noch nicht verlobt ist, verführt und ihr beiwohnt, so soll er sie sich gegen den vollen Brautpreis zur Frau nehmen . . ." Dieses kasuistische Recht weist nichts spezifisch Israelitisches auf und findet sich in allen Rechtskulturen. Israel wird es – so A. Alt[6] – nach der Landnahme von den ansässigen Kanaanitern übernommen haben. Das apodiktische Recht, bald präzeptiv, bald prohibitiv formuliert, sei demgegenüber spezifisch israelitisch-jahwistisch und sei im altorientalischen Raum sonst nicht anzutreffen. Neben anderen Verbotsreihen gehöre auch der Dekalog in den Bereich des apodiktischen, d. h. unbedingt formulierten Rechts. Hier sei alles „volksgebunden israelitisch und gottgebunden jahwistisch, auch wo das in dem knappen Wortlaut keinen unmittelbaren Ausdruck findet"[7]. In Dt 27 sieht A. Alt einen Fingerzeig, wo der Dekalog seinen „Sitz im Leben" hatte: Alle sieben Jahre wurde er in dem großen Amphitheater im Paß von Sichem vor versammelter Volksgemeinde feierlich ausgerufen. „Die apodiktische Satzreihe bildet hier also das Kernstück eines sakralen Aktes von nationalem Ausmaß . . ."[8] Der Bundesschluß und seine kultische Begehung erscheinen hier fast als Voraussetzung für das Entstehen apodiktischen Rechts. Immerhin läßt A. Alt die Frage auf

[5] *W. Eichrodt,* Theologie des Alten Testaments III, 44 f.
[6] A. a. O. 12—33.
[7] A. a. O. 60. [8] A. a. O. 62.

sich beruhen, „ob die israelitischen Stämme etwa schon vor ihrer Volkswerdung, d. h. vor ihrem Zusammenschluß in Bindung an Jahwe, ähnliche Rechtsformulierungen kannten oder besaßen“[9]. Sollte er seiner These von der gottgebundenen jahwistischen Provenienz des Dekalogs vielleicht doch nicht ganz so sicher gewesen sein? Jedenfalls ist ihm darin die weitere Forschung nicht gefolgt. Und dies ist für unsere Fragestellung von Bedeutung.

Die These von der „volksgebunden israelitischen und gottgebunden jahwistischen“ Herkunft des Dekalogs mußte der Einsicht in dessen nomadischen oder doch halbnomadischen Ursprung weichen. Mit Berufung auf K. Elliger und E. Gerstenberger formuliert N. Lohfink diese Einsicht folgendermaßen: „Der Dekalog ist in der Frühzeit Israels erwachsen aus sittlichen und rechtlichen Traditionen, die diese halbnomadischen Sippen schon immer besaßen und tradierten.“ Damit wird der Dekalog zu einem „Zeugnis der vorgängig zur Offenbarung möglichen sittlichen Erkenntnis des Menschen“[10]. K. Elliger hat aufgewiesen, daß die in Lev 18 gesammelten apodiktischen Verbote des Geschlechtsverkehrs unter Verwandten dem Raum der Großfamilie entstammen und den Zweck haben, durch Verhinderung willkürlichen Geschlechtsverhaltens den Frieden innerhalb der Wohn- und Wirtschaftsgemeinschaft zu sichern.[11] Unter dem Einfluß der These A. Alts hat er die Verbotsreihe allerdings in die Zeit nach dem Bundesschluß datiert. E. Gerstenberger[12] führt als weiteren Beleg die Erzählung von der Traditionstreue der Rechabiten in Jer 35 an: Die Rechabiten weigern sich, gegen das Gebot des Sippenvaters Wein zu trinken. Lev 18 und Jer 35 sind zwar keine „Beweise“; tatsächlich aber lassen sie sich leichter erklären, wenn man ihren Ursprung im Sippenverband sieht und sie dem Sippenältesten in den Mund legt, als wenn man sie aus der kultischen Begehung des Bundes oder – auch dagegen wendet sich E. Gerstenberger – aus dem Bundesformular herzuleiten sucht. Die Thematik der beiden Texte berührt vitale Interessen der Großfamilie, und ihre Fassung als Verbotsreihe versteht sich leicht von der pädagogischen Zweckmäßigkeit her. Der verantwortliche Wahrer des Sippenethos ist das Familienoberhaupt. Der Verbotskata-

[9] A. a. O. 69. Vgl. *G. J. Botterweck*, Form- und überlieferungsgeschichtliche Studie zum Dekalog 392—394; *H. Haag*, Der Dekalog 24; *G. Fohrer*, Das sog. apodiktisch formulierte Recht und der Dekalog 49 f.

[10] Bibelauslegung im Wandel 136. 135.

[11] Das Gesetz Leviticus 18, in: ZAW 67 (1955) 1—15.

[12] Wesen und Herkunft des „apodiktischen Rechts“, besonders 110—117.

log ist „der Kanon für das Verhalten des Erwachsenen und als solcher das eigentliche moralische Gesetz des ganzen Lebens im Sippenverband, das Gesetz, dem auch das Sippenoberhaupt selbst unterworfen ist"[13]. Die von E. Gerstenberger angenommene große Nähe der apodiktischen Verbotsreihen zum Spruchgut der Weisheitsliteratur braucht uns hier nicht zu beschäftigen. Nach G. Fohrer[14] ist es zwar nicht sicher, aber wahrscheinlich, daß der Dekalog nicht wie Lev 18,7–16 von Anfang an als gleichmäßige Reihe apodiktischer Sätze konstruiert, sondern aus drei verschiedenen apodiktischen Reihen zusammengestellt wurde, von denen die eine 4, die zweite 2 und die dritte 3 Hebungen hatte. (Damit wäre auch die Verschiedenheit der Satzformen der einzelnen Gebote einsichtig gemacht.) Die aus den einzelnen Reihen entnommenen Satzreihen wurden erst bei ihrer Zusammenstellung zum Dekalog durch die Voransetzung von Ex 20,1 f. als „Worte Jahwes" deklariert. Vorher waren sie durch die naturale Autorität der Sippe und ihres Hauptes garantiert. Wenn G. Fohrer im Dekalog bzw. in den apodiktischen Reihen, aus denen er entstanden ist, Lebens- und Verhaltensregeln aus der Zeit der nomadischen Sippenkultur sieht, dann muß auch er, wie E. Gerstenberger, grundsätzliche Zweifel an der Hypothese von der kultischen Entstehung oder doch der kultischen Zweckbestimmung des Dekalogs äußern. „Damit dürfte die Herkunft fast aller Hauptbestandteile des Dekalogs aus dem weit in die vorisraelitische Zeit zurückreichenden Sippenethos . . . wahrscheinlich gemacht sein. Wir sind damit in einem Bereich vor der an Israel ergehenden Offenbarung . . ."[15]

Diesem Ergebnis sind nur noch einige Hinweise darauf anzufügen, daß das apodiktische Sippenethos der israelitischen Frühzeit nicht in einer kulturgeschichtlichen Isolation steht, sondern zahlreiche Analogien im vorderen Orient hat. H. Kilian[16] hat das Vorkommen der apodiktischen Rechtsform in Ägypten nachgewiesen. Von hier aus könnte auch Moses mit ihr vertraut gewesen sein. Damit tritt die Möglichkeit ägyptischer Einflüsse auf die Formulierung des Dekalogs in ein neues Licht. Innerhalb der ägyptischen Weisheitsliteratur finden

[13] A. a. O. 117.

[14] Das sog. apodiktisch formulierte Recht und der Dekalog 62—68.

[15] *N. Lohfink*, Bibelauslegung im Wandel 140, ist mit Recht der Meinung, daß die Dekalogforschung mit diesem Ergebnis einen Beitrag zu der Frage geleistet habe, inwiefern der Dekalog „das natürliche Sittengesetz" widerspiegle.

[16] Apodiktisches und kasuistisches Recht im Licht ägyptischer Analogien; vgl. auch *G. J. Botterweck*, Form- und überlieferungsgeschichtliche Studie zum Dekalog 397 f.

sich deutliche Analogien zum Dekalog bzw. zum apodiktischen Recht im allgemeinen, und zwar hauptsächlich in den Moralmaximen eines hieratisch beschriebenen Ostrakons aus der Zeit Ramses II. (19. Dynastie), in den Lehren des Onchsheshonqy, im Dekret des Königs Haremheb, „im ständigen Requisit des Zeremoniells für die Einsetzung des Veziers unter der 18. Dynastie"[17], in der Lehre des Amenemope und in den negativen Beichten des sogenannten „Totenbuches". Bezüglich des „Totenbuches" sieht H. Haag allerdings einen „fundamentalen Gegensatz" zwischen der ägyptischen und der dekalogischen Moral: „So sehr sich auch die ägyptische Religion um das Recht des einzelnen und den Schutz der Schwachen bekümmert, so verlegt sie doch die Begegnung des Menschen mit der Gottheit ins Jenseits. Jahwe hingegen tritt schon auf dieser Erde mit seinen sittlichen Forderungen vor den Menschen und verpflichtet sein Gewissen durch Gebote."[18]

Seit den fünfziger Jahren macht eine Gruppe von Forschern darauf aufmerksam, daß der Bundesschluß zwischen Jahwe und Israel nach einem Schema erfolgt sei, mit dem wir durch die neu entdeckten Staatsverträge der Hethiter bekannt geworden sind.[19] Tatsächlich ist die Entsprechung zwischen dem kultischen Aufbau des Bundesschlusses und dem hethischen Vertragsschema nicht zu bestreiten. Man wird mit H. Haag annehmen können, daß bei den engen Beziehungen zwischen den Hethitern und Ägyptern die Vertragsform auch bei letzteren bekannt geworden und von hier aus über den im ägyptischen Rechtswesen geschulten Moses nach Israel gekommen ist. Wenn in der hethitischen Vertragsform die geschichtliche Begegnung zwischen den Vertragspartnern ausdrücklich festgehalten wird, sollte es dann nicht möglich sein, daß ein Mann wie Moses das Verhältnis seines Volkes zu Jahwe in einer solchen Vertragsform sachlich zutreffend auszudrücken versuchte? Über die Herkunft der apodiktischen Prohibitive des Dekalogs ist damit allerdings noch nichts ausgemacht. Neuerdings haben G. Fohrer, E. Gerstenberger und G. J. Botterweck,

[17] Vgl. *K. Sethe,* Die Einsetzung des Veziers unter der 18. Dynastie. Inschrift im Grabe des Rech-mi-re, zu Schech abd el Gurna (Untersuchungen zur Geschichte und Altertumskunde Ägyptens V, 2) Leipzig 1909, 54.

[18] Der Dekalog 25.

[19] *G. W. Mendenhall,* Convenant forms in Israelite Tradition, in: The Biblical Archaeologist 17 (1954) 50—76; *G. Heinemann,* Untersuchungen zum apodiktischen Recht, Hamburg 1958; *K. Baltzer,* Das Bundesformular, Neukirchen 1960; *W. Beyerlin,* Herkunft und Geschichte der ältesten Sinaitradition, Tübingen 1961; vgl. *H. Haag,* Der Dekalog 13. 21; *J. J. Stamm,* Dreißig Jahre Dekalogforschung 212—214.

alle drei übrigens in ihren bereits zitierten Veröffentlichungen aus demselben Jahr (1965), die Erklärung der Prohibitive aus dem hethitischen Schrifttum als unbefriedigend bezeichnet. Es finden sich hier zwar apodiktisch formulierte Vereinbarungen, doch sind diese jeweils auf den konkreten politischen Vertrag gerichtet. Im hethitischen Vertragsformular sind Reihenbildungen höchstens „unter dem Generalthema des Vertragsbruches" möglich, während für die alttestamentlichen Prohibitive Reihenbildungen auf Grund einer „den Bestimmungen selbst innewohnenden Affinität" kennzeichnend sind.[20]
Seitdem W. G. Lambert die Spruchsammlungsfragmente aus dem babylonisch-assyrischen Raum zusammenfassend herausgegeben hat,[21] werden immer wieder auch aus diesem Raum Parallelen zur alttestamentlichen Apodiktik angeführt. Man findet sie vor allem in reinen Sprichwörtern („Popular Sayings", „Proverbs"), dann aber auch in den Kategorien der Sündenbekenntnisse oder der Omina. So enthält die Schurpu-Serie eine katechismusartige Aufzählung von Sünden durch den Orakelpriester. In Omenform haben wir eine Art Fürstenspiegel, in dem mögliche Verfehlungen des Königs aufgezählt sind, denen eine bestimmte göttliche Strafe nachfolgt.[22]
Wir können zusammenfassend feststellen, daß der Dekalog – wir sprechen hier nur von den Geboten bzw. Verboten V–X – auf das Ethos zurückgeht, das in nomadischen und halbnomadischen Sippen, d. h. „in einem Bereich vor der an Israel ergehenden Offenbarung" (N. Lohfink), aus den naturalen Notwendigkeiten des Gemeinschaftslebens entstanden ist und das sich im gesamten vorderen Orient in ähnlicher Weise entwickelt hat. Dieses Sippenethos ist überall schon früh in apodiktischen Reihen artikuliert und verfaßt worden. Aus mehreren solcher Reihen wurden schließlich die sittlichen Imperative bzw. Prohibitive des Dekalogs zusammengestellt. In diesen kann also nicht das Proprium des alttestamentlichen Ethos liegen.

[20] *E. Gerstenberger*, Wesen und Herkunft des „apodiktischen Rechts" 104; a. a. O. 100—110 findet sich eine ausführliche Begründung seiner Auffassung.

[21] *W. G. Lambert*, Babylonian Wisdom Literature, Oxford 1960; vgl. zum Folgenden vor allem *E. Gerstenberger*, a. a. O. 132—134, der allerdings, wie gesagt, die Apodiktik der Tora und der Chokma in engem Zusammenhang sieht.

[22] *E. Gerstenberger*, a. a. O. 131 f., zitiert aus *E. Gordon*, Summerian Proverbs, Philadelphia 1959, weitere Parallelen aus der sumerischen Spruchliteratur.

b) Die religiöse Integrierung des vorgefundenen Ethos

Das Proprium alttestamentlicher Sittlichkeit liegt darin, daß ein in der Tradition vorgefundenes Ethos in das neue Gottesverhältnis integriert wurde. Das originär Israelitische am Dekalog ist sein Vorspruch: „Und Gott redete alle diese Worte. Er sprach: Ich bin Jahwe, dein Gott, der dich aus dem Lande Ägypten herausgeführt hat, aus dem Haus der Knechtschaft" (Ex 20,1 f.; Dt 5,6). Die Formel, daß Jahwe „diese Worte gesprochen hat", schließt keineswegs aus, daß die apodiktischen Sätze des Dekalogs auf ganz natürliche Weise entstanden sind und daß erst in einem späteren theologisierenden Stadium „die ethischen, moralischen, sozialen und kultischen Imperative oder Prohibitive der legitimierenden und schützenden Autorität Jahwes und seines Bundes unterstellt wurden"[23]. Auf jeden Fall hat diese religiöse Integrierung das sittliche Bewußtsein Israels von Anfang an zutiefst geprägt. Das Bundesvolk kann die zwischenmenschlichen Beziehungen und das sie tragende Ethos nicht mehr anders als „vor Jahwe" bestimmen und regeln. Alle wissen: „So etwas tut man nicht in Israel" (2 Sam 13,12; Gen 34,7). Israels Errettung aus Ägypten und der Bundesschluß am Sinai durchdringen den Glauben des Volkes bis in seine sittlichen Auswirkungen hinein. Wo früher die Autorität der Sippe und ihres Oberhauptes verpflichtet hat, verpflichtet nunmehr Jahwe selbst und ruft seinen Hoheitswillen über das Ethos aus. Dieses Ethos kennt jedoch Israel bereits, und es bedarf dafür keiner offenbarenden Rede Jahwes.[24] Aber dieses seit langem geltende Ethos, das die fundamentalen Menschenrechte in Israel garantieren soll, erscheint nunmehr als Anspruch des Bundesgottes.[25] Es gerät unter den unerbittlichen Zugriff Jahwes. Durch die Erfüllung des im Dekalog vorgestellten Ethos muß Israel die Redlichkeit seiner Bundesgesinnung beglaubigen. Freilich will Jahwe, daß das Volk seine Weisungen versteht und ihm einen mündigen Gehorsam entgegenbringt. Von

[23] *G. J. Botterweck,* Form- und überlieferungsgeschichtliche Studie zum Dekalog 395.

[24] A. a. O. 399: „Es steht nichts im Wege, daß Moses den in Ägypten üblichen Stil von Moralmaximen, Lebensregeln und negativen Beichten sowie die Regeln des halbnomadischen Sippenethos apodiktisch-weisheitlicher Art zu einem ‚Grundgesetz der neu geschaffenen Jahwegemeinde' ausgebaut und unter den Gotteswillen gestellt hat."

[25] *H. Röthlisberger,* Kirche am Sinai. Die Zehn Gebote in der christlichen Unterweisung, Zürich-Stuttgart 1965, 123: „Von jetzt an ist der Verstoß gegen diese Regeln nicht mehr bloß eine Übertretung der Sitte oder des Stammesgesetzes, sondern Sünde wider Gott . . . Die Sinai-Offenbarung hat also das vorsinaitische Stammesgesetz nicht aufgehoben, sondern in einen neuen Zusammenhang gestellt."

hier aus ist zu verstehen, daß sich schon in den ersten Formulierungen des Dekalogs, die auf uns gekommen sind, Erklärungen und Begründungen für einzelne Weisungen finden.[26] Der mündige Gehorsam gehört unverzichtbar zum Bund, in ihm drückt sich die personale Treue des menschlichen Partners aus. Vorgängig zum Gehorsam aber ereignet sich das gnädige Handeln Gottes, zu dem die Proklamierung der lebensnotwendigen Weisungen nicht weniger gehört als die Befreiung aus Ägypten. Wann immer die apodiktischen Gebote oder Verbote ihren Platz in den Sinaierzählungen erhalten haben, wir können sie mit vollem theologischen Recht als „zentrales Zeugnis der alttestamentlichen Offenbarungserfahrung"[27] verstehen. Sie sind „Wort Gottes". So wie der Dekalog Israel vorliegt, geht er den Weg von oben nach unten, den Weg von Gott zu den Menschen. „Jahwes Volk kann nicht aus dem gewöhnlichen, möglicherweise allgemeingültigen Verhalten der Menschen ablesen, was zu tun sei. Nicht der Mensch und schon gar nicht das eigene Ich, sondern Gott ist das Maß aller Dinge."[28] Damit steht keineswegs im Widerspruch, daß Gott die Menschen ihren Weg selber finden läßt. Die Offenbarung würdigt den Menschen nicht zur Marionette herab. Die Aufnahme des Dekalogs in den Kult bezeugt aber den Glauben Israels, daß es auch das selbstgefundene Ethos letztlich Jahwe und seinem gnädigen Handeln verdankt. Anders kann es nicht sein, „denn innerhalb des Horizontes dieser Gebote liegt das Leben und das Heil für Israel eingebettet"[29]. So verbinden sich, wenn wir heutige Kategorien verwenden, Autonomie und Theonomie im Glauben Israels zu bruchloser Einheit.

Wie hat sich nun die religiöse Integrierung des Dekalogs im Bundesgedanken für das sittliche Bewußtsein ausgewirkt? Die religiöse Integrierung zeigt sich zunächst in einer *neuen Motivation des Sittlichen.* H. Haag[30] betrachtet als die entscheidenden Motive, die Israel zur Erfüllung der ethischen Forderungen antreiben, die Dankbarkeit, die Liebe und den Gewinn des Lebens. Das Bundesvolk lebt aus dem Bewußtsein der ihm geschenkten Freiheit. Das zeigt sich besonders eindrucksvoll in der zweiten Mosesrede im Deuteronomium, vor allem

[26] *G. von Rad,* Theologie des Alten Testaments I, 211 f., sieht in diesen begründenden Erklärungen etwas Spezifisches der israelitischen Rechtsüberlieferung gegenüber den zahlreichen außerisraelitischen Rechtscorpora.

[27] *N. Lohfink,* Bibelauslegung im Wandel 150.

[28] *J. Schreiner,* Die Zehn Gebote 67.

[29] *H. van Oyen,* Ethik des Alten Testaments 105.

[30] Vgl. Der Dekalog 35 f.

in Dt 6–11, also im unmittelbaren Anschluß an den Bericht über die Verkündigung des Dekalogs. Dt 6,20–24: „Wenn dich dein Sohn künftig fragt: ‚Was ist es um diese Gebote, Gesetze und Gebräuche, die der Herr, unser Gott, euch geboten?', so sprich zu deinem Sohn: ‚Wir sind des Pharao Sklaven in Ägypten gewesen. Aber der Herr führte uns mit starker Hand aus Ägypten ..., um uns hierher zu bringen und uns das Land zu geben, das Er unseren Vätern zugeschworen. Der Herr befahl uns, all diese Gebräuche zu tun und den Herrn, unseren Gott, zu fürchten, uns zum Heil für alle Zeiten und zur Erhaltung unseres Lebens ..." Aus der Dankbarkeit für das Geschenk der Freiheit und des Lebens wächst die Liebe: „Du sollst den Herrn, deinen Gott, lieben mit ganzem Herzen, mit ganzer Seele und mit ganzer Kraft" (Dt 6,5). So entfaltet die zweite Mosesrede das Grundmotiv, das bereits der Dekalog mit der Selbstvorstellung Jahwes und der ausdrücklichen Erwähnung seiner Befreiungstat anschlägt (Ex 20,1 f. und Dt 5,6).

Die religiöse Integrierung des ethischen Dekalogs hat sich weiterhin in der *Dynamisierung des Sittlichen* ausgewirkt. Je bereitwilliger sich Israel den Forderungen Jahwes öffnete, desto vitaler mußte es den Kontrast zwischen seinem faktischen Verhalten und dem an es ergehenden Anspruch erfahren. Es konnte die Widersprüchlichkeit seiner Existenz gegenüber dem geforderten Bundesethos nicht auf sich beruhen lassen. Tatsächlich hat sich der Gottesgedanke stimulierend auf die Entwicklung der Volkssitte und des Gesetzes ausgewirkt.[31] Die Unterstellung der ethischen Forderungen unter die Autorität Jahwes vermochte ihnen größeren Nachdruck zu verleihen. Wenn sie als eindeutiger Ausdruck des göttlichen Herrscherwillens erschienen, rückten sie von selbst aus der Sphäre einer nur relativen Verbindlichkeit in die der unbedingten Geltung. Das vom Bundespartner selbst direkt angesprochene Volk konnte vor der Härte der Verpflichtungen ungleich schwerer zurückweichen. Die Festlegung der Grundlinien sittlichen Verhaltens in lapidaren apodiktischen Sätzen führte mit der Zeit auch zu einer Vereinheitlichung der ethischen Normen. Indem gerade die Apodiktik auf Konkretisierungen und auf Angaben über göttliche Sanktionen verzichtete, erhielten die einzelnen Sätze prinzipielle und repräsentative Bedeutung für umfassendere sittliche Bereiche und machten ihren eigentlich sittlichen Gehalt – im Unter-

[31] Vgl. zum folgenden *W. Eichrodt,* Theologie des Alten Testaments III, 46—50, und *H. van Oyen,* Ethik des Alten Testaments 82. 160—169. 173—176.

schied zum bloß rechtlichen – mit erhöhter Prägnanz und Dringlichkeit sichtbar. Die in der dekalogischen Apodiktik vorliegende Beschränkung auf das Wesentliche lenkte den Blick von der massiven Wucherung der Gebote und Verbote nachhaltig auf die innere Einheit der sittlichen Ordnung. Schließlich wirkte sich die neue Gotteserkenntnis auch in der Korrektur bzw. Weiterbildung überkommener rechtlicher und sittlicher Anschauungen aus. So zeigen die in Ex 20–23 vorgelegten Normen gegenüber altorientalischen Rechtsbüchern einschneidende Veränderungen. Der Wert des Menschenlebens tritt etwa in den Anweisungen über die Behandlung der Sklaven, in der Abschaffung von Verstümmelungsstrafen oder in der Beurteilung von Vermögensdelikten deutlicher zutage. Das Wissen um die Erwählung durch Jahwe drängte auch zur Pflege sittlicher Haltungen, die im Volksethos fehlten: der Friedfertigkeit und Uneigennützigkeit etwa bei Abraham oder der Versöhnlichkeit und Vergebungsbereitschaft bei Joseph.

Freilich gab es auch Bereiche, in denen sich die Moral des Bundesvolkes dem vorwärtsdrängenden Einfluß der Gottesvorstellung versagte. Das geschlechtliche Verhalten des Mannes war weiterhin recht freizügig. Die Einstellung gegenüber dem Volksfremden blieb allzusehr der Willkür überlassen. Die Würde der Frau konnte sich im sittlichen Bewußtsein noch wenig durchsetzen (Polygamie, Erwerb der Partnerin durch Zahlung eines Kaufpreises, Zuerkennung des Scheidungsrechts nur an den Mann). Die Pflicht der Schwagerehe behauptete sich gegenüber den Verboten der Unzucht und der Blutschande. In scharfem Widerspruch zum Jahwerecht im allgemeinen stand schließlich die Sitte des Kriegsbannes, die nicht nur den Gegner selbst, sondern auch sein Weib und seine Kinder der Vernichtung preisgab. W. Eichrodt beurteilt diese Erscheinungen folgendermaßen: „Wenn solche Einrichtungen, die doch mit den sonst hervortretenden sittlichen Tendenzen des Jahwebundes im Widerspruch stehen, unter den Schutz des Bundesgottes treten, so kommt darin eine Unausgeglichenheit zum Ausdruck, die zunächst etwas Befremdliches hat. Und doch handelt es sich um einen Sachverhalt, der sich geradezu mit Notwendigkeit dort einstellen mußte, wo die von Gott geforderte Volksordnung nicht als logisch durchkonstruiertes System in rücksichtslosem Bruch mit der Vergangenheit dem Volk aufgezwungen wurde, sondern als organisches Gebilde auf dem naturgegebenen Boden der Geschichte in wachstümlicher Entwicklung sich entfalten sollte. Dadurch, daß die Erwählung ein Volk in seiner natürlichen Lage traf und es in seiner geschichtlich gewordenen Sonderart zur Gemeinschaft mit Gott berief, trat es mit allen seinen Belangen, auch mit den langsam gewachsenen Sitten und Bräuchen, seiner besonderen sozialen Struktur und den natürlichen Verpflichtungs- und Abhängigkeitsverhältnissen in das Bundesverhältnis ein"[32]. Wenn der Bundesgott seinen Partner nicht einfach magisch verwandeln wollte, konnten seine Offenbarung und deren priesterliche und prophetische Auslegung nur in Gestalt eines Stimulans effizient werden, das zum ständigen Umdenken und zur ständigen Überschreitung der jeweiligen Stufe des sittlichen Bewußtseinsstandes drängte. Durch seinen geschichtlichen Weg wurde Israel gezwungen, das überkommene Erbe der Väter mit fremden Sitten zu konfrontieren und diese auf ihre Entsprechung mit dem Willen des Bundesgottes und damit auf ihre Integrierbarkeit im Bundesethos zu prüfen.[33] Dieser Prozeß hielt die Dynamisierung des Sittlichen ständig in Gang. Schon an den ersten uns überlieferten Formen des Dekalogs läßt sich erkennen, daß er von Anfang an nicht als starre Größe verstanden worden ist. Indem die Träger der sittlichen Erziehung, Priester und Propheten, seine Forderungen auf die jeweilige Gegenwart hin konkretisierten und geschichtsgerecht interpretierten, erwiesen sich „Wandel in der Konstanz und Konstanz im Wandel (als) ein beherrschendes Charakteristikum des Dekalogs". Er blieb offen für jede echte Weiterbildung und vermochte diese Offenheit bis in seine Umdeutung durch Jesus hinein zu dokumentieren.[34]

Die ethische Relevanz der religiösen Integrierung des Dekalogs zeigt sich – wie in einer neuen Motivation und in einer neuen Dynamik – auch in einer *neuen Transparenz des Sittlichen.* Zwar bleibt die Funktion der ethischen Präzeptive und Prohibitive für die Erhaltung der Grundlagen gemeinschaftlicher Existenz unverkürzt, und das tat-

[32] A. a. O. III, 49.

[33] *J. Hempel*, Das Ethos des Alten Testaments 29: Die Traditionsgebundenheit stellt dem israelitischen Ethos ein weithin entscheidendes Problem, nämlich „die schöpferische Auseinandersetzung mit fremdem Gut in Übernahme und Angleichung, in Ablehnung und Wiederausspaltung, in Entscheidung dafür und dawider, in Grenzziehung und Grenzüberwindung. ‚Entscheidung' und ‚Abgrenzung' werden so die Hauptmerkmale des israelitischen Ethos."

[34] Vgl. *H. Haag*, Der Dekalog 10. 37, und *N. Lohfink*, Bibelauslegung im Wandel 156: „Die Forderung (Dt 6,12—14), allein und ausschließlich Jahwe nachzufolgen, bezieht Jesus nun auf sich — eine wahrhaft unerhörte und nur dem Sohne Gottes und dem Messias mögliche Neuinterpretation des wichtigsten der Zehn Gebote."

sächliche Verhalten des Volkes und jedes einzelnen wird nach wie vor sozial-moralisch qualifiziert bzw. disqualifiziert. Aber in dem Maße, in dem das israelitische Ethos „in das Kraftfeld der Entsprechung mit dem Handeln Jahwes“[35] tritt, wird es nicht nur ernsthafter, sondern gewinnt eine stärkere Transparenz zum Religiösen hin. Im Ethos sucht das Bundesvolk nunmehr seine liebende Hingabe an den göttlichen Partner zu verifizieren. Die Erfüllung des Gesetzes hat nicht mehr nur einen sozialen Sinn, vielmehr beschlagnahmt Jahwes Eifersucht sein Volk zur Heiligkeit. In der Heiligkeit des Volkes soll Jahwes eigene Heiligkeit, sein Heil und seine Herrlichkeit, wie in einem irdischen Spiegelbild sichtbar werden. Jahwe will nicht nur im Kult erscheinen. Im alltäglichen Leben des ganzen Volkes und jedes einzelnen soll sich Heiligung und damit Theophanie ereignen. Die Heiligkeit des Volkes ist vor allem sittliche Reinheit vor dem Angesicht Jahwes: „Wer darf hinaufziehen zum Berg des Herrn? Wer darf treten an seine heilige Stätte? Wer reine Hände hat und ein lauteres Herz, wer nicht auf Trug sinnt und nicht falsch schwört“ (Ps 24,3). Durch die religiöse Integrierung werden also Gebote und Weisungen zu sichtbaren Formen der Heilsbeziehung zwischen Jahwe und seinem Volk. Volk und einzelner treten im sittlichen Handeln mit ihrer konkreten geschichtlichen Totalität in die Verbindlichkeit des Bundesverhältnisses ein, damit in den Taten der Menschen die Herrlichkeit ihres Gottes offenbar werde.

Für Israel war das Verhältnis von Theonomie und Autonomie, von Offenbarung und Vernunft kein bewußtes Problem. Die neueren Forschungen der alttestamentlichen Wissenschaft haben aber aufgewiesen, daß die sittlichen Weisungen, die Israel als „Worte Gottes“ vor Augen standen, auf dem Wege über die Erfahrung und ihre vernünftige Auswertung, also in autonomer Weise entstanden sind. Das naturale Sippenethos wurde so, wie es gewachsen war, in den Kontext der Jahwereligion übernommen. „Es bedarf keiner geschichtlichen Tat Jahwes, um (die) Substanz (dieses) Ethos zu enthüllen. Sie ist in gewissem Sinne ungeschichtlich und manifestiert sich fortwährend in den menschlichen Sozialordnungen. Notwendig aber ist es, daß diese guten Ordnungen in ein Verhältnis zu Jahwe gestellt werden, daß Jahwe die Schirmherrschaft über sie übernimmt. Es gibt für Israel kein unpersönliches, sich selbst zum Siege bringendes sittliches Gesetz. Das Gute ist personbezogen, Jahwe und die Menschen sind seine Autoren

[35] *H. van Oyen*, Ethik des Alten Testaments 45; zum folgenden 42—50.

und Wächter."[36] Das Proprium alttestamentlicher Sittlichkeit liegt also in der Verankerung sittlicher Verbote und Gebote in der Autorität Jahwes. Diese göttliche Autorität steht aber der geschichtlichen Dynamik ethischer Modelle – wir beobachteten es zunächst am Dekalog und seinen Frühformen im Sippenethos – nicht im Wege, sondern tut sich in ihr verbindlich kund. Die in der jeweiligen Phase der Geschichte wirklich geltenden ethischen Normen erhalten den Charakter von Forderungen des in dieser Geschichte anwesenden, handelnden und sprechenden Heilsgottes.

2. *Das prophetische Ethos*

Die heutige Forschung rückt von der emphatischen Preisung der Originalität und Gottunmittelbarkeit der Propheten durch die letzte Generation deutlich ab. Sie erkennt mit größerer Schärfe die Beziehungen der Propheten zum Gesetz und ihre Eingebundenheit in die antik-orientalische Vorstellungswelt.[37] Die zentrale Bedeutung des Berufungserlebnisses für die eigene religiöse Existenz und für den prophetischen Dienst ist freilich auch in der gegenwärtigen Literatur unbestritten. Wer seinen Gott so persönlich erfährt wie der Prophet, der muß ihn auch im gesamten Weltgeschehen am Werke sehen. Darin hat die Radikalität der sittlichen Forderungen der Propheten ihren Grund.

Nun fällt auf, daß bei ihnen verhältnismäßig wenig sittliche Weisungen vorgelegt werden. Schon gar nicht machen sie detaillierte Vorschläge für die konkrete Gestaltung des gesellschaftlichen Lebens im Sinne einer Verbesserung bzw. Weiterentwicklung der sozialen Strukturen.[38] Ihre Predigt signalisiert in dieser Hinsicht keine neue Phase in der Geschichte der israelitischen Ethik. Vielmehr erheben sie sich gegen die Verdinglichung und Veräußerlichung des Kultes und rufen die dadurch verschüttete Bundesvorstellung und ihre seit je bekannten sittlichen Implikationen neu in Erinnerung. Freilich fügen sie, wie

[36] *E. Gerstenberger*, Wesen und Herkunft des „apodiktischen Rechts" 147 f.
[37] *G. von Rad*, Theologie des Alten Testaments II, 17—19.
[38] Die Warnungen vor dem Eingehen bestimmter Bündnisse stellen keine Ausnahme dar. Sie entspringen nicht politischer Pragmatik, sondern der Sorge um Israels Bundestreue. *M. Buber*, Der Glaube der Propheten 194: „Bündnisse sind für ein solches Volk religiös falsch, weil sie es in Abhängigkeiten ziehen, die der einen rechten zuwidergehen; aber sie sind in einem damit auch politisch falsch, weil sie es in fremde Machtkämpfe verwickeln . . ."

wir sehen werden, der nur retrospektiven eine leidenschaftlich prospektive heilsgeschichtliche Betrachtungsweise hinzu. Aber sie rufen zur „Umkehr“: Das von ihnen verkündete Ethos ist das altisraelitische, sie kennen „keine prinzipielle Neuorientierung der Sittlichkeit“[39]. Neu ist, daß sie die von ihnen erfahrene Gotteswirklichkeit zu allen Menschen und allen Lebensbereichen in Beziehung setzen. Ihr Gott ist ein persönlich fordernder, vor dem der Mensch zum persönlichen Gegenüber wird – seinem herrscherlichen Willen unausweichlich preisgegeben. Von hier aus ergibt sich, daß das prophetische Ethos nichts anderes sein kann als Auslegung des göttlichen Anspruchs; darum hat es Vermittlungs-, Gerichts-, Friedens- und Erbarmungscharakter.[40] Die Propheten sind Mandatare Jahwes, die das uralte, im Bund und in seiner Satzung gründende Ethos überliefern sollen. Sie haben das Charisma der Vermittlung, wie es Dt 18,15–20 geschildert ist. Der Auftrag des Moses lebt in ihnen neu auf, sie sind der „Moses redivivus“ (A. Bentzen).

Vom Gerichtscharakter ihrer sittlichen Botschaft kann man sprechen, weil die Propheten die Rechtssache Gottes gegenüber seinem Volk vertreten. Jahwe hat seinem Volk Verheißungen gegeben, die nur in der ständigen Treue zu seinem Weg erfüllt werden können. Um seiner eigenen Verheißungen willen ringt Jahwe um sein Volk und um alle Völker, er prüft sie bis ins Innerste hinein auf ihren Gehorsam. Indem die prophetische Predigt dieses Ringen Gottes zum Ausdruck bringt, erhält ihre Vermittlung des Jahwewillens Prozeß- und Gerichtscharakter. Israel wird hinter der kultischen Fassade hervorgezerrt, es muß sich unter den Prüfstein der sittlichen Bewährung stellen. Die prophetische Predigt wird so zur Religionskritik aus religiösen Beweggründen.

Die Kulmination dieser Predigt lag in der Ansage des Friedens (Is, Deut.-Is, Jer, Ez). In der Vision eines ewigen Friedensreiches unterschieden sich die Propheten am deutlichsten von früheren Auslegern der Jahwereligion. Soweit die Fachleute in der näheren Bestimmung des Eschatologischen auch auseinandergehen, darin stimmen sie alle überein, daß hier Novum und Specificum des Prophetismus liegen. Die Propheten verkündeten den Anbruch einer neuen heilsgeschichtlichen Stunde. Sie sahen „ein neues Handeln Jahwes auf Israel zukommen . . ., das die alten heilsgeschichtlichen Satzungen mehr und

[39] *W. Eichrodt,* Theologie des Alten Testaments I, 180.
[40] Vgl. zum folgenden *H. van Oyen,* Ethik des Alten Testaments 133—140.

mehr entaktualisierte, weil sich von jetzt ab Leben und Tod für Israel an dem Kommenden entschied"[41]. Das Kommende aber war unzweifelhaft ein Nahes. Die Propheten sprachen so, als zeichnete es sich vor ihren Augen schon ab. Aus dieser Sicht vermittelten sie die Forderungen Jahwes und deuteten die Zeichen der Zeit.[42] Sie sahen das Gericht über Israel und die Völker heraufziehen (Am 5,18; Is 2,12; 34,1 f. u. a.). Das Gericht muß erst geschehen, ehe die Völker nach Jerusalem wallfahren, um den Bundesgott als König der Welt anzuerkennen. Darin aber wird das Reich aufgerichtet und die Schöpfung erneuert. Diese prophetische Eschatologie konstituiert den Entscheidungscharakter der Geschichte. Alles Handeln findet sein Maß daran, wieweit es sich dieser Bewegung auf das Kommende hin einordnet.[43] Der Glaube an das Kommende duldet kein Sichabfinden mit dem je geschichtlich Gegebenen; er drängt dazu, sich der verheißenden Erfüllung entgegenzustrecken. Das eigentlich stimulierende Moment dieses Glaubens liegt darin, daß er nicht eine Idee oder eine Utopie, sondern das bevorstehende Kommen Jahwes selbst umgreift. So kommt das sittliche Bewußtsein in Bewegung. Die kriegerischen Tugenden verlieren ihre Berechtigung. Demut, Geduld und Friedensliebe beginnen das Handeln zu bestimmen. Die Botschaft vom Ebed Jahwe bei Deutero-Isaias inauguriert eine neue Ethik des Leidens. Gegenüber der geschlechtlichen Willkür bei den Völkern der Umgebung befleißigt sich Israel einer „dilatorischen Haltung". Die Polygamie bleibt in Geltung, aber man kann eine deutliche Tendenz auf die Einehe hin konstatieren.[44] Die Evolution des Sittlichen äußert sich auch darin, daß Jahwes Wille mehr und mehr in seinem universalen Anspruch verstanden wird. Sein Wille ist ein Weltwille. Seine Forderungen gelten auch außerhalb Israels. Das von den Propheten angesagte Heil wird bis an die Enden der Erde reichen. In der Aufrichtung seines Reiches wird Jahwe seine Herrlichkeit vor aller Welt offenbaren.

[41] *G. von Rad*, Theologie des Alten Testaments II, 132. 409.

[42] Vgl. etwa *G. von Rad*, a. a. O. 112—137, und *M. Buber*, Der Glaube der Propheten 204—208.

[43] *M. Buber*, a. a. O. 150: „Der Mensch kann sich in einem gegebenen Augenblick, in jedem gegebenen Augenblick wirklich entscheiden und nimmt damit in einer nach Art und Maß unvorstellbaren Möglichkeitssphäre an der Entscheidung über das Geschick des nächsten Augenblicks teil. An dieses entscheidungsmächtige Sichentscheiden des Menschen appelliert die prophetische Unheilsansage."

[44] Vgl. *H. van Oyen*, Ethik des Alten Testaments 167—169, und *W. Eichrodt*, Theologie des Alten Testaments III, 51—53.

Schließlich hat die Botschaft des Prophetismus Erbarmungscharakter. Der angesagte Friede soll vor allem denen zuteil werden, die der Fortschritt in Israel arm und elend zurückgelassen hat: den Unfreien, den Fremden, den Waisen und Witwen, die ihr Recht nicht vertreten können. Mit harten Worten werfen die Propheten den Zeitgenossen ihre Rechtsbrüche und ihr räuberisches Verhalten vor (Is 1,21–23; Jer 7,5 f. 22,3 u. a.).[45] Hier begegnet tatsächlich echte und radikale Gesellschaftskritik, allerdings eine eindeutig eschatologisch fundierte. Dem prophetischen Ethos geht es nicht darum, sozial-revolutionäre Ideen humanitärer Provenienz durchzusetzen.

Der Kampf der Propheten gilt der Anerkennung des Gottesrechts. Dieses finden sie in der Überlieferung vor, sie haben es ihren Zeitgenossen in Erinnerung zu rufen und, wo es nötig ist, auf die neuen Verhältnisse anzuwenden bzw. umzudeuten. Man hat mit Recht darauf hingewiesen, daß sich bei den Propheten auch schon Anklänge an die Weisheitslehre finden. Im folgenden Abschnitt wird allerdings festzustellen sein, daß die Weisheit autonom und individualistisch konzipiert ist und sich nicht gänzlich von Eudämonismus und Utilitarismus freihalten kann. Demgegenüber trägt das prophetische Ethos unübersehbar die Kennzeichen prospektiv heilsgeschichtlicher Ausrichtung, radikaler Theozentrik und sozialer Verbindlichkeit.

Die Propheten entwickeln ihre ethischen Forderungen nicht aus sich selbst heraus und übernehmen sie nicht von außerhalb Israels. Sie finden sie in den Formulierungen des Gesetzes vor. Ihre Leistung besteht darin, daß sie das Ethos wieder überzeugend vom Jahwebund her interpretieren und gegenüber den früheren Gesetzeslehrern seine eschatologische Dynamik sichtbar und wirksam werden lassen. Aus dieser Sicht kritisieren sie die pseudokultische Selbstsicherheit und die soziale und sittliche Verstockung des Volkes und wecken in ihm jene heilsame Unruhe, aus der eine neue Aktivierung vorwärtsdrängender Impulse möglich wird.

[45] C. *Tresmontant,* Sittliche Existenz bei den Propheten, Freiburg-Basel-Wien 1962, 122—130, bringt die Ethik der Propheten doch wohl zu nahe an die Ethik des Marxismus heran. Vgl. *H. van Oyen,* a. a. O. *138—140.*

3. *Das Ethos der Weisheit*

Die Weisheitsliteratur stellt gegenüber dem Gesetz, den Propheten und dem Großteil der Psalmen eine formal und inhaltlich eigenständige Schriftengruppe innerhalb des Alten Testaments dar. Zu ihr gehören vor allem die „Sprüche Salomos" und der „Prediger", die „Weisheit Salomos" und „Jesus Sirach" und schließlich das Buch „Job" sowie eine Anzahl Psalmen. Nach E. Gerstenberger ist die Weisheitsliteratur – neben der Integrierung im Bundesgedanken – nur eine zweite Richtung, in die sich die apodiktischen Prohibitive aus dem alten Sippenethos weiterentwickelt haben. Mahnungen und Warnungen der Chokma (Weisheit) decken sich in ihrem Grundgehalt mit der Gattung der Prohibitive. Die Institution der „Weisen" ist in den alten Sprucheinheiten noch nicht zu greifen, wohl aber die Lebensordnung der Großfamilie. E. Gerstenbergers These impliziert für das Weisheitsethos gegenüber der gängigen Auffassung einen gewissen Verlust an Authentizität, was für unsere Überlegungen freilich keine unmittelbare Bedeutung hat.[46]

a) Erfahrungsweisheit

Die Weisheit, die sich in unserer Schriftengruppe darstellt, zielt nicht – wie etwa die griechische Philosophie – auf die spekulative Erfassung des Sinnes menschlicher Existenz, sondern auf ihre konkret praktische Bewältigung. „Weise ist, wer sein Leben so einrichtet, daß es zu einem guten Ende führt."[47] Der alte und erfahrene Mensch will den jungen und noch unerfahrenen durch allgemeine Weisungen und praktische Ermahnungen zu einem zuchtvollen und fruchtbaren Leben hinführen. Er versucht es, indem er in immer neuen Wendungen auf die unausweichliche Abhängigkeit seines Schicksals von seinem Denken und Handeln, also auf das Gesetz einer immanenten Vergeltung hinweist. Unter dem Schema „Tun-Ergehen" wird mit den Einsichten der gesunden Menschenvernunft entwickelt, daß jeder einzelne es selbst in der Hand hat, wie sein Leben zu einem guten Ende kommt.[48] Die Sprüche der Chokma wollen die Technik des

[46] Vgl. *E. Gerstenberger*, Wesen und Herkunft des „apodiktischen Rechts" 117. 130 u. a.; *E. Nielsen*, Die Zehn Gebote 62 f.

[47] *W. Baumgartner*, Israelitische und altorientalische Weisheit 3.

[48] Vgl. das sehr instruktive Kapitel „Die Erfahrungsweisheit Israels" bei *G. von Rad*, Theologie des Alten Testaments I, 430—454.

richtigen Lebens lehren. Spr 1,5 ist in der Septuaginta von Kybernesis (Steuermannskunst – Kybernetik) die Rede. Auf empirischem Wege kann man erkennen, wie man sein Leben sichern und vor Schaden bewahren kann. Ungezählte Male stellt man in der alltäglichen Erfahrung als tatsächlichen Befund fest, daß etwa Hochmut vor dem Fall kommt (Spr 16,18; 18,12), ehe man aus diesem Befund eine Gesetzmäßigkeit erhebt. A. Jolles[49] hat in seinen literaturwissenschaftlichen Untersuchungen solche „Klugreden" mit einem trefflichen Bild charakterisiert: „In jedem Sprichwort deckt man den Brunnen zu – aber erst, wenn das Kind ertrunken ist." Mit aller Umständlichkeit, aber auch aller Verläßlichkeit der Empirie sucht der Weise dem Dasein auf die Spur zu kommen, durch die vordergründige Verwirrung hindurch eine gültige Ordnung zu erspüren und ihre Verbindlichkeit für die einzelnen Lebensbereiche in einfachen, aber hilfreichen Formeln zu artikulieren.

Die Chokma läßt sich am besten durch polare Charakteristika kennzeichnen. Sie ist geraten und doch verbindlich: Wo auf Erfahrung rekurriert wird, appelliert man an persönliche Überlegung und Entscheidungswilligkeit, rät man im Hinblick auf die möglichen und zu erwartenden Folgen der Handlung, verzichtet man auf absolute Ansprüche und bringt doch dank des massiven Gefälles der Empirie die Einsicht in die Verbindlichkeit eher zustande als durch Statuierung abstrakter Normierungen, die sich nicht überzeugend auszuweisen vermögen. Die Chokma ist optimistisch und zugleich pessimistisch: In den „Sprüchen Salomos" begegnen wir einem die tieferen Konflikte harmonisierenden Optimismus, während „Prediger" und „Job" die Preisgegebenheit, Verwundbarkeit und Vergeblichkeit des menschlichen Daseins mit bohrender Skepsis reflektieren. Die Chokma ist eudämonistisch und doch wirklichkeitsgerecht: Die propagierte Vernünftigkeit der Welt führt weithin zu utilitaristischen und gar eudämonistischen Tendenzen, die ihren Schwerpunkt in der optimalen Sicherung und Entfaltung der Lebensmöglichkeiten haben,[50] andererseits wird doch auch bemerkt, daß sich auf dem Grunde der Welt „der Nutzen der Handlung mit ihrer inneren Wahrheit deckt"[51], daß einer der Welt selbst innewohnenden Ordnung gemäß der Faule arm und der Fleißige reich wird, der Gerechte Erfolg und der Un-

[49] Einfache Formen, Tübingen ^{3}1965, 159.

[50] Vgl. *W. Zimmerli*, Zur Struktur der alttestamentlichen Weisheit 197—202.

[51] O. *Kaiser*, Die Begründung der Sittlichkeit im Buche Jesus Sirach, in: ZThK 55 (1968) 59; vgl. *H. Gese*, Lehre und Wirklichkeit in der alten Weisheit 33—38.

gerechte Mißerfolg hat. Die Chokma ist übergeschichtlich und zugleich dynamisch: Ihre Orientierungshilfen sind bei aller Konkretheit so fundamental, daß sie durch allen Wandel menschlichen Lebens hindurch respektiert werden müssen, und doch bleiben sie als Schöpfungen der Empirie immer unabgeschlossen und korrigierbar. Die Chokma ist rational und zugleich gnomisch: Es geht ihr um vernünftige Eigenbemühung zur Bewältigung der alltäglichen Aufgaben, „um rationale Auflichtung und Ordnung der Welt, in der sich der Mensch vorfindet, . . . (um) Erkenntnis und Fixierung der Ordnungen in den Abläufen des menschlichen Lebens ebenso wie bei den natürlichen Phänomenen“, aber ihr Weg ist nicht der des begrifflichen Denkens und der philosophischen Systematisierung; ihr ständiger Umgang mit der Wirklichkeit lehrt sie, daß sich die Welt und ihre wahren Werte am tiefsten dem empirisch-gnomischen Denken erschließen.[52] Und schließlich ist die Chokma weltlich und doch unverfügbar: Es handelt sich um profane Lebenserfahrung, die ihre Begründung in sich selber trägt und die zu finden ein „weltliches Geschäft“ ist[53], das „der autonome, durch keine vorherige Setzung mit Beschlag belegte und hörig gemachte Mensch“[54] aus eigener Kraft betreiben kann; und doch kommt an vielen Stellen zum Ausdruck, daß die Weisheit dem Menschen unverfügbar ist, daß nur der Schweigende und Hörende sie findet und daß überhaupt der menschlichen Unzulänglichkeit feste Grenzen gesetzt sind.[55]

Die neuere Forschung hat überzeugend dargelegt, daß die israelitische Chokma von vielen Seiten beeinflußt ist, vom assyrisch-babylonischen, vom edomitischen, vom kanaanäischen, vom sumerischen und vor allem vom ägyptischen Weisheitsdenken.[56] Darüber braucht hier nicht

[52] *G. von Rad*, Theologie des Alten Testaments I, 438. 434. Vgl. *A. Jolles*, Einfache Formen 156; *R. Petsch*, Spruchdichtung des Volkes, Halle/Saale 1938, 105.

[53] *G. von Rad*, a. a. O. 450. 456: „. . . diese Erfahrungsweisheit (war) im allgemeinen weit davon entfernt . . ., sich als Frucht einer besonderen göttlichen Offenbarung zu verstehen. Sie war vielmehr eine Angelegenheit der Vernunft und des gesunden Menschenverstandes, und demgemäß war sie ganz uninspiratorisch. Sie hatte zu den Offenbarungen Jahwes überhaupt keinen direkten Bezug. Das aber hat sich bei der Weisheit, von der in Spr 1—9 die Rede ist, völlig geändert.“

[54] *W. Zimmerli*, Zur Struktur der alttestamentlichen Weisheit 179.

[55] Einzelne Hinweise bei *H. Gese*, Lehre und Wirklichkeit in der alten Weisheit 38—41; *H. van Oyen*, Ethik des Alten Testaments 148 f.

[56] Vgl. *G. von Rad*, Theologie des Alten Testaments I, 442; *H. Gese*, Lehre und Wirklichkeit in der alten Weisheit 5—28; *W. Baumgartner*, Israelitische und altorientalische Weisheit 11—19; *B. Gemser*, Sprüche Salomos 5 f. 65—71 (je mit Quellen- und weiteren Literaturangaben).

im einzelnen referiert zu werden. Nur auf die ägyptischen Einflüsse sei im Anschluß an H. Gese und W. Baumgartner kurz hingewiesen. Ägypten stand ja seit alters in enger Verbindung mit Palästina. Sein kultureller Einfluß ist literarisch und archäologisch vielfach belegt. Die Instruktion des Amenemope diente für Spr 22,17–23,11 als „unmittelbare Vorlage". Auch die ägyptischen Weisheitslehren machen wie die israelitischen zunächst einen utilitaristisch-eudämonistischen Eindruck. H. Gese sieht in einer solchen Bewertung jedoch eine Fehlinterpretation. In der ursprünglichen Weisheitslehre sei nicht in der Weise zwischen der Tat und ihrer Folge wesentlich unterschieden worden, daß man zwischen dem inneren Wert der Handlung und dem äußeren Erfolg einen Gegensatz gesehen habe. Das ergibt sich tatsächlich zwingend, wenn man die Frage nach der Norm des von der Weisheit geforderten Handelns stellt. Diese Norm ist die Maat.[57] Die Lehre von der Maat ist das Zentrum der ägyptischen Weisheitslehre. Besser als mit „Wahrheit" oder „Recht" übersetzt man nach H. Gese Maat mit „Weltordnung", wobei die Ordnung des Kosmos und die des menschlichen Lebens zusammen umgriffen sind. Als Tochter des Sonnengottes ist die Maat in der Urzeit als die rechte Ordnung aller Dinge zu den Menschen herabgekommen. Durch die Maat hat alles Bestand. Dem Menschen ist es geboten, „Maat zu tun oder hinaufzuführen". Wer sich gegen sie sperrt, kommt ins Unglück. Erfolg und Handeln sind, von hier aus gesehen, nicht zwei verschiedene Kategorien, sondern stehen durch die Maat in einem untrennbaren Seinszusammenhang. „Es ist daher methodisch unmöglich, die ägyptische Weisheitslehre als auf den ‚Erfolg' hin ausgerichtet zu sehen: Erfolg der Handlung und ‚innere Wahrheit' derselben sind ein und dasselbe."[58] Der Mensch muß seine eigene Begehrlichkeit zurückstellen, der von Gott stammenden Maat gegenüber ein „Schweigender" und ein „Hörender" werden und sich ihrem Spruch unterwerfen. Die Unverfügbarkeit der Maat erzieht den Menschen zu Demut und Bescheidenheit und macht ihn so zu einem wahrhaft Weisen.
Wenn wir nach dieser kurzen Kennzeichnung ägyptischer Weisheit den Blick nochmals zur Chokma Israels zurückwenden, wird die Ähnlichkeit zwischen beiden noch offensichtlicher.[59]

[57] Vgl. *H. Gese*, a. a. O. 11—15.
[58] *H. Gese*, a. a. O. 14.
[59] Über das israelitische Sondergut vgl. *H. Gese*, a. a. O. 45—50, und *B. Gemser*, Sprüche Salomos 5 f.

b) Religiöse Integrierung der Erfahrungsweisheit

Als profane Lebensweisheit läßt sich vorwiegend die frühe Chokma (besonders Spr 10–29) bewerten, wobei freilich auch sie immer wieder auf Jahwe rekurriert. Faßt man demgegenüber die Chokma des späteren, also nachexilischen Israel (Spr 1–9) ins Auge, dann bietet sich ein anderes Bild. Es hat inzwischen eine Theologisierung der Chokma stattgefunden. G. von Rad sieht in Spr 1–9 „weitausladende theologische Dichtungen“[60]. Kommt schon für die frühere Chokma ein radikal anthropozentrischer Ansatz nicht in Frage, so erscheint in der späteren die Weisheit eindeutig religiös fundiert. Der tragende Grund der Weisheit ist nicht mehr eine immanente, autonome, kosmisch-soziale Ordnung, sondern die von Gott gestiftete und verbindlich verfügte „Schöpfungsordnung“, die allerdings auch hier auf dem Weg über die menschliche Erfahrung und ihre vernünftige Auswertung offenbar wird. Die Weisheit, in Spr 8 zum selbständigen Wesen neben Gott hypostasiert und als Erstling der Schöpfung gefeiert, erscheint als Mittlerin der göttlichen Offenbarung, als die große Wegweiserin Israels und der Völker im allgemeinen. Als „höchst autoritär redendes Ich“ tritt sie jedem Menschen ganz persönlich entgegen und ruft ihn zur Wachsamkeit, damit er des Heils nicht verlustig gehe. Sie ist die Form, in der sich Jahwe vergegenwärtigt und in der er vom Menschen gesucht werden will. „Wer mich findet, findet das Leben“ (Spr 8,35). Die Weisheit ist das, was die Welt „im Innersten zusammenhält“. Die Aussagen in Spr 8 sind „sehr schwebend und (können) an dieser äußersten Grenze des Aussprechbaren nicht wohl anders sein“. Immerhin erscheint die Weisheit als Mittel bzw. als Mittlerin der Schöpfung, als „konstruktives Prinzip, von dem (Jahwe) sich bei der Erstellung des Weltgebäudes hat leiten lassen“[61]. Freilich tritt auch schon in der früheren Weisheit an Stelle der Weltordnung da und dort Jahwe selbst als der hervor, der alles bewirkt, der die Folgen menschlichen Tuns reguliert und die Herzen lenkt wie Wasserbäche (Spr 21,1). Nur bei ihm ist die vollkommene Weisheit, darum kann er allein sie in seiner Schöpfung offenbaren. Er kann aber seine Weisheit auch als Charisma an Menschen (Salomo, Joseph, Josua) weitergeben.

[60] Theologie des Alten Testaments I, 456; zum Ganzen 454—467.

[61] *G. von Rad*, a. a. O. 461; Weish. Sal. 7,21: „Künstlerin des Alls“.

Es bleibt nur noch anzumerken, daß der Anruf Jahwes nach der Weisheitsliteratur nicht mehr – wie im Gesetz und bei den Propheten – aus der Heilsgeschichte, sondern aus der Schöpfung kommt. Der Gedanke an Bundesschluß und Erwählung sowie an die kultische Feier der heilsgeschichtlichen Jahweoffenbarung tritt so weit in den Hintergrund, daß man gelegentlich – allerdings zu unrecht – von einer „kultlosen“ oder gar „kultfeindlichen“ Theologie gesprochen hat. Die Weisheitslehrer sahen sich zu einer anderen Aufgabe berufen als die Priester und die Propheten. Doch wird man wenigstens von einer bedeutsamen Verlagerung der Schwerpunkte sprechen müssen. Jahwe bleibt der tragende Grund der Welt, aber er erscheint nicht mehr als der eifersüchtige, das Volk leidenschaftlich in Anspruch nehmende Bundespartner. Man könnte vielleicht trotz der „religiösen Integrierung der profanen Erfahrungsweisheit“ sogar von einer säkularistischen Tendenz sprechen. Die Weisheitslehrer muten es Israel zu, „der Schöpfung in ihrer ganzen unmythologischen Welthaftigkeit standzuhalten“. Für sie ereignet sich die eigentliche Begegnung mit Jahwe nicht im Bereich des Kultischen. „Der Ruf der Weisheit zur Nachfolge, ihre Einladung zum Leben ergeht völlig jenseits des Sakralen draußen in der säkularen Öffentlichkeit. Kultus, Heilsgeschichte, Gottesvolk scheinen außerhalb des Blickfeldes dieses sich extrem an den einzelnen wendenden Anrufs zu liegen.“[62]

Hier muß man sich noch einmal daran erinnern, daß Israel sich in der Chokma eines Stoffes angenommen hat, der gemeinsamer Besitz des alten Orients war. Es hat diesen Stoff theologisch integriert, ohne daß ihm allerdings sein voller Einbau in die Bundeskonzeption gelungen wäre. Was uns in der Chokma entgegentritt, ist kaum mehr als ein „jahwistischer Monotheismus“. W. Baumgartner bemerkt, man brauche nur die Sprache und die Gottesnamen zu ändern, dann könne man Sprüche aus den Proverbien und solche ägyptischer, assyrischer oder aramäischer Sammlungen gegeneinander auswechseln, „ohne daß solche Vertauschung überhaupt zu entdecken wäre“[63].

[62] *G. von Rad*, a. a. O. 464. 466. Vgl. auch *W. Baumgartner*, Israelitische und altorientalische Weisheit 4—6, und *H. Gese*, Lehre und Wirklichkeit in der alten Weisheit 2.
[63] Israelitische und altorientalische Weisheit 23.

Zusammenfassung

Im alten Bund gehören Glaube und Ethos auf allen Stufen ihrer Entfaltung untrennbar zusammen. Nirgendwo treffen wir vom Glauben unabhängiges Ethos. Wenn wir aber nach dem letzten Ursprung der weltethischen Weisungen fragen, erkennen wir sie nicht als spezifische sittliche Implikationen des Jahweglaubens, die Israel von sich aus wahrgenommen und formuliert hat. Ihr Ursprung liegt vielmehr dem des Jahweglaubens voraus. Sie sind auf dem Weg über Erfahrung und Reflexion in der Vorzeit Israels entstanden und im Laufe der Zeit zu festen Gebots- und Verbotsreihen zusammengewachsen. Vergleicht man das Ergebnis mit anderen Gestaltungen des Ethos im alten Orient, dann zeigen sich so unverkennbare Ähnlichkeiten, daß man Israel keine hervorstechende Sonderstellung einräumen kann: Es war ein Volk unter anderen, es ging wie sie einen ungefähr gleichen Weg zu einem guten und menschenwürdigen Leben.
Das Proprium alttestamentlicher Sittlichkeit liegt in der Übernahme des vorgefundenen Ethos in den alttestamentlichen Glauben, zunächst in den Bundesgedanken, dann in die Erwartung der eschatologischen Gottesherrschaft und schließlich in die theologische Weisheitsvorstellung. Welche konkrete Form das Ethos geschichtlich gerade haben mag, es wird in den Gottesglauben integriert. Indes bleibt freilich der Gottesglaube selbst auch nicht unverändert: Es ist zwar immer der gleiche Jahwe, der die sittliche Lebensordnung mit seiner Autorität gewährleistet, aber Isaias sieht ihn anders als Moses, und Salomo anders als Isaias. Die sittlichen Forderungen bleiben freilich auch nach ihrer Übernahme in den Jahweglauben unverzichtbare Postulate der Humanität, ohne die ein fruchtbares und friedliches Zusammenleben nicht möglich ist. Doch macht innerhalb der Bundespartnerschaft Jahwe selbst sich zum Anwalt des Menschlichen und schärft seine elementaren Notwendigkeiten dem Volk als seine eigenen Weisungen ein: „Ich bin Jahwe, dein Gott ...“ Die ethischen Forderungen wandeln sich durch die verschiedenen Phasen der Geschichte hindurch. Jahwe nimmt sich ihrer in der Form an, in der sein Volk sie erkennt: Am Sinai sind es handfeste Grenzpfähle, bei den Propheten unerbittliche Maximalforderungen, bei den Weisheitslehrern Klugreden, die allerdings mit der inneren Wahrheit der Welt konform waren. Auf seinem Weg durch die Geschichte wird Israel gezwungen, sich mit anderen Ethosformen – etwa mit der kanaanäischen nach der Land-

nahme – auseinanderzusetzen, d. h. zu fragen, was übernommen werden kann und was abgelehnt werden muß. Die Entscheidung darüber, was anzunehmen und was abzulehnen ist, trifft das Bundesvolk aus der Glaubenseinsicht in die von Gott gewollte und geforderte Gestalt menschlichen Lebens. Sein Glaube scheucht das Volk auch immer wieder wie aus der religiösen, so aus der sittlichen Selbstzufriedenheit mit dem je gegenwärtigen Stand des moralischen Bewußtseins und der moralischen Realität auf. Vor allem die Propheten vermögen der vorwärtsdrängenden Macht des Jahweglaubens Raum zu schaffen.

Im Vordergrund der alttestamentlichen Botschaft stand ohne Frage die glaubende und liebende Verbundenheit mit Jahwe. Aus dieser Verbundenheit heraus vermochte Israel zu entscheiden, welche der manchmal divergierenden Möglichkeiten sittlicher Daseinsgestaltung vor dem Angesichte Jahwes bestehen und zugleich seiner eigenen Entfaltung dienlich sein konnten.

Der Glaube an den Bund Jahwes mit seinem Volk erbringt also dem Weltethos keine zusätzlichen materialen Weisungen, sondern setzt sich mit bestimmten, bereits entwickelten Ausprägungen des Weltethos kritisch auseinander, integriert sie, soweit sie der Kritik standhalten, in das neue Gottesverhältnis und stimuliert nicht selten auch ihre weitere Entfaltung. Das ist ein wichtiges Ergebnis. Wird sich ähnliches auch im Bereich der neutestamentlichen Ethik erweisen?

II. Weltethos im Neuen Testament

1. Die sittlichen Forderungen Jesu

Jesus hat keine neue Ethik verkündet. Diese unbestreitbare Tatsache konnte nicht immer mit der uns heute möglichen Differenzierung gesehen und dargestellt werden. Nicht selten wurde die Auffassung vertreten, die sittlichen Weisungen Jesu hätten ganz generell – einfach auf Grund ihrer Eingebundenheit in das Evangelium – den Charakter einer geoffenbarten Ethik. Inzwischen weiß man, daß kaum eine einzige materiale sittliche Einzelforderung Jesu benannt werden kann, die nicht auch von anderen jüdischen Lehrern tatsächlich vertreten wurde oder wenigstens hätte vertreten werden können. Als

G. Kittel im Jahre 1926 diese These aufstellte und belegte, war er sich bewußt, daß er damit viele gläubige Christen schockierte.[64] Die gleiche Wirkung kann man heute noch antreffen, wenn man diese These in Erinnerung ruft und sie gar noch auf den außerjüdischen Bereich ausdehnt. Dabei sollte es eigentlich nicht wundernehmen, daß Jesus auf die ethischen Einsichten früherer Zeiten zurückgreift. Schon immer hatten doch die Menschen ungefähr die gleichen Probleme; immer schon wurde über eine sinnvolle und fruchtbare Lösung dieser Fragen nachgedacht, und immer schon wurde das Ergebnis solchen Nachdenkens, soweit es sich im Vollzug des persönlichen und gemeinschaftlichen Lebens bewährt hatte, von Geschlecht zu Geschlecht weitervermittelt.[65] Es versteht sich demnach eigentlich von selbst, daß Jesus in der herkömmlichen Ethik ganz unbedenklich Anleihen macht, wenn er sittliche Weisungen lehren will. Die Neuheit seiner ethischen Lehren muß also anderswo liegen. Im folgenden soll, da auch hier eine vollständige Darstellung nicht möglich ist, lediglich der synoptische Befund skizziert und seine Bedeutung für unsere Fragestellung sichtbar gemacht werden.

a) Ausklammerung der sozialen Strukturprogrammatik

Zunächst ist mit Nachdruck festzustellen, daß Jesus kein Programm für die Erneuerung der sozialen Strukturen aufgestellt hat. Die alt-

[64] Vgl. *G. Kittel,* Die Probleme des palästinensischen Spätjudentums und das Urchristentum 96 f.: „Eine persönliche Bemerkung wird an dieser Stelle nicht ohne Interesse sein. Ich habe vor 12 Jahren in der kleinen Schrift ‚Jesus und die Rabbinen' versucht, durch Herausarbeitung einzelner, besonders hoher ethischer Maximen die eine Religion der anderen überzuordnen. In steigendem Maße, je länger ich mit den Quellen des Spätjudentums mich beschäftigt habe, hat sich mir die Unmöglichkeit aller solcher Versuche erwiesen. Seit ungefähr 1919 habe ich in meinen Vorlesungen und Übungen allmählich, seitdem ich im Sommersemester 1922 zum erstenmal ‚Neutestamentliche Theologie' las, in vollem Umfang, die Konsequenzen zu ziehen begonnen. Im selben Jahre erschien dann der erste Band von Paul Billerbecks großem Werk mit seinem alles Bisherige und natürlich auch meine persönlichen Sammlungen an Vollständigkeit weit übertreffenden Parallelenmaterial. Das gab mir Gelegenheit, anhand dieses umfassenden Materials meine These noch einmal auf ihre Stichhaltigkeit zu prüfen. Das Ergebnis war ihre erneute Bestätigung und Sicherung."

[65] *E. F. Scott,* The ethical teaching of Jesus 13: „If the teaching of Jesus had been wholly new, the product of his own single mind, this would only prove that it was eccentric and worthless. The great principles of the moral law have been apparent to earnest men in all times. They are bound up with the facts of life, and no one has ever reflected seriously on life without catching some glimpse of them. We know them to be valid for no other reason than they have proved themselves, age after age, not merely to exceptional men but to the common experience of the race."

testamentliche Tora hatte mit langen Reihen von Bestimmungen die verschiedenen Bereiche des menschlichen Zusammenlebens bis hin zur Wahrung ausgeglichener Besitzverhältnisse (z. B. die Landgesetze in Lev 25) zu ordnen versucht. Weil sie theokratisch konzipiert war, forderte sie nicht nur den sittlichen Willen zu geordneter Solidarität, sondern suchte durch ein konkretes weltliches Recht bestimmte politisch-soziale Ordnungen durchzusetzen (Sabbatjahr, Jobeljahr, Zinsverbot, Zehnter).[66] Jesus hat nirgendwo den Anspruch erhoben, das Leben in den verschiedenen Bereichen der Welt strukturell zu ordnen. Seine Warnungen vor dem Reichtum und seine harten Worte gegen die Reichen sind ohne jedes sozialrevolutionäre Pathos gesprochen. Es scheint sogar, daß er nicht ernsthaft an eine definitive Überwindung der Armut in der Welt geglaubt hat (Mk 14,7). Die Aufforderung an den Reichen zum Verkauf seiner Habe in Mk 10,17–22 ist als religiös-charismatischer Anruf im Sinne einer persönlichen Berufung zu verstehen. An die offensichtlich wohlhabenden Schwestern Maria und Martha hat er nicht die gleiche Forderung gerichtet; er hat mit ihnen sogar, wie auch mit anderen Reichen, genau so Umgang gepflogen wie mit den Armen, wenn man auch seine besondere Zuneigung zu diesen nicht übersehen kann. Er hat freiwilligem und großzügigem Almosengeben, aber nicht einer prinzipiellen Neuregelung der Besitzverhältnisse das Wort geredet. Wir finden bei ihm keinen Protest gegen die Sklaverei oder gegen die patriarchalische Eheauffassung; seine „Aufwertung der Frau" ist durchaus religiös zu interpretieren. „Die Stellung Jesu zu den Lebensgemeinschaften der Ehe und Familie unterscheidet sich von den Auffassungen der Umwelt. Seine ‚Ehereform' ... ist rein religiös motiviert. Es geht dabei nicht um soziale Anliegen wie etwa um die Gleichberechtigung der Frau oder um die Veredelung des ehelichen Zusammenlebens und um die Bedeutung desselben für die Wohlfahrt der großen Gemeinschaft des Volkes und Staates."[67] Er weist es im Unterschied zu den Rabbinen weit von sich, als Richter in Erbstreitigkei-

[66] *W. Eichrodt,* Theologie des Alten Testaments I, 36: Im Deuteronomium „ist aus der religiösen Grundstimmung, die wir schon für das mosaische Recht bezeichnend fanden, eine konsequente Deutung der gesamten Volksordnung als Offenbarung des heilschaffenden Gotteswillens erwachsen. In Israel erfolgt im Lauf seiner Geschichte keine Säkularisierung des profanen Rechts, sondern seine bewußte Eingliederung in den Gotteswillen, der die ganze Volksexistenz trägt." Vgl. *K. H. Schelkle,* Theologie des Neuen Testaments III, 295—297.

[67] *R. Völkl,* Christ und Welt nach dem Neuen Testament 105.

ten in Anspruch genommen zu werden (Lk 12,13 f.). Er konzediert, daß der Staat um seiner sozialen Aufgaben willen Steuern von den Bürgern erheben kann (Mk 12,17), aber er entwirft keinen Grundriß einer Wirtschafts- oder Steuerethik. Die gleiche Zurückhaltung beobachten wir hinsichtlich der anderen Güter der Welt wie Recht und Kultur, Wissenschaft und Kunst.[68]

Damit kann und soll nicht bestritten werden, daß sich aus dem von Jesus verkündeten Ethos der Liebe soziale Auswirkungen größten Ausmaßes ergeben können und geschichtlich ergeben haben. Wo diese Liebe geübt wird, werden soziale Strukturen, die der Entfaltung menschlicher Würde und Freiheit im Wege stehen, unter dem Druck der geschichtlichen Dynamik mit der Zeit überwunden und durch bessere ersetzt. Gesellschaftliche Strukturverbesserungen können und müssen sich als Frucht des von Jesus gelehrten Ethos einstellen, aber sein Evangelium entwickelt selbst keine strukturelle Programmatik und zielt primär auch nicht auf die Durchsetzung neuer Ordnungen.[69]

Muß man diese Reserviertheit Jesu mit der eschatologischen Naherwartung erklären? Hängt sie mit dem ausgesprochen individuellen Charakter seiner Ethik zusammen? Können die irdischen Wirklichkeiten angesichts der Übermacht, die der Gedanke der Gottesherrschaft in seinem Bewußtsein innehat, einfach nicht zur Geltung kommen? Oder genügt zum Verständnis dieser sozialprogrammatischen

[68] *L. H. Marshall,* The Challenge of New Testament Ethics 136: „About the ethics of Society and the State and international relations Jesus scarcely speaks at all. He is not legislating for, or even thinking of, the future course of civilisation. His primary concern is not with the world . . ., but with the Kingdom of God and winning men for that." A. a. O. 163: „On the other hand, it is idle to ignore the profound social implications of the ethical teaching of Jesus."

[69] Vgl. *R. Schnackenburg,* Die sittliche Botschaft des Neuen Testamentes 93: Indem Jesus die Liebe zum obersten Gesetz erhob, „hat er ‚zu dem Hauptproblem' der antiken Sozialethik, nämlich der Überwindung der sozialen Unterschiede (Greeven), einen einzigartigen Beitrag geleistet und es der späteren Kirche ermöglicht, konkrete Folgerungen für die Wirtschafts- und Gesellschaftsordnung zu ziehen — ob stets solche, die vor dem unbestechlichen Blick ihres Herrn bestehen können, bleibe dahingestellt". — Der Begriff der „Folgerung" bleibt in diesem Zusammenhang gewiß recht problematisch und soll wohl auch nicht allzu streng gefaßt werden. Vorsichtiger formuliert *P. Feine,* Theologie des Neuen Testaments 100: „Prinzipielle (besser hieße es freilich: strukturelle, der Verf.) Neuordnungen . . . mögen die Folge christlicher Liebesgesinnung werden können, vielleicht müssen, bleiben aber immer etwas Abgeleitetes und sind niemals primär aus dem Evangelium zu entnehmen." Vgl. auch *K. H. Schelkle,* Theologie des Neuen Testaments III, 297: „Das Neue Testament setzt . . . die weitere Geltung der Eigentumsordnung, die es zu seiner Zeit antraf, voraus. Auch Jesus anerkannte die bestehenden Verhältnisse und Lebensstände, sicherlich ohne dadurch juridische Entscheidungen zu treffen oder volkswirtschaftliche Programme für seine und künftige Zeit entwerfen zu wollen. Dies alles ist nicht seine Aufgabe und nicht seine Absicht."

Abstinenz der Hinweis auf die eigentliche Thematik seiner Verkündigung, in deren Rahmen streng genommen für konkrete materialethische Festlegungen schlechterdings kein Raum ist? Über diese Fragen gibt es bei den Exegeten verschiedene Ansichten. Sicher ist nur zu sagen, daß Jesus die Notwendigkeit sozialpolitischer Ordnungen und Neuordnungen nicht in Frage stellt, daß er sich aber für ihre Ausgestaltung nicht als zuständig betrachtet hat. Man wird überdies R. Völkl zustimmen, wenn er bemerkt: „Aus der Tatsache, daß das ‚Reich Gottes' nicht mit einer weltlichen Gemeinschaft gleichgesetzt werden darf, ergibt sich aber auch, daß es kein Ersatz für die irdischen Gemeinschaften ist, daß diese also bestehen bleiben und samt ihrer Ethik zur Gottesherrschaft in Beziehung, in Spannung treten."[70] Jesus hat nicht daran gedacht, seine Kirche als „societas perfecta" zu etablieren und hat weder für sich selbst noch für seine Kirche eine Vollmacht zur strukturellen Ordnung der menschlichen Gesellschaft angemeldet.

b) Herkömmlichkeit der sittlichen Weisungen Jesu

Einfache ethische Weisungen

Für das alltägliche Leben hat Jesus zahlreiche Klugheitsregeln im Sinne einfacher Weisheitssprüche aufgestellt.[71] Sie zeigen deutliche Ähnlichkeiten mit Klugreden aus verschiedenen altorientalischen Systemen. Natürlich liegen keine direkten Abhängigkeiten vor. Immerhin waren die Juden in der nachexilischen Periode in engeren Kontakt mit östlichen Völkern gekommen, und es kann durchaus sein, daß sie von diesen mehr übernommen haben, als ihnen bewußt geworden ist.[72] Noch offensichtlicher sind die Gemeinsamkeiten mit stoischen Moralisten. Unmittelbare Einflüsse der Stoa lassen sich schon im Alten Testament, vor allem aber im spätjüdischen Schrifttum nachweisen. Die rabbinische Literatur läßt sich zwar nicht durchweg zeitlich genau festlegen. Aber es hatte sich zur Zeit Jesu ein fester Bestand an sittlichen Lebensregeln allgemein durchgesetzt.
Nach dem Ausweis der synoptischen Evangelien zählt Jesus unbefangen auf den gesunden Menschenverstand und die sittliche Vernunft.

[70] Christ und Welt nach dem Neuen Testament 96.
[71] Vgl. *D. R. Liechtenhan,* Gottes Gebot im Neuen Testament 47 f.
[72] Vgl. *E. F. Scott,* The ethical teaching of Jesus 13 f.

Er traut seinen Hörern eine gewisse Einsicht in die Grundgesetze des menschlichen Lebens zu – daß es etwa dem Menschen nichts nützt, wenn er die ganze Welt gewinnt, aber sein wahres Leben darüber verliert (Mk 8,36), daß Gott für die Menschen gewiß sorgen wird, wenn er schon das rasch vergehende Gras auf dem Felde kleidet (Mt 6,30), daß man vernünftigerweise ein Schaf auch dann aus der Grube zieht, wenn gerade Sabbat ist (Mt 12,12). Jesus hält seine Hörer für fähig, sittliche Maßstäbe aufzuspüren – wenn er sie z. B. fragt, wer denn nun von den dreien, die dem unter die Räuber Gefallenen begegnen, dessen Nächster gewesen sei (Lk 10,36), oder wenn er den Pharisäern vorwurfsvoll entgegenhält: „Die Zeichen an Himmel und Erde wisset ihr zu deuten; warum deutet ihr dann nicht auch die heutige Zeit? Warum entscheidet ihr nicht von selbst, was recht ist?“ (Lk 12,56 f.). Die „Unvernunft“ taucht unter den bösen Dingen auf, die aus dem Inneren des Menschen kommen und den Menschen unrein machen: „Von innen, aus dem Herzen der Menschen, gehen schändliche Gedanken, Unzucht, Diebstahl, Mord, Ehebruch, Habgier, Bosheit, Arglist, Ausschweifung, Neid, Lästerung, Hochmut, Unverstand hervor ...“ (Mk 7,21–23). Auch wenn es ihnen nicht ausdrücklich geoffenbart ist, wissen die Menschen, was richtig ist und was sich gehört. Sie haben durchaus Sinn dafür, daß sie den politischen und gesellschaftlichen Notwendigkeiten nachkommen und ihre Steuern bezahlen müssen (Mt 22,15–22), daß jede geleistete Arbeit Lohn verdient (Lk 10,7; Mt 20,4), daß man sich berechtigterweise auf Verträge berufen kann (Mt 20,13), daß man mit überantwortetem Gut wirtschaftlich umgehen muß (Lk 12,42–48). (Auch die „Goldene Regel“, die aus einer langen Überlieferung auf Jesus gekommen ist, bringt eine elementare sittliche Einsicht zum Audruck.) Wie beiläufig werden also von Jesus in diesen und ähnlichen Sprüchen jene sittlichen Forderungen wiederholt, die sich seit Jahrhunderten bei Heiden und Juden bewährt haben und von den Weisheitslehrern in der üblichen ethischen Unterweisung von Geschlecht zu Geschlecht vermittelt wurden.[73]

[73] Vgl. *L. Berg*, Naturrecht im Neuen Testament 23—42; *C. Spicq*, Théologie morale du Nouveau Testament I, 394—406. 404: „En un sens, rien de plus humain que la morale néo-testamentaire. Elle dénonce les mêmes vices et prescrit les mêmes vertus que les codes juifs, grecs et romains, et c'est dire qu'elle rejoint les requêtes de la conscience universelle.“ Vgl. auch *A. N. Wilder*, Equivalents of Natural Law in the Teaching of Jesus 131—134.

Nun finden sich bei den Synoptikern über die allgemein gängigen Klugheitsregeln hinaus eine Reihe von hochethischen Forderungen, die man lange Zeit für spezifisch jesuanisch gehalten hat. Diese Bewertung gilt in gewissem Sinn immer noch, aber sie bedarf doch einer deutlichen Differenzierung, insofern auch diese hochethischen Forderungen als Einzelweisungen sich nicht nur und nicht erst bei Jesus finden.

Die *Zusammenfassung von Gottes- und Nächstenliebe* zum christlichen Hauptgebot (Mk 12,28–31) bewerten die Urkirche und mit ihr die Christenheit aller Jahrhunderte als „die Großtat Jesu auf sittlichem Gebiet“[74]. Das Gebot der Gottesliebe findet sich wörtlich in Dt 6,4 f., das Gebot der Nächstenliebe in ähnlicher Form in Lev 19,18, so daß Jesu Verdienst eigentlich „nur“ in der freilich hochbedeutsamen Kombination beider Forderungen läge. Man hat im Doppelgebot von Mk 12,28–31 auch einfach eine „Kurzform des mosaischen Zweitafelgesetzes“[75], freilich in nachdrücklich positiver Formulierung, sehen wollen. Jedenfalls ist das Doppelgebot bei Jesus nicht erstmalig anzutreffen. In den „Testamenten der zwölf Patriarchen“ (vermutlich noch aus dem 2. Jahrhundert v. Chr.) begegnet die Zusammenstellung von Gottes- und Nächstenliebe des öfteren.[76] So sagt etwa der Patriarch Issachar: „Liebt den Herrn und den Nächsten.“ Noch näher an die Markus-Formulierung kommt Philo, ein Zeitgenosse Jesu, heran: „Dies ... sind die beiden höchsten Hauptstücke: Frömmigkeit und Ehrfurcht gegen Gott, Güte und Gerechtigkeit gegen die Menschen.“[77] Auch in der griechischen Ethik finden

[74] *R. Schnackenburg*, Die sittliche Botschaft des Neuen Testamentes 65. Wie R. Schnackenburg vertritt u. a. auch *W. Grundmann*, Das Evangelium nach Markus (Theol. Handkommentar zum NT., hrsg. von E. Fascher, Bd. II), Berlin ²1961, 249—252, die Auffassung, daß Jesus mit der Zusammenbindung der beiden Gebote gegenüber dem ganzen vorchristlichen Verhältnis von religiöser Gerechtigkeit und zwischenmenschlichem Verhalten eine neue Position gesetzt habe. *E. Neuhäusler*, Anspruch und Antwort Gottes 115 f., ist der Meinung, man solle auf die Kombination der beiden Sprüche durch Jesus nicht allzuviel Wert legen; die Aneinanderreihung der beiden Gebote sei zur Zeit Jesu in der Luft gelegen und die spätere Überlieferung habe an dieser Verbindung seltsamerweise wenig Interesse gezeigt.

[75] *E. Stauffer*, Die Botschaft Jesu damals und heute 41; vgl. zum folgenden auch *R. Schnackenburg*, Die sittliche Botschaft des Neuen Testamentes 69 f.

[76] Vgl. Test. Iss. 5,2. 7,6; Test. Dan. 5,3.

[77] Spec. leg. 2,6,63; ähnlich Virt. 47. 55. 95; Abr. 208; Decal. 22, 108—111; *E. Stauffer*, a. a. O. 165, bemerkt dazu: „Es handelt sich hier offenbar um einen festen Topos, in dem sich alttestamentliche und stoische Traditionen begegnen.“

sich ähnliche Doppelgebote. Aus diesem Grunde spricht E. Stauffer von einem „weitgehenden Konsensus" und meint, Jesus habe hier „das ewige Postulat der Menschheit", das durch das Alte Testament und durch die Geschichte anderer Sittenlehren und Philosophien in ähnlicher Weise hindurchgehende „Ceterum censeo" aller großen Morallehrer wiederholt.

Neu freilich ist die radikale Theologisierung des Liebesgebotes durch Jesus. Es geht bei ihm nicht um eine humanitäre, sondern um die in Gott begründete und mit der Liebe zu Gott zuinnerst verbundene Liebe. Die Nächstenliebe erscheint wichtiger als die kultische Gottesverehrung (Mt 9,13; Mk 3,1–6; Lk 13,10–17). Es kann, solange die Gemeinschaft mit dem Nächsten gestört ist, überhaupt zu keiner Verbindung mit Gott kommen (Mt 5,23 f.), und im Gericht zählen die Taten der Liebe mehr als die Werke der Frömmigkeit (Mt 25,31–46). Aus der Begründung in der Gottesliebe hat die Nächstenliebe ihren streng „transzendenten", „religiös-missionarisch-eschatologischen" Charakter.[78] Neu ist weiterhin die Universalisierung der Liebe. Im Judentum war der Nächste in der Regel der Volksgenosse und der Proselyt, nur dann und wann wurde die Forderung der Liebe auf alle Menschen bezogen. Noch enger war der Kreis der Nächsten in Qumran gezogen; nur den Mitgliedern der Sekte galt das Liebesgebot. Die Menschenliebe der Stoiker war zwar universal; sie lehrten, daß alle Menschen in gleicher Weise an der Weltvernunft Anteil haben; jeder galt ihnen als „Fragment Gottes" (Epiktet). Darum vermochten sie die sozialen, politischen und nationalen Grenzen auf das Menschheitliche hin zu überschreiten. Doch ihre Ethik blieb in anthropozentrischer Immanenz verhaftet, der Mensch blieb Maß und Ziel.[79] Neu ist schließlich die Prävalorisierung der Liebe durch Jesus. In den „Testamenten der zwölf Patriarchen" war das Doppelgebot der Gottes- und Nächstenliebe eines unter zahlreichen anderen Geboten, in Mk 12 ist es das alle anderen Weisungen aus sich entlassende Prinzip des christlichen Handelns im ganzen. Zwar hatte schon das alte Judentum immer wieder den Versuch gemacht,

[78] Vgl. *R. Völkl,* Christ und Welt nach dem Neuen Testament 81 f. 95.

[79] Vgl. *R. Völkl,* a. a. O. 81—83; *H. Preisker,* Das Ethos des Urchristentums 68—72; *Strack-Billerbeck* I, 353 f.; *E. Stauffer,* Die Botschaft Jesu damals und heute 47 f., weist kritisch darauf hin, daß sich in den johanneischen und sogar (trotz 1 Kor 13) in den paulinischen Schriften die jüdische Enge wieder durchgesetzt hat: Liebe sei hier nicht mehr das Programm einer universalen Sittlichkeit, sondern „das Grundprinzip des kirchlichen Gemeinschaftslebens".

die 248 Gebote und die 365 Verbote auf ein fundamentales Prinzip zurückzuführen: Hillel versuchte es mit der (negativ formulierten) „Goldenen Regel", R. Akiba mit dem Gebot der Nächstenliebe, R. Simlai mit dem Glauben. Jesus wertet das Doppelgebot der Gottes- und Nächstenliebe gegenüber allen anderen Normen so radikal auf, daß das ganze Gesetz und die Propheten an ihm „hängen", d. h. daß sie nur von hier her voll verstanden werden können (Mt 22,40). Indem Jesus aus dem Alten Testament gerade diese beiden Gebote herausgreift, sie zusammenbindet und zum Hauptgebot deklariert, stürzt er das alte Verständnis des Gesetzes um. „Es gilt nicht mehr der Grundsatz: Wer nur eines der 613 Gebote nicht erfüllt hat, hat die ganze Tora nicht erfüllt, sondern das Prinzip: Wer nur eines der vielen Gottesgebote nicht in dieser Grundhaltung der Gottes- und Nächstenliebe erfüllt, der hat das ganze Gesetz nicht erfüllt."[80]

Zu den hochethischen Forderungen Jesu gehört auf jeden Fall auch die *Feindesliebe:* „Ihr habt gehört, daß gesagt ist: Du sollst deinen Nächsten lieben, doch deinen Feind magst du hassen. Ich aber sage euch: Liebet eure Feinde und betet für eure Verfolger" (Mt 5,43 f.; Lk 6,27 f.). Das alttestamentlich-jüdische Denken[81] kannte allenfalls eine Nachgiebigkeit gegenüber den Feinden, aber auch dies nur gegenüber persönlichen Gegnern innerhalb der Volksgemeinschaft und gegenüber Proselyten. Der Haß gegen die Feinde des Volkes war geradezu religiöse Pflicht und konnte sich der göttlichen Gesinnungsgenossenschaft sicher fühlen. Ex 23,4 und Spr 25,21 f., wo der Israelit aufgefordert wird, dem notleidenden oder hungernden Feind zu Hilfe zu kommen, sind nicht sehr effizient geworden. Es waren Ausnahmen, daß R. Josia Ex 23,4 wörtlich auf den Heiden bezog, „der den Götzen dient", und daß ben Azzai die Idee der Gottebenbildlichkeit von Gen 5,1 auf alle Menschen ohne Unterschied der Volkszugehörigkeit anwandte. Im übrigen suchte man den „Feind" von Ex 23 und Spr 25 durch Allegorisierung zu entschärfen: Man deutete ihn als den „bösen Trieb, der durch das Brot und das Wasser der Tora zum Schweigen gebracht werden soll". – Um so erstaunlicher sind eine ganze Reihe von Zeugnissen, die E. Stauffer aus

[80] *E. Neuhäusler,* Anspruch und Antwort Gottes 117; vgl. zum Ganzen *K. H. Schelkle,* Theologie des Neuen Testaments III, 125—139.

[81] Vgl. zum folgenden *G. Kittel,* Die Probleme des palästinensischen Spätjudentums und das Urchristentum 110—120; *Strack-Billerbeck* I, 369 f.; *E. Stauffer,* Die Botschaft Jesu damals und heute 119—137.

der außerjüdischen Ethik zusammengestellt hat. So verkündet der weise Achikar in seinen Sprüchen die Forderung, Böses mit Gutem zu vergelten; die gleiche Forderung findet sich als Spruch des Xisuthros, des „babylonischen Noah“, auf einer Tontafel der Bibliothek Assurbanipals (ca. 650 v. Chr.). Ein Jahrhundert später fordert Laotse im Taoteking: „Feindschaft vergilt mit Liebe.“ So steht auch das Gebot der Feindesliebe wiederum in einem gewissen Konsens mit einer Spitzenforderung heidnischer Ethik, mag diese sich auch nur selten eindeutig und positiv artikuliert haben. In voller Reinheit ist Feindesliebe eben doch nur dort möglich, wo sie in der allem menschlichen Tun vorgängigen Liebe Gottes ihren Ursprung hat und ihre Dringlichkeit gewinnt. Nicht umsonst schließt Mt 5,43 ff. mit dem Hinweis auf die radikal theozentrische Begründung des Gebotes der Feindesliebe: „Ihr aber sollt vollkommen sein, wie euer himmlischer Vater vollkommen ist.“ Die menschliche Antwort auf die Liebe Gottes muß auch in den Situationen gegeben werden, in denen sie weltlich betrachtet als töricht erscheint.

Zum Aufweis der Besonderheit und der Überlegenheit des von Jesus vorgelegten sittlichen Ideals hat man oft auch auf die *positive Fassung der Goldenen Regel* hingewiesen: „Alles, was ihr wollt, das euch die Leute tun sollen, das tuet ihnen auch“ (Mt 7,12;Lk 6,31). In negativer Formulierung findet sich die Goldene Regel zwar nicht im Alten Testament, aber im Palästinajudentum (etwa bei R. Hillel und bei R. Akiba) und auch im Diasporajudentum (bei Philo von Alexandrien).[82] Das Judentum hat sie in hellenistischer Zeit aus der sophistischen Ethik übernommen. Bei Seneca findet sie sich in der gängigen Formulierung, wie übrigens weithin in der Weltliteratur bis nach China hin. Man darf nun die Bedeutung der positiven Formulierung bei Jesus nicht überbewerten. Daß im Bewußtsein seiner Zeit die beiden Formen des Spruches kaum unterschieden wurden, kann man mit Sicherheit beweisen; schon im ältesten Christentum stoßen wir neben der positiven Form auch wieder auf die negative, wie z. B. im erweiterten Text des Aposteldekretes zu Apg 15,29 im Cod. D, bei Tertullian, Cyprian und Irenäus sowie in der Didache. E. Stauf-

[82] Vgl. hierzu und zum folgenden die Belege bei *E. Stauffer*, a. a. O. 55—60; *R. Schnackenburg*, Die sittliche Botschaft des Neuen Testamentes 67 f.; *G. Kittel*, Die Probleme des palästinensischen Spätjudentums und das Urchristentum 108—110; vor allem *A. Dihle*, Die Goldene Regel; *J. Philippidis*, Die Goldene Regel, religionswissenschaftlich untersucht, Leipzig 1929; *H. van Oyen*, Die Goldene Regel und die Situationsethik, in: *J. Gründel - H. van Oyen*, Ethik ohne Normen? 89—136.

fer betrachtet diesen Befund allerdings als Beweis dafür, daß schon in den Anfängen, nach seiner Meinung bereits in Mt 7,12, der Prozeß der Rejudaisierung eingesetzt habe, während A. Dihle den Unterschied zwischen negativer und positiver Formulierung geringer anschlägt.[83] Die letztere Auffassung kann sich wohl dadurch bestätigt sehen, daß auch im außerchristlichen Raum gelegentlich die positive Formulierung der Regel anzutreffen ist, so im Aristeasbrief (einem jüdischen Fürstenspiegel aus der späten Ptolemäerzeit), der beide Formulierungen miteinander verbindet, bei Isokrates, Seneca und in dem indischen Nationalepos Mahabharata, wo sich übrigens auch sowohl die positive wie die negative Fassung finden.[84]

So können wir sagen: Die Goldene Regel als Einzelspruch ist kein zwingender Beweis für die Überlegenheit des von Jesus verkündeten Ethos. Sie findet sich quer durch die ethische Literatur der Antike und erscheint damit als eine Grundforderung sittlichen Lebens, die auf einer bestimmten Stufe der sittlichen Bewußtseinsbildung überall als etwas allgemein Gültiges und Unverzichtbares eingesehen werden kann. Die Goldene Regel ist „die Spitzenformel der humanistischen Moral ..., die seit etwa 800 ante mehr oder weniger spontan in den verschiedensten Kulturzentren der Alten Welt auftaucht (Griechenland, Schantung, Hindustan, Ninive, Ägypten) und seitdem in mannigfachen Abwandlungen durch die Geschichte der Menschheit geht."[85] Schon nach Meinung Senecas leuchtet die Goldene Regel allein durch das ihr selbst eigene geistige Gewicht ohne großen spekulativen Aufwand jedermann ein[86], und auch nach der Überzeugung des Pho-

[83] Vgl. *E. Stauffer*, a. a. O. 59 f.; *A. Dihle*, a. a. O. 10 f.: Der Unterschied betrifft, „so bedeutsam er auch in vieler Hinsicht sein mag, nicht das Prinzip sittlicher Wertsetzung, das beiden Fassungen gleichermaßen zugrunde liegt. In beiden Fällen wird nämlich übereinstimmend die Richtigkeit bzw. Verkehrtheit menschlichen Handelns nach dem Maßstab bestimmt, der sich aus dem reziproken Tun oder Erleiden der Partner ergibt. Der zur Goldenen Regel spezifisch zuzuordnende Komplex sittlicher Vorstellungen ist also für die positive und die negative Fassung der gleiche." Vgl. auch *H. Conzelmann*, Grundriß der Theologie des Neuen Testamentes 139.

[84] Vgl. *G. Kittel*, Die Probleme des palästinensischen Spätjudentums und das Urchristentum 109 mit Anm. 4.

[85] *E. Stauffer*, Die Botschaft Jesu damals und heute 55. 59: „Jesus steht inmitten einer Wolke von Zeugen. Wird seine Botschaft dadurch entwertet? Gewiß nicht. Es geht an diesem Punkt nicht darum, die Einzigartigkeit oder Überlegenheit des Christentums zu beweisen. Es gilt hier vielmehr zu begreifen, daß Jesus Christus in aller Form für die uralten Anliegen des Humanismus optiert hat. Mt 7,12 ist der historische Koinzidenzpunkt von Humanitas und Christianitas."

[86] Vgl. *Seneca*, De benef. 2,1; ep. 47,11.

tios und des Origenes ist sie ein Stück natürlicher, allen Menschen gemeinsamer und nicht der für die Christen spezifischen Moral.[87]
Man könnte die Reihe hochethischer Forderungen Jesu fortführen und käme stets zum gleichen Ergebnis: als Einzelforderungen sind sie nicht neu, sondern nehmen auf, was sich schon vorher in der jüdischen und heidnischen Ethik angemeldet und teilweise auch durchgesetzt hatte. Nicht erst Jesus macht – um einiges Weitere wenigstens noch anzudeuten – das Herz zum Zentrum der sittlichen Persönlichkeit (Mk 7,18–23) und preist jene selig, die reinen Herzens sind (Mt 5,8); das war schon die ethische Forderung der Propheten, und auch eine große Zahl rabbinischer Gelehrter forderte mit Nachdruck die rechte Herzensfrömmigkeit und die rechte Intention bei der Erfüllung des Gesetzes.[88] Nicht erst Jesus forderte die Werke der Barmherzigkeit (etwa in Mt 25,34–46), auch im Judentum kannte man Almosen und Liebeswerke verschiedenster Art (Versorgung der Armen mit Nahrung und Kleidung, Beherbergung von Gästen, Erziehung von Waisen, Auslösung von Gefangenen, Ausstattung armer Bräute, Krankenbesuche, Tröstung Trauernder, Beteiligung an Hochzeitszügen und Begräbnisfeierlichkeiten u. a. m.); das gleiche gilt vom Heidentum: Das ägyptische Totenbuch kennt die Speisung Hungriger, die Bekleidung Nackter und die Unterstützung Verfolgter, Buddha fordert seine Mönche zur Krankenpflege auf, der konfuzianische Sozialphilosoph Moh-Ti und Kimon von Athen (beide 5. Jahrhundert v. Chr.) verlangten tatkräftige Solidarität mit allen Notleidenden und Bedrängten, Epiktet möchte vom Tod am liebsten bei einem Werk der Menschlichkeit überrascht werden, Marc Aurel betrachtet in manchen Situationen schon die bloße Untätigkeit als Verbrechen.[89] Nicht erst Jesus verpflichtet zur geschlechtlichen Zucht und verbietet schon den begehrlichen Blick auf die Frau eines anderen (Mt 5,28), auch das Judentum kannte den Ehebruch mit den Augen: „Wer eine Frau begehrlich anschaut, gilt wie einer, der ihr beiwohnt."[90] Nicht erst Jesus hält am sittlichen Ideal der unauflöslichen Ehe fest (Mk 10,9; Lk 16,18; Schwierigkeiten der Auslegung nur

[87] Vgl. dazu *A. Dihle,* Die Goldene Regel 105 f., und *W. Rüegg,* Cicero und der Humanismus, Zürich 1946, 116.
[88] Vgl. *Strack-Billerbeck* IV/1, 13—15.
[89] Vgl. *Strack-Billerbeck* IV/1,6, und *E. Stauffer,* Die Botschaft Jesu damals und heute 61—67.
[90] Vgl. *G. Kittel,* Die Probleme des palästinensischen Spätjudentums und das Urchristentum 98 f., und *K. H. Schelkle,* Theologie des Neuen Testaments III, 263.

hinsichtlich Mt 5,32 und 19,9), auch im Judentum meldet sich bei allem Pragmatismus die Einsicht in die Unauflöslichkeit, etwa in der Bemerkung des R. Eleazer zu Mal 2,14: „Wenn jemand sich von seiner ersten Frau scheiden läßt, so vergießt sogar der Altar Tränen.“[91]

Wenn nun diese und andere hochethische Forderungen als Einzelsätze bei Jesus nicht erstmalig sind, so ist doch nicht zu verkennen, daß seine Hörer durch die Radikalität und Totalität, die keinen Abstrich an diesen Forderungen zulassen, ungleich tiefer beeindruckt werden als dies im Bereich der jüdischen und heidnischen Sittenlehre festzustellen ist. Die Jünger reagieren auf das unerbittliche Verbot der Wiederverheiratung nach Scheidung mit der Bemerkung, es sei dann doch nicht gut zu heiraten (Mt 19,10). Jesus antwortet: „Nicht alle fassen dieses Wort, vielmehr nur jene, denen es gegeben ist.“ Die gleiche Reaktion der Jünger beobachten wir auf Jesu massive Unterstreichung seiner Warnungen vor den Gefahren des Reichtums in Mt 19,24: „Ich wiederhole es: es geht viel leichter ein Kamel durchs Nadelöhr als ein Reicher in das Gottesreich.“ Man kann die bestürzte Frage der Jünger verstehen, wer da überhaupt noch gerettet werden könne. Mt 19,26: „Da sah sie Jesus an und sprach zu ihnen: Bei den Menschen ist es freilich unmöglich; jedoch bei Gott ist alles möglich.“ Jesus will mit diesen Hinweisen gewiß keine magischen Interventionen Gottes zur Durchsetzung überhöhter sittlicher Weisungen in Aussicht stellen. Er will vielmehr in seinen Hörern Hunger und Durst nach einer besseren Gerechtigkeit wecken, nach einer Gerechtigkeit, die nicht mehr den Gleichstand zwischen Verdienst und Werken als Mindestvoraussetzung für die Rettung betrachtet, nach einer Gerechtigkeit vielmehr, die durch sein Kommen denen angeboten wird, die arm im Geiste und reinen Herzens und sanftmütig und friedfertig sind. Jesus will seine Hörer für das Spezifische seiner Botschaft öffnen: Gerechtigkeit ersteht nicht durch Menschen, sondern durch Gott.[92]

[91] Vgl. *G. Kittel*, a. a. O. 101. 99 f. Zum Problem Unauflöslichkeit vgl. auch *K. H. Schelkle*, a. a. O. 241—249.

[92] Vgl. *Strack-Billerbeck* IV/1, 19 f., und *L. H. Marshall*, The Challenge of New Testament Ethics 6—8.

c) Die Neuheit des von Jesus verkündeten Ethos

Das Proprium des jesuanischen Ethos liegt nicht in bestimmten Einzelforderungen. Wir fanden selbst Jesu hochethische Weisungen auch in der jüdischen und außerjüdischen Sittlichkeitslehre. Sie mögen hier als singuläre Höhepunkte zu bewerten sein[93], während sie in der Ethik Jesu in einem ihnen angemessenen Kontext stehen. Man wird auch konzedieren müssen, daß die sittlichen Forderungen Jesu ähnliche Weisungen aus dem Bereich der jüdischen Ethik an Radikalität der Theozentrik, der Konzentration, der Intensität, der Verinnerlichung und der Universalität entschieden hinter sich lassen. Doch könnte man diese Überlegenheit immer noch im Sinne einer bloß quantitativen oder immanenten Überbietung interpretieren. Das Proprium des jesuanischen Ethos gegenüber jedem anderen Ethos liegt jedoch in dessen qualitativer oder transzendenter Überbietung. Das Verständnis des jesuanischen Ethos wird erst aus einer radikal neuen Dimension heraus möglich.

Der neue Sinnhorizont

Die neue Dimension, in der das jesuanische Ethos steht, ist das Kommen der Herrschaft und des Reiches Gottes: „Die große Heilszeit ist angebrochen, und Gottes Reich steht vor der Tür. Gottes Heilskräfte sind in Jesu Wirken anwesend und spürbar, und das Reich Gottes wird so sicher kommen wie der Aussaat die Ernte folgt, wie aus dem Samenkorn der volle Baum erwächst. Jesu Auftreten und Verkündigung geben die untrügliche Gewißheit: Gottes Reich ist im Kommen."[94] Die Formel von „Gottes Herrschaft und Reich" trifft in die

[93] *G. Kittel*, Die Probleme des palästinensischen Spätjudentums und das Urchristentum 120, sagt von den Beispielen, die er aus fünf Jahrhunderten des Rabbinismus zusammengetragen hat: „... sie stehen unter Tausenden von Sätzen ethischer Wertlosigkeit: mitten unter kindischen Spielereien mit verrenkten Buchstaben und Silben; mitten unter mystischen und allegorischen Spekulationen banalster und abenteuerlichster Phantasie; mitten unter kalt jonglierender Dialektik und Spitzfindigkeit; mitten unter abstrusem, totem Ritualismus. Die gegebenen Zitate stellen eine Auswahl dar, eine Auswahl verhältnismäßig seltener Höhepunkte. Was man aber keineswegs leugnen darf, ist: daß diese Höhepunkte vorkommen, daß sie auf dem Boden des Judentums, auch außerhalb der Einflußsphäre Jesu, grundsätzlich möglich sind."

[94] *R. Schnackenburg*, Christliche Existenz nach dem Neuen Testament II, 156; vgl. 156—158; ausführlich dargestellt bei *R. Schnackenburg*, Gottes Herrschaft und Reich, vor allem 49—76 (Die von Jesus verkündigte Gottesherrschaft); 77—109 (Die Anwesenheit der eschatologischen Gottesherrschaft im Wirken Jesu); 110—148 (Das Kommen des vollendeten Gottesreiches).

Mitte der Heilsbotschaft Jesu; freilich meinen andere neutestamentliche Grundbegriffe wie Heil, Gemeinschaft mit Gott, Rechtfertigung, Teilnahme an den Reichtümern Christi oder am heiligen Pneuma, Liebe Gottes durch Jesus Christus, Sterben und Auferstehen mit Christus, Sein in Christus, Wiedergeburt, neuer Aion u. a. m. im Grunde die gleiche Heilswirklichkeit. Da aber die Rede von der Gottesherrschaft oder von der Herrschaft der Himmel bei den Synoptikern allein ungefähr 100mal vorkommt (im gesamten übrigen Neuen Testament, verwandte Begriffe miteingerechnet, nur ein Viertel davon), darf wohl in einer vereinfachenden Skizze diese Bestimmung zugrunde gelegt werden. Alles, was Jesus ist, tut und spricht, wird letztlich erst vom Kommen des Reiches her voll verstehbar; alles steht in Zusammenhang mit seiner eschatologischen Botschaft. Diese Botschaft betrifft nun aber nicht dieses oder jenes, sondern den Sinnhorizont menschlicher Existenz und Geschichte in dieser Welt im ganzen, den Ort, an dem sie sich ereignen, das Ziel, auf das hin sie sich bewegen. Diese Botschaft handelt nicht von den Möglichkeiten einer besseren Gestaltung der weltlichen Dinge, sondern von dem in Jesus bereits gegenwärtigen Heil und von der definitiven Zusage einer ewigen Erfüllung dieses Heils in der Vollendung von Mensch und Welt, ja auch der Welt; denn da der Mensch als ganzer in der Liebe Gottes seine ewige Vollendung finden wird, muß auch die materielle Welt in die eschatologische Gottesherrschaft einbezogen werden (Mt 13,39.49; 24.3; 28.20 u. a.).

Gottes Herrschaft und Reich sind also nicht zuerst sittliche Anforderungen, sondern ohne alles Verdienst vorweg geschenktes Heil. In Jesus Christus ist das Reich bereits wahrnehmbare Wirklichkeit geworden: In seinen Dämonenaustreibungen, seinen Wundertaten und seinem erlösenden Handeln meldet es sich an und zeigt sich wirksam. „Längst ist die Basileia vorausgegeben, der Schatz schon bereitgelegt, das Mahl fertig gerüstet, die Sohnschaft bereits gegeben. Nun braucht der Jünger gleichsam nur in das von Gott zuvor Geoffenbarte – ins Offene hineinzugehen.“[95] Zugleich aber wird das Reich auch als etwas Kommendes, noch Ausstehendes bezeichnet. Jesus lehrt um sein Kommen beten (Mt 6,10). Er spricht vom Eingehen in das Reich als etwas Zukünftigem (Mt 5,20; 7,21; Mk 9,47; 10,23 u. a.). Dabei wird das endgültige Kommen des Reiches bald in sehr naher (Mk 9,1;

[95] *E. Neuhäusler*, Anspruch und Antwort Gottes 76.

Mt 16,28), bald in sehr ferner Zukunft (Mt 24,48, 25,19; in Mt 24,34–36 finden sich beide Deutungen nebeneinander) gesehen. Trotzdem ist das verheißene Reich bereits gegenwärtig, nur ist seine Gegenwärtigkeit eine noch unvollkommene und verhüllte, eine nicht definitiv in sich selbst stehende, sondern eine von der Zukunft her in Bewegung gehaltene, immer stärker in die Zukunft hineingezogene.[96] Die eigentliche Dynamik des schon gegenwärtigen und wirksamen Gottesreichs stammt aus seiner Intentionalität auf die universal-kosmische Erfüllung hin.

Das rechte Verständnis des neuen Sinnhorizontes von „Gottes Herrschaft und Reich“ setzt unabdingbar voraus, daß seine Bindung an die Person Jesu klar gesehen wird. Allein durch Jesus hat Gott eine neue Situation für die Menschheit geschaffen und ihr eine neue Möglichkeit aufgetan. „Jesus bringt gegenwärtiges Heil, Leben, Vergebung, kurz Reich Gottes mit seiner Person und seinem Schicksal.“[97] Gegenwärtigkeit und Wirksamkeit des Heils sind an ihn gebunden, er allein wird auch seine Vollendung heraufführen. Die rational nicht zu durchschauende Möglichkeit eines zugleich gegenwärtigen und erst kommenden Reichs wird nur von dessen Eingründung in Jesu Person und Werk her verständlich. Vielleicht ist dies nicht treffender zu formulieren, als es Origenes in seinem Matthäus-Kommentar getan hat, indem er das Wesen der Person Jesu und die Paradoxie seiner Forderungen mit dem Begriff der „auto-basileia“ kennzeichnete: Wie der Sohn Gottes die auto-sophia, die auto-dikaiosyne und die auto-aletheia ist, so ist er auch die auto-basileia [98]; wenn Jesus selbst Träger gegenwärtiger und künftiger Gottesherrschaft ist, dann sind in ihm auch Gottes Weisheit, Gerechtigkeit und Wahrheit personal repräsentiert.

Darum kann es auch keine sittliche Forderung geben, die ohne Bezug zur Person Jesu steht. Wenn Gott in Jesus den Weg zur Gemeinschaft mit sich eröffnet hat, dann entscheidet die Stellung des einzelnen zu

[96] *A. Descamps*, La Morale des Synoptiques 32f.: „... la venue de Jésus a inauguré réellement les derniers temps ... Sans doute, cette phase initiale doit être suivie d'une longue période intermédiaire – l'histoire de l'Eglise –, qui aboutira aux événements transcendants de la toute dernière phase du salut.“ Vgl. auch *L. H. Marshall*, The Challenge of New Testament Ethics 25–31.

[97] *H. Preisker*, Das Ethos des Urchristentums 153.

[98] PG (Migne) Ser. I, tom. XIII (Origenes tom. III) 1197; vgl. dazu *G. Kittel*, Die Probleme des palästinensischen Spätjudentums und das Urchristentum 130, und *P. Feine*, Theologie des Neuen Testaments 80.

Jesus über seinen Einlaß in die Basileia. Jesu Bindung an den Vater im Sein und im Wirken ist bei den Synoptikern am eindrucksvollsten in Mt 11,25–27 dargestellt: „Ich preise dich, Vater, Herr des Himmels und der Erde, daß du dies den Weisen und Klugen verborgen, Einfältigen es jedoch geoffenbart hast. Ja, Vater, so hat deine Güte es gefügt. Mir ist von meinem Vater alles übergeben, und niemand kennt den Sohn als nur der Vater, und niemand kennt den Vater als allein der Sohn, und wem der Sohn es offenbaren will." Wie der Vater durch Jesus in die Gegenwart hereinwirkt, so richtet er durch ihn auch die Forderung an die Menschen, seinen Willen zu erfüllen. Allein in diesem Mysterium der auto-basileia wurzelt auch Jesu Hoheitsanspruch gegenüber allen früher gelehrten sittlichen Weisungen: „Ich aber sage euch ... (Mt 5 und 6). E. Stauffer hat gewiß recht, wenn er in Mt 5,44 (Gebot der Feindesliebe) und in Mt 25, 31–46 (Werke der Mitmenschlichkeit als Dienst an Christus) den „säkularen Ton", den „Ton säkularer Menschlichkeit"[99] heraushört. Aber ist es wirklich „die Moral der reinen Menschlichkeit, die Jesus verkündet"? Fordert er nicht gerade an den genannten Stellen Menschlichkeit um seinetwillen (Mt 25: *Ich* war hungrig ...) und um der Kindschaft dessentwillen, der „in den Himmeln ist" (Mt 5,45)? Derselbe Jesus, in dem Gottes Herrschaft und Reich in die Geschichte eingetreten ist, ruft den Menschen auf, in die Bewegung der alles umfassenden Liebe Gottes rückhaltlos einzutreten und dazu beizutragen, daß das göttliche Heilsangebot durch die Geschichte hindurch verwirklicht wird. Dieser neue Sinnhorizont ist in Wahrheit das christliche Proprium. Er führt – wie im folgenden zu zeigen ist – zu einer neuen Dynamisierung im Bereich der ethischen Motivation.

Das neue Ethos

Wie das Neue Testament im ganzen, so entwickeln auch die Synoptiker keine systematische christliche Ethik. Sie beschreiben lediglich eine Reihe von Aspekten oder Dimensionen, in denen sich die Verbundenheit mit Christus und der Anspruch des in ihm gekommenen Reiches erfüllen lassen. F. Tillmann behandelt unter den „Grundforderungen der Nachfolge Christi" die Bekehrung und Sinnesänderung, den Glauben, die Gottes- und Nächstenliebe, die Vollkommen-

[99] Die Botschaft Jesu damals und heute 134.

heit.[100] R. Schnackenburg hebt eine vierfache Eigenart der neutestamentlichen Sittenlehre hervor: ihren religiös-responsorischen Charakter (Antwort an Gott), ihren christozentrischen Charakter (Nachfolge Christi), ihren gnadenhaften Charakter (Getriebensein durch den Hl. Geist) und ihren heilsgeschichtlich-eschatologischen Charakter (Hinstreben zum Gottesreich).[101] Nach E. Neuhäusler sind Jesu Worte als Weisungen zu verstehen, die die Wirklichkeit der Gottesherrschaft beschreiben und auf sie hinführen wollen. In Jesus selbst, dem Eröffner der Herrschaft Gottes, sammle sich aller Wille und alle Weisung des Vaters. Wer sich Jesus anschließe, gebe darin Antwort auf Gottes rettenden Ratschluß. Die Stunde der Gottesherrschaft bringe es mit sich, daß Jesus seine Forderungen an die Jünger auf wenige, aber entscheidende Verhaltensweisen beschränke. Da diese mit der Stunde des Angebotes der Liebe Gottes in Jesus korrespondieren, meinen sie nicht mehr am Gesetz orientierte Akte der Frömmigkeit, sondern einen auf Jesus personal bezogenen Wandel. Wer ihm nachgehe, der sei ein Gehorsamer, ein in Dankbarkeit Liebender, ein Büßender, ein Kind, ein Armer, ein Wachsamer. Mit solchen Wendungen werden die Grundgesetze der neuen Welt, die „Verwirklichungsweisen des durch Jesus neu gesagten Gotteswillens“ umschrieben.[102] Man kann diese Verhaltensweisen um bestimmte Grundvorstellungen des Neuen Testaments gruppieren bzw. sie ihnen einordnen; es entsteht dann ein Ethos der Hoffnung, ein Ethos der Freiheit, ein Ethos der Liebe, ein Ethos der Wahrheit, ein Ethos der Koinonia. Für die Sittenlehre Jesu, soweit sie von den Synoptikern überliefert wird, kann man wohl als die beiden Schwerpunkte die Vorstellung vom Anbruch der Gottesherrschaft und die Vorstellung von der Nachfolge betrachten.

Das jesuanische Ethos ist eschatologisches Ethos. Damit soll nicht gesagt sein, daß bei den Synoptikern jede sittliche Weisung ausdrücklich eschatologisch begründet ist. Aber der Anbruch der Gottesherrschaft ist der spezifische Kontext des jesuanischen Ethos. Der Christ muß, obwohl er wie jeder andere in der Welt lebt, den Anspruch aushalten, der mit Macht von der Gottesherrschaft auf ihn zukommt.

[100] Die Idee der Nachfolge Christi (Handbuch der kath. Sittenlehre III), Düsseldorf ³1933, 164—213.
[101] Die neutestamentliche Sittenlehre in ihrer Eigenart 42—67; ähnlich *K. H. Schelkle,* Theologie des Neuen Testaments III, 39—45, bzw. —56.
[102] Vgl. *E. Neuhäusler,* Anspruch und Antwort Gottes 101—234.

Von hier aus gewinnen die Forderungen Jesu, deren materialer Gehalt sich auch im Rahmen der heidnischen und jüdischen Hochethik findet, ihre besondere Eigenart.[103]

Man wird gewiß die Umkehr – ganz gleich, welche Bedeutung und welches Gewicht sie innerhalb der Botschaft Jesu haben mag – zu den eschatologischen Verhaltensweisen rechnen müssen: „Erfüllt ist die Zeit, das Reich Gottes ist nahe. Kehret um und glaubet an die frohe Botschaft!" (Mk 1,15) Der Glaube erscheint als die positive Seite der Umkehr, als die allen anderen Werten vorgehende resolute Zuwendung zum Reich (Mt 6,33; 7,13–14, 13,44–46). Weil aber diese Zuwendung zum Reich immer neu vollzogen werden muß, weil sie bei jedem einzelnen eine stets gefährdete ist, weil wir zudem in jedem Augenblick durch das Kommen des Herrn überrascht werden können, fordert Jesus in eindringlichen Worten Wachsamkeit und Gebet (Mt 24, 42–51; 25, 1–13; 6,9 f.; Lk 18,1–8; 9,5–8, Mt 6,13). Gottes Reich hat schon begonnen, wir leben in der „letzten Zeit", in der alle irdischen Dinge nur dann voll und wahr erkannt werden, wenn sie im Lichte dieser Wirklichkeit gesehen werden.[104] Wer sich durch Schwelgerei, Trunkenheit oder irdische Sorgen beschwert, anstatt sich durch Wachen und Beten bereit zu halten, könnte gänzlich unerwartet vom Tag des Herrn überfallen werden (Lk 21, 34–36). Jesus predigt die Umkehr nicht im Sinne der Sekte von Qumran; seine Jünger sollen die Welt nicht äußerlich verlassen und in den „Bund der Umkehr" eintreten, sondern die „innere Weltlichkeit" verlassen.[105] Umkehr meint radikales Umdenken, „Metanoetik" (R. Völkl) auf die neue Wirklichkeit hin, Sich-öffnen für die Radikalität ihres Anspruchs, der den einzelnen auch völlig aus den normalen menschlichen Bindungen herausrufen kann (etwa Mt 19,11 f. mit

[103] Vgl. zum folgenden vor allem *A. Descamps*, La Morale des Synoptiques 36–44, wo unterschieden ist zwischen „les enseignements essentiellement déterminés par la perspective eschatologique" (L'appel à la conversion, le choix décisif et le renoncement, la vigilance et la prière) und „les enseignements non essentiellement déterminés par la perspective eschatologique" (L'exhortation à écouter la parole et à pratiquer les bonnes oeuvres, l'exhortation à la justice parfaite, l'exigence de droiture et la dénonciation de l'hypocrisie, la charité fraternelle, l'humilité, la confiance en la miséricorde divine, la patience et la persévérance).

[104] A. a. O. 40: „Les biens terrestres ont donc perdu, dès maintenant, leur consistance propre (!); ils ne peuvents plus être considérés qu'à la lumière des fins dernières, et le chrétien doit avoir dès maintenant sa patrie dans les cieux." Vgl. a. a. O. 36–39, und *K. H. Schelkle*, Theologie des Neuen Testaments III, 79–87. 88–116.

[105] Vgl. *R. Völkl*, Christ und Welt nach dem Neuen Testament, pass.

dem Hinweis auf die eunuchia und Mt 19,21 mit der Forderung der Armut an den reichen Jüngling).[106]

Neben diesen unmittelbar und ausdrücklich eschatologisch begründeten Forderungen der Umkehr und des Glaubens, der resoluten Hintanstellung aller zeitlichen Werte gegenüber dem einen Notwendigen, des Sich-wach-Haltens durch nüchterne Zucht und beharrliches Gebet finden sich bei Jesus weitere bedeutsame Gruppen von Weisungen, die nicht ausdrücklich aus der Botschaft von der anbrechenden Gottesherrschaft entwickelt werden, die aber ohne diesen Hintergrund zur reinen Utopie werden. Da sind zunächst die Seligpreisungen aus Mt 5,1–12 und Lk 6,20–23 zu nennen. Jesus stellt hier keine sittlichen Prinzipien oder Normen auf, er zeichnet hier einfach Wesensart und Grundzüge der Menschen, denen sich der Zugang zum Gottesreich öffnet.[107] Wenn sich der Mensch in Freiheit und vollem Ernst der Gottesherrschaft unterworfen hat, dann wachsen diese sittlichen Grundhaltungen wie von selbst aus ihm hervor: Er wird ein Armer im Geist, ein Trauernder, ein Sanftmütiger, ein nach Gerechtigkeit Hungernder und Dürstender, ein Barmherziger, ein im Herzen Reiner, ein Friedfertiger, ein in Verfolgung und Schmach Geduldiger. Man wird sagen müssen, daß bei allen, die in wesentlichen Bereichen ihres Daseins Mangel leiden, die nichts haben und der Tröstung bedürftig sind, eine größere Offenheit gegenüber dem Anspruch Jesu gegeben ist. „Sie haben den anderen Menschen gegenüber, den Zufriedenen und Gesättigten, das eine voraus: daß sie der Gabe Gottes keinen Widerstand entgegensetzen. Die Haltung der auf Gott Angewiesenen ist ihnen vertraut. Hier sind nicht Haltungen im Sinne ethischer Verpflichtungen Bedingungen zur Teilnahme an der Basileia. Darum tragen diese Seligpreisungen der Form nach auch nicht den Charakter von ‚Bedingungen', sondern sind Heilsbotschaft und Heilszusage."[108] Freilich implizieren diese Seligpreisungen auch sittliche Imperative.

[106] *H. Preisker,* Das Ethos des Urchristentums 42 f.: „Das urchristliche Ethos ist das Ethos der eschatologischen Gewißheit und des eschatologischen Besitzes. Ich nenne es als solches Telos-Ethos. Darin ist deutlich gemacht der Unterschied zum hellenistischen Heidentum wie zum Spätjudentum; denn damit soll ausgedrückt werden, daß es nicht um Weisheit geht, sondern um Schöpfen aus der anhebenden Vollendungswirklichkeit; daß es nicht um nur eschatologische Hoffnung geht, sondern um ein Haben, einen Besitz; daß es aber nicht schon Vollendung ist, sondern erst Anfang, dem Erfüllung von Gott her wird."

[107] *E. F. Scott,* The ethical teaching of Jesus 115: In the Beatitudes „Jesus lays down no rules or principles, but tries simply to portray the kind of men who will find entrance into the Kingdom".

[108] *E. Neuhäusler,* Anspruch und Antwort Gottes 169.

Das geht schon aus der Tatsache hervor, daß sich ebenfalls bei Mt (7,13.21; 11,20–24; 12,41.50, par. u. a.) auch Jesusworte finden, die eine Teilhabe am kommenden Reich vom strengen Gehorsam gegenüber den von Jesus aufgestellten Forderungen abhängig machen und die gegenüber den Verweigerungen des Gehorsams dramatische Weh- und Warnrufe erheben.

Auch die Bergpredigt ist nicht als die Summe der Voraussetzungen für den Eintritt ins Reich zu bewerten. Sie ist vielmehr aus ihrer realen Zuordnung auf die Botschaft von der Basileia zu verstehen. Die Bergpredigt umreißt Wesensart und Grundzüge des Menschen, der jene verschwenderische Liebe, die ihm aus der in Jesus eröffneten Vollendungszeit entgegenkommt, mit liebender Großmut beantwortet. Sie ist eine beispielhafte Beschreibung dieser hochgemuten Antwort des Menschen auf das Kommen Gottes, „eine Zusammenstellung solcher bildhafter Konkretisierung der Forderung der Liebe"[109]. Das dynamisch-eschatologische Ethos schließt gewiß jedes nichtstuerische Scheinvertrauen radikal aus. Aber die von Jesus geforderten Taten sind nicht gesetzliche Leistungen wie in der gängigen jüdischen Ethik, sie sind vielmehr Früchte, die „der gute Baum" von selbst hervorbringt. In den Seligpreisungen und in den „hyperbolischen" Weisungen der Bergpredigt dürfen wir also nichts anderes sehen als immer neue Variationen des dynamischen Liebesethos derer, die „es fassen können" (Mt 19,11). Auch die Sprüche vom Kindwerden (Mk 10,15; Mt 18,3 f.) weisen darauf hin, daß der Mensch klein werden, daß er alle selbstbezogene Großmächtigkeit zurücknehmen muß, wenn er sich nicht selbst den Weg zum Reich versperren soll.[110] Schließlich warnt Jesus erstaunlich oft vor den Gefahren des Reichtums (Mt 6,19–21; Lk 12,13–34 u. a.). Wer irdische Güter mit Leidenschaft ansammelt, beweist, daß ihm der Blick auf die Gottesherrschaft versperrt ist. Die Sicherungen, die er um sich her aufbaut, höhlen das Bewußtsein wesenhafter Bedürftigkeit und totaler Angewiesenheit auf das Heil allmählich aus und verhärten den Menschen in „innerer Weltlichkeit". Er verkennt, daß durch das Kommen des Reiches aller Dienst in der Welt und aller Erwerb von Reichtum, Ehre und Macht zwar nicht ihre echte Wertigkeit, aber doch ihre Selbstzwecklichkeit

[109] *H. Preisker,* Das Ethos des Urchristentums 78. Vgl. *R. Völkl,* Christ und Welt nach dem Neuen Testament 65 f., und *K. H. Schelkle,* Theologie des Neuen Testaments III, 247 f.

[110] Vgl. *E. Neuhäusler,* Anspruch und Antwort Gottes 134—140.

eingebüßt haben. Jesuanisches Ethos ist eschatologisches Ethos, das heißt also: Wer sich mit seinem ganzen Dasein nach dem Reich Gottes orientiert, wird ein im Denken Bekehrter, ein Glaubender, ein Entschlossener, ein Wachender und Betender sein; er wird ein Gehorsamer, ein Armer und Verzichtender, ein Liebender und ein Kind sein. Alles Tun des Jüngers ist darin motiviert, daß er sich mit seiner ganzen Existenz in das Geschehen des kommenden Reiches hineinstellt; darin besitzt es seine innere Geschlossenheit.[111]

Jesuanisches Ethos ist Ethos der Nachfolge. „Nachfolge" ist das zweite Stichwort, unter dem bei den Synoptikern die menschliche Antwort auf die Verkündigung des Gottesreiches mit Vorzug dargestellt wird. Im Anbruch der Basileia wird dem Menschen vollends klar, daß Gott die Liebe ist. Diese Liebe Gottes ist nirgendwo so ungebrochen und rein erfahrbar wie in der Gestalt Jesu. Was immer er tut, ob er Dämonen austreibt, Kranke heilt, Tote auferweckt, selber freiwillig in den Tod geht, er stellt mit allem die in seiner Person vergegenwärtigte Liebe des Vaters dar. Er stellt durch sein ganzes Sein und Tun in einem verbindlichen Modell auch dar, wie die Menschen sich gegenüber der in die Welt gekommenen Liebe Gottes verhalten sollen. In ihm ist nicht nur das Reich gekommen (auto-basileia), durch ihn hat zugleich die Menschheit ihre erste und vorbildhafte Antwort auf dieses Ereignis des Heils gegeben. So tritt von hier aus die zentrale Bedeutung der Person Jesu noch einmal eindringlich hervor. „Alle Synoptiker bezeugen, daß die neue Ordnung und die neue Welt, die mit der Basileia Gottes anhebt, aufs engste mit Jesus selbst verknüpft (sind). Der Jünger erfährt nur in der Bindung an Jesus den Heilsplan Gottes. Diese Verbindung drückt das Evangelium mit dem Wort ‚Nachfolge' aus."[112] Es ist immer wieder betont worden, welch eminente Bedeutung der Tatsache zukommt, daß das der Basileia angemessene Ethos nicht in der Zusammenstellung von Tugendsummarien vorgelegt, sondern in einer geschichtlich greifbaren Person verwirklicht worden ist. Die Darstellung der Synoptiker läßt keinen Zweifel darüber, daß Nachfolge Jesu rückhaltlose Gemeinschaft mit ihm bedeutet: Lebensgemeinschaft, Leidensgemeinschaft, Verheißungsgemeinschaft und Sendungsgemeinschaft.[113]

[111] Vgl. *R. Liechtenhan*, Gottes Gebot im Neuen Testament 16.

[112] *E. Neuhäusler*, Anspruch und Antwort Gottes 186.

[113] Vgl. *R. Schnackenburg*, Christliche Existenz nach dem Neuen Testament I, 87—104; *K. H. Schelkle*, Jüngerschaft und Apostolat, Freiburg 1957; *A. Schulz*, Nachfolgen und

Man hat gesagt, das eschatologische Ethos konkretisiere sich im Ethos der Nachfolge Jesu. Man könnte auch umgekehrt formulieren. Die wichtigsten ethischen Lehrgehalte lassen sich in den Kontext der Nachfolge genau so leicht einordnen wie in den eschatologischen Kontext.[114] Es bestehen z. B. unverkennbare Gleichheiten zwischen den sogenannten Einlaßforderungen und den Nachfolgeforderungen. Die Bereitschaft, um der Basileia willen materielle Güter preiszugeben (Mk 10,23), lieber mit einem Auge in die Basileia einzugehen als mit zwei Augen in die Hölle zu fahren, falls das Auge Ärgernis gibt (Mk 9,47), und um des Reiches Gottes willen alle Familienbande zu lösen (Lk 9,59–61) – diese Bereitschaft entspricht der Bereitschaft zur Jüngerschaft, sich selbst zu opfern und sich von den Angehörigen zu trennen. Auch die Seligpreisungen mitsamt den Wehrufen sind hier zu nennen. Es geht bei beiden um die Entscheidung gegenüber dem Wort und der Person Jesu. Die Bergpredigt steht mit dem Ethos der Nachfolge gleichfalls in engstem Zusammenhang, auch wenn der Bezug zur Person Jesu kaum ausdrücklich hervortritt. Es ist die Rede von der Situation, in die der Mensch auf Grund der Jüngerschaft gerät. „Weil Jesus sich bewußt ist, daß in seinem Werk und Wort die Gottesherrschaft hereinbricht, und weil das Herankommen der Basileia auf den erwarteten Widerstand der Frommen in Israel stößt, darum muß auch für den Jünger, der sich an Jesus anschließt, notwendigerweise Zeugnissituation eintreten.[115] Schließlich stehen auch alle jene Aussagen, in denen es um Sendung, Vertretung oder Dienst geht, in unmittelbarer Zuordnung zur Person Jesu. Die Sendung bezieht sich auf das Heil, das in Jesus anhebt. Die Aufnahme „eines von diesen Kindern" (Mk 9,37) wird mit der Aufnahme Jesu selbst und seines Vaters gleichgesetzt. Schließlich sagt Jesus: „Ich bin unter euch wie ein Diener" (Lk 22,27). Jesus, der dienende Herr, ist der Größere. Damit wird das Gesetz der Basileia enthüllt. Es ist das Gesetz der Umkehrung. Der Größere ist der Diener, und der Knecht ist der erste. Was die Knechte, d. h. die Jünger,

Nachahmen. Studien über das Verhältnis der neutestamentlichen Jüngerschaft zur urchristlichen Vorbildethik (Studien zum Alten und Neuen Testament, hrsg. von V. Hamp und J. Schmid, Bd. VI), München 1962; *Th. Süß*, Nachfolge Jesu, in: Theol. Literaturzeitung 78 (1953) 129—140; *H. Zimmermann*, Christus nachfolgen. Eine Studie zu den Nachfolgeworten der synoptischen Evangelien, in: Theologie und Glaube 53 (1963) 241—255.

[114] Vgl. zum folgenden *E. Neuhäusler*, Anspruch und Antwort Gottes 198—214.

[115] A. a. O. 205.

groß macht, ist Christus selbst, der sich ihnen als ihr Lohn gibt und schenkt.

Worin liegt also das Proprium des jesuanischen Ethos? Die Antwort kann nur heißen: in dem neuen heilsgeschichtlich-eschatologischen Sinnhorizont, den Jesus selbst in seiner Person und in seinem Werk erschlossen hat und der nunmehr als eigentliche Antriebskraft in der Motivschicht menschlich sittlichen Handelns wirksam wird. Man kann sagen, daß das ausschlaggebende Motiv christlicher Welthaltung der eschatologische Wille Gottes sei. „Die kommende Herrschaft Gottes ist das Motiv schlechthin, dem alle anderen ein- und untergeordnet werden. Das ist ... der Unterschied, in dem sich die junge Urgemeinde dem Judentum gegenüber fühlt."[116] Der Christ der ersten Zeit handelt aus seiner inneren Gesamtorientierung auf die anbrechende Königsherrschaft Gottes hin. Weil aber im Anbruch der Basileia Gottes Wesen und seine Gesinnung den Menschen gegenüber erfahrbar werden, darum kann als sittliches Motiv auch die Nachahmung Gottes genannt werden (Mt 5,44 f.; Lk 6,35). Wenn Gott selbst so ist, daß er seine Sonne über Guten und Bösen aufgehen läßt, dann kann und muß der Christ, der in seine Liebesbewegung eintritt, in gleicher Weise handeln. Mit Recht stellt E. Neuhäusler fest: „Die Begründung für solches Verhalten findet sich nicht mehr im ethisch-natürlichen Bereich. Das abschließende Wort aller Antithesen, angefügt an die Forderung der Feindesliebe, läßt sie uns im transzendenten Wesen Gottes selber suchen. Jesu Ethik ist völlig theozentrisch, im Wesen Gottes als des Vaters im Himmel allein begründetes Gesetz der vollkommenen Liebe."[117] Von diesem abschließenden Wort aus muß die Interpretation nach rückwärts gehen, wenn die dort ausgesprochenen Antithesen richtig bewertet werden sollen. Die Vollkommenheit Gottes ist Maßstab und Ziel alles menschlichen Handelns.[118] Wahrscheinlich tut man gut daran, auch den bei den Synoptikern gelegentlich anklingenden Lohngedanken so streng eschatologisch auszulegen, wie es in den Seligpreisungen geschieht. Natürlich ist die Vorstellung vom Lohn irdischen Verhältnissen entnommen. Aber im eschatologischen Kontext gewinnt sie einen völlig neuen Sinn. Mit „Lohn" ist nichts anderes gemeint als die frei geschenkte

[116] *H. Preisker*, Das Ethos des Urchristentums 21.
[117] Anspruch und Antwort Gottes 48.
[118] Über den Unterschied zur stoischen, hellenistischen und jüdischen Begründung des Sittlichen vgl. *H. Preisker*, Das Ethos des Urchristentums 129—134. 240—242.

Anteilhabe an der Herrschaft und am Reiche Gottes, die Vollendung des Menschen und der Welt durch die letzte Heilstat der Liebe Gottes, „das Sein unter Gottes Herrschaft“[119].

2. *Die paulinische Ethik*

Die Forschung hat sich auch früher schon immer wieder mit dem christlichen Proprium der paulinischen Sittenlehre beschäftigt. Soweit dabei eine Übereinstimmung der von Paulus vorgelegten materialethischen Forderungen mit anderem humanistischem Hochethos aus verschiedenen Bereichen der antiken Welt überhaupt in Sicht kam, hat man ihre Bedeutung möglichst heruntergespielt und sie allenfalls als pastoralpsychologisch nicht vermeidbare, sachlich belanglose und rein formale Konzession an den Zeitgeist bewertet. Wenn wir heute mit dieser Fragestellung an Paulus herantreten, verschieben sich die Akzente deutlich.

a) Weltethische Weisungen – Herkunft und Stellenwert

Paulus spricht wie Jesus sittliche Weisungen für zahlreiche Gebiete des Weltlebens aus. Nicht nur in seinen Lasterkatalogen, sondern auch an zahlreichen anderen Stellen seiner Briefe kämpft er gegen Neid, Streit, Zorn und Zwietracht in den Gemeinden und fordert ungeheuchelte Liebe zum Bruder (Gal 4,18; 5,22; 6,10; Röm 12,9.17; 14,21; 1 Kor 13; 2 Kor 8,2.21; 2 Thess 3,13; hier, wie auch im folgenden, sind nur einige wichtige Belegstellen ausgewählt, die leicht vervielfältigt werden könnten) und zum Feind (Röm 12,17; 1 Thess 5,15; 1 Kor 13,5), Bereitwilligkeit zum Frieden (Röm 15,13; 16,20; Gal 5,22; 6,16; 1 Thess 5,23; 1 Kor 14,33; 2 Kor 13,11), Großmut im Ertragen von Anfeindungen und Leiden (Röm 2,4; 9,22; 1 Kor 13,4; 1 Thess 5,14; 2 Thess 1,4) und Gastfreundschaft gegen jedermann (Röm 12,13 f.; Gal 4,14; 6,10; Röm 16,23).
Über die zwischenmenschlichen Einzelbeziehungen hinaus verlangt Paulus den willigen Dienst in den sozialen Ordnungen, in Beruf und Stand (1 Kor 7,17–24; 1 Thess 4,11; 2 Thess 3,12), in der Unter-

[119] *R. Völkl,* Christ und Welt nach dem Neuen Testament 142. 138. 141 f. (über den griechischen Lohngedanken); vgl. auch *K. H. Schelkle,* Theologie des Neuen Testaments III, 68—75.

ordnung unter die staatliche Obrigkeit (Röm 13,1–7; 1 Kor 6, 1–6; 1 Kor 3,22 f.), trotz deutlicher Zurückhaltung auch in Kultur und Zivilisation (1 Kor 7,31–34; 3,10; 2 Kor 1,21; 3,2 f.; Gal 3,15; 1 Kor 4,9). Obgleich durch die Einheit in Christus die Ungleichwertigkeit zwischen Juden und Heiden, Sklaven und Freien, Mann und Weib aufgehoben ist (Gal 3,26–29) und als Glieder der „neuen Schöpfung" alle gleichberechtigt sind, so werden doch die durch Natur oder Geschichte gegebenen Unterschiede dadurch nicht einfachhin eingeebnet. Gal 3,26–29 geht nicht gegen das hierarchische Eheverständnis an, ruft nicht zur revolutionären Überwindung der Sklaverei und nicht zur stoisch-kosmopolitischen Überwindung der völkischen Eigenarten auf.

Besonders häufig warnt Paulus vor der Unzucht (1 Kor 5–6; Gal 5,19; Röm 6,19, 13,9.13; 1 Thess 4,5–7) und fordert seine Gemeinden zu einem reinen Wandel vor den Heiden auf. Trunksucht und Gelage (Röm 13,13; 1 Kor 5,11; Gal 5,21) sowie heidnischer Götzendienst (1 Kor 10,7.14–22) sind nicht nur in sich verwerflich, sondern stellen gefährliche Gelegenheiten zur Unzucht dar.

Auch für den Gebrauch der materiellen Güter gibt Paulus konkrete Weisungen. Er verwirft die Habsucht als typisch heidnisches Laster (Röm 1,29; 1 Kor 5,11; 6,10; Eph 4,19; 5,3.5; Kol 3,5) und verlangt Ehrlichkeit in Handel und Wandel, innere Freiheit gegenüber Besitz und Reichtum (1 Kor 1,26–28; 2 Kor 9,6–11; 1 Thess 4,6; Röm 12,13), redliche Arbeit zum Erwerb des täglichen Lebensunterhalts (1 Thess 4,11 f.; 5,14; 2 Thess 3,6–10; 1 Kor 9,12) und zuchtvolle Freiheit in Essen und Trinken (1 Kor 11, 17–34; Röm 14).[120]

Hinsichtlich spezieller Probleme, die sich aus der Existenz christlicher Gemeinden ergeben, läßt Paulus die Gläubigen gleichfalls nicht im Stich. Er gibt konkrete Richtlinien für die Entscheidung von Rechts- und Vermögensangelegenheiten (1 Kor 6), für die Teilnahme an heidnischen Kultmählern und das Essen von Götzenopferfleisch (1 Kor 8–10) sowie für die Einstellung zum Fleischgenuß (Röm 14; Kol 2,20 ff.).[121]

Die Form, in der Paulus seine sittlichen Warnungen und Mahnungen ausspricht, ist verschieden. Sie finden sich teilweise in längeren oder

[120] Zu Einzelheiten vgl. etwa *R. Schnackenburg*, Die sittliche Botschaft des Neuen Testamentes 238—241; *L. H. Marshall*, The Challenge of New Testament Ethics 278—349; *C. Spicq*, Théologie morale du Nouveau Testament II, 481—566. 816—827; *R. Völkl*, a. a. O. 195—284; *K. H. Schelkle*, a. a. O. 305—307.

[121] Vgl. *R. Schnackenburg*, a. a. O. 235 f.

kürzeren paränetischen Einzeltexten (1 Thess 4,11 f.; 5,14–24; 2 Thess 3,6–15; 1 Kor 7; Röm 13,1–7), teilweise werden sie in vorgeprägten Schemata entfaltet; hier sind vor allem die Haustafeln (Kol 3,18–4,1; Eph 5,22–6,9; 1 Tim 2,8–15; Tit 2,1–10, großenteils also keine originär paulinischen Quellen) und die Tugend- und Lasterkataloge zu nennen, die in deskriptiver (1 Kor 6,9 f.; Gal 5, 19–23; Röm 1,19–32; Eph 5,5–9) oder paränetischer (1 Kor 5, 9–12; 2 Kor 6,14–7,1; Röm 13,12–14; Kol 3,5–9. 12–14) Version den Gemeinden wohl schon bei der Missionierung vermittelt worden sind. Auch die Einzelmahnungen waren vermutlich von Anfang an im christlichen Kerygma impliziert; das ergibt sich daraus, daß sie schon in den frühen Briefen als „Überlieferungen" (1 Kor 11,2; 2 Thess 2,15), als „Weisungen" (1 Thess 4,2) und als „Wege" (1 Kor 4,17; 12,31 b) bezeichnet werden.
Diese Hinweise zeigen deutlich, daß Paulus in seiner Predigt und in seinen Briefen für alle Bereiche des weltlichen und auch des innergemeindlichen Lebens eine Fülle konkreter sittlicher Weisungen gegeben hat.

Herkunft der weltethischen Weisungen

Die neuere Forschung hat festgestellt, daß die paulinischen Briefe nirgendwo direkte wesentliche stoische Einflüsse aufweisen.[122] Immerhin kam Paulus aus Tarsus, einer Stadt, aus der eine Reihe von Stoikern stammte und in der man traditionsgemäß viel Eifer auf Philosophie und allgemeine Bildung verwandte. Es kann kein Zweifel bestehen, daß Paulus als geistig aufgeschlossener Mensch sich einen Zugang zur hellenistischen Bildung verschafft und in gewisser Weise auch mit der Stoa in Kontakt gekommen ist.
Tatsächlich treffen wir bei ihm auf eine Reihe in der stoischen Popularphilosophie gängiger Grundbegriffe. Der Begriff des „Tugendhaften" findet sich nur einmal (Phil 4,8), öfters schon stoßen wir auf die Begriffe des „Zukommenden" oder „Geziemenden" bzw. des „Schändlichen" (Phm 8; Kol 3,18; Eph 5,4; 5,12), mit denen die Stoa Übereinstimmung bzw. Nichtübereinstimmung eines Verhaltens mit dem als verbindlich anerkannten Anspruch der Vernunft und

[122] Vgl. *A. Bonhoeffer*, Epiktet und das Neue Testament; *M. S. Enslin*, The Ethics of Paul, Cambridge 1930; *M. Pohlenz*, Paulus und die Stoa; *L. H. Marshall*, The Challenge of New Testament Ethics 234; *K. H. Schelkle*, Theologie des Neuen Testaments III, 211 f.

der Umwelt zum Ausdruck brachte. Sehr häufig tauchen bei Paulus die Begriffe „Gewissen" und „Natur" auf, die zweifellos grundlegende Vorstellungen der Stoa wiedergeben. Phil 4,8 klingt fast wie eine Zusammenfassung der den Zeitgenossen geläufigen popularphilosophischen Ethik: „Endlich Brüder, was wahr, was würdig, was recht, was heilig, was liebenswürdig, was anziehend, was tugendhaft, was lobwürdig ist – darauf seid bedacht." Vielleicht sollte man diese und ähnliche Hinweise, so beiläufig sie auch gegeben erscheinen, nicht unterschätzen. L. Nieder[123] hat zwar kürzlich erst festgestellt, daß den popularethischen Motiven bei Paulus „nur geringe Bedeutung" zukommt und daß die gleichlautenden Begriffe „meist nur formelle Anleihen an rhetorische Formeln und Vokabeln (sind), die fast immer nachweislich mit neuem Inhalt und christlicher Begrifflichkeit gefüllt werden". Im Blick auf Phil 4,8 meint R. Schnackenburg[124], die Christen sollen hier nicht auf ein „bürgerliches Tugendideal" hingelenkt werden, ihr Ziel sei vielmehr der „Wille Gottes": „Paulus weist ja auch sonst in diesem Brief seinen Lesern ein ganz anderes Ziel: die himmlische Berufung (Phil 3,12–14), und ein ganz anderes Menschenbild: den christusförmigen Menschen (3,10), der einst ... seinem verklärten Herrn auch äußerlich durch Gottes Macht gleichgestaltet werden soll (3,21)." Aber steht dem wirklich entgegen, daß der Wille Gottes hinsichtlich konkreter Entscheidungen innerhalb des Weltlebens mit der Vernunft aufgedeckt und in vernünftig entwickelten ethischen Systemen oder Katalogen artikuliert wird? Steht denn das christliche Ethos dem vernünftig-humanen Ethos widersprüchlich oder auch nur gleichgültig gegenüber? C. Spicq, der das christliche Proprium der neutestamentlichen und im besonderen der paulinischen Ethik mit der bisher größten Ausführlichkeit herausgearbeitet hat, hebt zwar auch hervor, daß das Neue Testament selten auf Anregungen der rechten Vernunft zurückgreife, stellt aber doch in aller Klarheit fest, daß die natürliche Ordnung durchgehend dem christlichen Ethos zugrunde liegt und daß dieses sich ins Nichts auflöse, wenn es sich nicht auf eine prinzipiell für gut gehaltene „Natur" stützte.[125]

[123] Die Motive der religiös-sittlichen Paränese in den paulinischen Gemeindebriefen 135.

[124] Die sittliche Botschaft des Neuen Testamentes 245.

[125] *C. Spicq*, La morale paulinienne 67f.; Théologie morale du Nouveau Testament 394: „Mais à y réfléchir quelque peu, il apparaît que cet ordre naturel est partout sous-jacent, et que la morale néo-testamentaire s'évanouirait, si elle ne reposait sur une nature, supposée bonne en elle-même." Vgl. a.a.O. 394–406; *L. Berg*, Naturrecht im Neuen Testament.

C. Spicq und L. Berg sammeln eine große Zahl von Stellen, aus denen die hohe Bedeutung ersichtlich wird, die das Neue Testament im allgemeinen und Paulus im besonderen der menschlichen Vernunft zubilligen. Worte, die erkennen, wissen, urteilen, überzeugen, zustimmen und ähnliches bedeuten, kommen im Neuen Testament fast 800mal vor. Der menschliche Geist ist – um nur einiges zu erwähnen – zu rechtem Erkennen und Verstehen fähig (1 Kor 10,15). Er vermag die rechten Mittel zu einem Ziel zu erkennen (1 Kor 9, 24–27), die Unvereinbarkeit von Gegensätzen festzustellen (2 Kor 6,14–16), die Dinge des gewöhnlichen Lebens sachgemäß zu beurteilen (1 Kor 6,5). Darum spricht die Offenbarung den Menschen in seiner geistigen Struktur an (Röm 12,3; 6,13; 2 Kor 10,11; 2 Tim 3,8). Darum appelliert auch Paulus an die gesunde Vernunft in seinen Gemeinden (1 Kor 14,20; Kol 1,9; Eph 5,15–17). Schließlich hatte ja auch Jesus selbst es ähnlich gehalten und – wie wir sahen – den Unverstand genau so zu den „bösen Dingen" gerechnet wie Unzucht, Diebstahl, Mord, Ehebruch, Habgier, Bosheit, Arglist, Ausschweifung, Neid, Lästerung und Hochmut (Mk 7,22).

Fast selbstverständlich und deswegen eben auch wie beiläufig formuliert Paulus – bzw. formuliert man im Kreis um Paulus – naturrichtiges Verhalten, wobei die zeitgeschichtliche Gebundenheit mancher Auffassungen die Geschichtlichkeit des „Naturrechts" eindrucksvoll unterstreicht: hinsichtlich etwa der Haartracht von Mann und Frau (1 Kor 11,4), der Pflege der verschiedenen Glieder des Leibes (1 Kor 12,22–26), der Liebe zum eigenen Leib (Eph 5,29), der Stellung des Mannes in der Ehe (Eph 5,23; 1 Tim 2,12), der pädagogischen Anpassung an die Bedürfnisse und die Aufnahmefähigkeit des jeweiligen Alters (1 Kor 3,2), der Ordnung der menschlichen Gemeinschaft (1 Kor 12, 12 f.; Röm 13,1–7) oder des gerechten Lohnes (1 Kor 3,8; Röm 4,5; Kol 4,1). Woher soll Paulus, woher der Mensch überhaupt wissen, wie man richtig lebt, wenn es nicht „die Natur selbst lehrte" (1 Kor 11,14)? Angesichts dieses Befundes versteht man die lapidare Feststellung C. Spicqs: „Die Moral existiert außerhalb der Schrift – La morale existe hors de l'Ecriture."[126] Ehe sie in die Schrift aufgenommen und als natürliches Fundament des christlichen Ethos etabliert wird, besteht sie bereits als Schöpfung der menschlichen Vernunft. Das christliche Ethos setzt sich solch humaner Ethik keineswegs entgegen. „Im gewissen Sinn ist nichts menschlicher

[126] Théologie morale du Nouveau Testament I, 398.

als die neutestamentliche Moral."[127] Das schließt nicht aus, sondern ein, daß solche Vollkommenheit – in der religiösen Sprache formuliert – nur mit Hilfe der Gnade erreicht werden kann. Paulus hebt auch dies gewiß mit allem Nachdruck heraus, doch er bleibt dabei: „Ich weiß und bin davon im Herrn Jesus überzeugt, daß an sich nichts unrein ist" (Röm 14,14). Andererseits führt gewiß der rechte Gebrauch der Welt allein und als solcher genau so wenig zum Heil wie im Alten Bund die Erfüllung des Gesetzes. Wir stellen also fest: In der Welt naturrichtig zu leben, lehrt uns die Vernunft, zum Heil zu führen vermag nur die Erlösungstat Jesu Christi. Diese aber ergreift den Menschen in seiner konkreten welthaften Existenz. Was E. Käsemann von der exusia in Röm 13 sagt[128], gilt von allen Gegebenheiten der Welt: Die Christen leben in keiner anderen Welt, sondern „bekunden mit ihrem Tun, daß die Erde mit allem, was sie enthält, dem Herrn gehört (und) von ihm nicht aufgegeben ist". Ethik bleibt als solche bestehen, aber sie wird in den Kontext des christlichen Kerygmas integriert.

Was bis jetzt über die popularphilosophischen Begriffe und Vorstellungen gesagt wurde, gilt im besonderen für die Haustafeln sowie für die Tugend- und Lasterkataloge. In den Haustafeln greift Paulus ganz offensichtlich auf stoisches, volksethisches und jüdisches Traditionsgut zurück. Das entscheidende Moment der paulinischen Neugestaltung lag nicht eigentlich darin, daß der Apostel im Unterschied zur Stoa, wo mehr die Stände der Männer, Frauen, Kinder, Herren und Sklaven als solche angesprochen wurden, die mitmenschlichen Beziehungen zwischen den Einzelständen in den Vordergrund rückte. Viel bedeutsamer ist die vom Apostel vollzogene Einordnung der überkommenen Standeslehre in den christlichen Begründungszusam-

[127] A.a.O. 404: „En un sens, rien de plus humain que la morale Néo-testamentaire. Elle dénonce les mêmes vices et prescrit les mêmes vertus que les codes juifs, grecs et romains, et c'est dire qu'elle rejoint les requêtes de la conscience universelle. Le Seigneur et des Apôtres font précisément fond sur la rectitude du jugement des hommes pour recommander la vie Chrétienne comme une réalisation parfaite de moralité." Darum kann die „christliche Moral" nicht eine völlig neue Moral sein. Vgl. *E. F. Scott*, The ethical teaching of Jesus 13: „The great principles of the moral law have been apparent to earnest men in all times. They are bound up with the facts of life, and no one has ever reflected seriously on life without catching some glimpse of them. We know them to be valid for no other reason than that they have approved themselves, age after age, not merely to exceptional men but to the common experience of the race."

[128] Grundsätzliches zur Interpretation von Röm 13, in: Exegetische Versuche und Besinnungen, Bd. II, Göttingen 1964, 207.

menhang. Nicht weniger als achtmal stellt der Kolosserbrief in seiner Haustafel (3,17–4,1) den Bezug zum Kyrios (Jesus) ausdrücklich her. Damit macht er allerdings zugleich auch wieder deutlich, daß die Treue zum Kyrios sich im selbstlosen mitmenschlichen Dienst innerhalb der sozialen Grundbeziehungen, im Dienst an der fruchtbaren Gestaltung ihrer Strukturen und an der Verwirklichung ihrer anthropologischen Sinnhaftigkeit bewähren muß.[129]

Tugend- und Lasterkataloge finden sich in der stoisch-kynischen Diatribenliteratur, in der die Systematik der Schule durch Begriffe aus der alltäglichen Wirklichkeit ergänzt worden sind. Von hier aus und von der alttestamentlichen Paränese, die vergleichbare Tugend- und Sündenaufreihungen entwickelt hat, sind die Kataloge in die neutestamentliche Verkündigung eingegangen.[130] Ganz offensichtlich hat sich die jüdische Tradition stärker durchgesetzt. Das zeigt sich darin, daß die entscheidenden Termini der stoischen Ethik (apatheia, ataraxia, eudaimonia) bei Paulus fehlen. Daß gewisse Affekte bzw. Sünden (thymos, zelos, orge, phthonos u. a.) in den stoischen und paulinischen Katalogen gleicherweise vertreten sind, beweist nur, daß ihre Bekämpfung vom Ideal der ataraxia her genau so erforderlich war wie von dem der agape.[131] Das christliche Proprium tritt, wie bei den Haustafeln, so auch in den Tugend- und Lasterkatalogen unübersehbar hervor. 1 Thess 5,12–24 bringt eine Reihe von Mahnungen allgemein menschlicher Art (zu gegenseitiger Hochschätzung und Anerkennung, zum Frieden, zur geduldigen Zurechtweisung Unbotmäßiger, zur Tröstung der Kleinmütigen und Schwachen, zum Verzicht auf Vergeltung u. a.), rückt sie aber unverzüglich in das Licht des christlichen Kerygmas: „Das will Gott von euch in Christus Jesus. Löscht den Geist nicht aus ... Er selbst, der Gott des Friedens, heilige euch im vollen Maße. Euer Geist und eure Seele und euer Leib bleibe makellos bis zur Ankunft unseres Herrn Jesus Christus. Getreu ist, der euch berufen hat: Er wird es auch vollenden." Auch Kol 3,5–11 bleibt nicht in jüdischen Lohn- und Strafvorstellungen

[129] Vgl. *K. H. Schelkle*, Theologie des Neuen Testaments III, 214 f.

[130] Vgl. *A. Vögtle*, Die Tugend- und Lasterkataloge im Neuen Testament 57—92; *S. Wibbing*, Die Tugend- und Lasterkataloge im Neuen Testament und ihre Traditionsgeschichte unter besonderer Berücksichtigung der Qumran-Texte 30—76; *E. Kamlah*, Die Form der katalogischen Paränese im Neuen Testament, Tübingen 1964; *K. H. Schelkle*, a. a. O. 213 f.

[131] Vgl. *A. Vögtle*, a. a. O. 198—237; *M. Pohlenz*, Paulus und die Stoa 81 f.; *H. Preisker*, Das Ethos des Urchristentums 189—191.

stecken, sondern verweist auf das Ausziehen des alten Menschen und das Anziehen des neuen sowie auf die Überwindung aller Ungleichwertigkeiten durch Christus.

Wir sehen: Paulus nimmt die überlieferten heidnisch-jüdischen Laster- und Tugendlisten in völliger Unbefangenheit auf, weil sie die ungeordnete und unfruchtbare bzw. die geordnete und fruchtbare Gestaltung menschlichen Daseins richtig darstellen; aber er weist sie in einen neuen Sinnhorizont ein und deckt die in diesem Sinnhorizont implizierten Motivationen auf. Er entwickelt nicht von sich aus, als Vermittler des Kerygmas, ein neues und spezifisch christliches material-ethisches Programm. „Paulus muß nicht darüber aufklären, was das Gute sei, muß nicht neue Gebote formulieren. Er darf voraussetzen, daß (die Gläubigen) es wissen ... Auch der Heidenchrist hat in der Gemeinde Christi keine neue Ethik zu lernen." In Phil 4,8 nennt Paulus „lauter Normen und Werte, die im griechischen Idealismus zu Hause sind. Alldem sollen auch die Christen als einer allgemein menschlichen Verpflichtung, einem unbedingten Sollen, nachsinnen ... Die angeführten, der Welt des Hellenismus entstammenden Begriffe nimmt Paulus für seine christliche Erlösungsbotschaft in Anspruch; und darin liegt die Überlegenheit des Evangeliums, daß es sie nicht nur als Aufgabe stellt, sondern auch als Gabe und Kraft vermittelt."[132]

[132] *R. Liechtenhan,* Gottes Gebot im Neuen Testament 79 f. Vgl. auch *H. Preisker,* a. a. O. 192. 247: „Das Neue des paulinischen Christentums ist das Wie, das Woher, die Begründung, der Quellpunkt der Lebensführung. Man hält sich an jüdische Formeln, weil das jüdische Gesetz den Willen Gottes ausprägt. Aber es wird jetzt erfüllt, wie es von Anfang an gemeint ist ... So ist mit dem neuen Wie und Woher auch *das Was — nicht der Norm, aber der Gewalt nach neu geworden* ... Auf eine kurze Formel gebracht, werden wir sagen müssen: das besondere Gepräge und die damit gesetzte durchschlagende Kraft der urchristlichen Ethik ist darin gegeben, daß hier die Ethik mit der ureigenen christlichen Frömmigkeit verbunden ist. Die Ethik ist aus rationaler (Stoa), moralisierender (Judentum), kultisch-jenseitiger (Mysterien) Gebundenheit in die spannungsreiche Sphäre des Reichs-Gottes-Glaubens gefaßt." Zum Ganzen vgl. die sorgfältig differenzierenden Untersuchungen von *W. Schrage,* Die konkreten Einzelgebote in der paulinischen Paränese, vor allem 196—214, wo „das komplizierte Verhältnis von Aufgeschlossenheit und Übernahme einerseits, Abwehr und Korrektur andererseits" an etlichen Beispielen überzeugend veranschaulicht ist. Mit Recht verwahrt sich W. Schrage gegen die Auffassung, Paulus habe „unbewußt" und „unbesehen" jüdische und heidnische Paränese übernommen: Paulus hat ausgewählt und gesichtet, er hat da und dort den übernommenen Begriffen einen „neuen, spezifisch christlichen Sinn" gegeben, manche hat er sogar inhaltlich umgeprägt. Aber auch diese Umprägungen (z. B. in Phil 4,8 der Begriff dikaia, in Phil 2,3 und Kol 3,12 der Begriff tapeinosyne, dann die Bewertung der Frau, der Ehe, der Ehelosigkeit, der Ehescheidung, des Ehebruchs, der porneia) betreffen nicht die sozialen Strukturen als solche — die Forderung der Unauflöslichkeit der Ehe ausgenommen, obwohl auch sie bei Jesus und Paulus nicht absolut

Stellenwert der weltethischen Weisungen

Die sittlichen Einzelweisungen sind nach ihrer Tatsächlichkeit und nach ihrer außer- bzw. vorbiblischen Herkunft nicht zu bestreiten. Man sollte ihre Bedeutung nicht herunterspielen. Nach H. Preisker[133] hätte sich für Paulus das Aufzählen einzelner Tugenden erübrigt, wenn ihm die bei Jesus selbstverständliche Einzigartigkeit und Radikalität der Liebes-Forderung noch voll bewußt gewesen wäre; in Röm 12,20 (ähnlich in Gal 6,10 und Röm 12,18) glaubt H. Preisker einen „ganz befremdlichen Ton" zu vernehmen: hier habe „ein im Judentum oft vertretener Standpunkt (‚feurige Kohlen auf das Haupt des Feindes sammeln') die urchristliche Haltung in ihrem Herzstück getroffen". In ähnlicher Weise hält L. H. Marshall[134] für die „im Geiste Lebenden", die ja den Willen Gottes von innen her kennen, die Konkretisierung dieses Willens in einzelnen Weisungen eigentlich für „überflüssig"[135].

Aus solchen Vorstellungen heraus werden die verschiedenen Versuche verständlich, den paulinischen Einzelforderungen die Spitze zu nehmen. Die einen sagten, die detaillierten Weisungen seien notwendig

neu ist —, sondern das sittliche Verhalten in den vorgegebenen sozialen Strukturen. Daß der christliche Sinnhorizont und die darin implizierte christliche Motivation auf die sittliche Haltung stimulierend wirken und darüber hinaus auch zur allmählichen Änderung menschenunwürdiger Strukturen (z. B. der Sklaverei und der institutionalisierten Inferiorität der Frau) führen müssen, soll nicht bestritten, sondern nachdrücklich betont werden.

133 Das Ethos des Urchristentums 181—184.

134 The Challenge of New Testament Ethics 220: Der Geist Gottes ist für den Christen „an adequate ethical guide ... If, as (Paul) maintained, the Christian is ‚dead of sin', and ‚alive to God', and through the gift of the Spirit has gained clear moral insight and the power to do the good he knows, all ethical exhortation was superfluous." Die konkreten Umstände schienen Paulus aber konkrete sittliche Explikationen notwendig zu machen.

135 *W. Schrage,* Zur formalethischen Deutung der paulinischen Paränese 208 f., deckt die Gründe auf, die für lange Zeit zu einer Abwertung bzw. Entschärfung der Einzelforderungen geführt haben: „Da ist zunächst das Bemühen, sich deutlich genug von aller Art Kasuistik abzugrenzen, die das neue Leben in ein engmaschiges Netz einzelner Vorschriften einfangen will; dann das Nein zu allen Ansätzen, die Einheit christlicher Lebensordnung zu zersplittern und zu atomisieren; weiter der Protest gegen allen legalistischen Formalismus, der sich mit bloß äußerlich-konkreter Erfüllung der einzelnen Gebote zufrieden gibt und die personale Bindung an den Herrn ebenso verdeckt wie den radikalen und totalen Charakter des geforderten Gehorsams; weiter das Hervorkehren des Unterschieds zu aller Uniformierung und Schablonisierung des neuen Lebens und endlich die Frontstellung gegenüber aller jüdischen und katholischen Ethik und der Einfluß philosophischer, vor allem idealistischer Ethik." Vgl. zum folgenden *W. Schrage,* a. a. O. 209—233.

geworden, weil das ursprünglich tragende Bewußtsein von der unmittelbaren Nähe der Parusie langsam dahingeschwunden und dadurch das Sicheinrichten in der Welt nötig geworden sei. Andere wollten den sittlichen Einzelweisungen nur eine provisorische Bedeutung zuerkennen; sie würden sich erübrigen, sobald die Freiheit, zu der Christus befreit habe, zur vollen Auswirkung komme. Wieder andere betrachteten die Einzelmahnungen als einen notwendigen Kompromiß, der durch den unausbleiblichen Zusammenprall des von Jesus verkündeten Ideals mit der menschlichen Lebenswirklichkeit nahegelegt, ja gefordert wurde. Eine vierte Richtung glaubte die ins einzelne gehende Paränetik dadurch um ihr Gewicht bringen zu können, daß sie ihr einen exklusiv konkret-aktuellen Charakter zusprach und ihre Bedeutung damit auf die einmaligen geschichtlichen Verhältnisse fixierte.

Nun kann gewiß der primär aktuelle Charakter der meisten sittlichen Weisungen in den Paulusbriefen nicht bestritten werden. Mancherlei persönliche, politische, soziale, rechtliche und wirtschaftliche Verhältnisse haben richtungweisende Stellungnahmen des Apostels (bzw. seiner Schüler) provoziert, und selbstverständlich haben der aktuelle Skopus und die konkrete geschichtliche Eingebundenheit diese Stellungnahmen so sehr mitgeprägt, daß man sie nicht einfach als zeitlos gültige und absolut verbindliche moralische Wertungen verstehen kann. Immerhin spricht einiges dafür, daß der unmittelbar aktuelle Charakter die „usuelle" Bedeutung der paulinischen Einzelmahnungen nicht aus-, sondern einschließt.[136] Die paulinischen Briefe waren wenigstens teilweise von vornherein und ausdrücklich auch für die Verlesung an weitere Kreise bestimmt (vgl. z. B. Gal 1,2; Kol 4,15 f.). Außerdem finden sich in ihnen Mahnungen, die nicht durch die spezielle Lage der Gemeinde und die unmittelbare Veranlassung des Gemeindebriefes bedingt waren (Röm 12–13; 1 Thess 4; Kol 3). Es wäre ja auch verwunderlich, wenn der Apostel in seinen Briefen nicht anderwärtig gegebene oder mindestens mögliche Situationen in prophylaktischen Eventualmahnungen mit ins Gespräch gebracht hätte (vgl. etwa 1 Kor 7,36 f.). Man sollte darum den aktuellen Charakter der Mahnungen nicht zum einzigen Kriterium der Interpretation deklarieren. Die von M. Dibelius geprägte Formel von der „usuellen Bedeutung" der paulinischen Einzelmahnungen

[136] Vgl. dazu *W. Schrage*, a. a. O. 225—233; *F. Böckle*, Was ist das Proprium einer christlichen Ethik? 153—159.

bringt in sehr glücklicher Weise sowohl ihren paradigmatischen als auch ihren verbindlichen Charakter zum Ausdruck. Die paulinischen Weisungen machen nämlich beispielhaft sichtbar, wie der Apostel sittliche Entscheidungen im Glauben und in der Liebe getroffen hat, und als biblische Zeugnisse verbieten sie es uns, daß wir uns an ihnen vorbeidrücken und sittliche Entscheidungen im puren Freistil oder in der bloßen Unterwürfigkeit gegenüber der normativen Macht des Faktischen vollziehen. Der Versuch, die einzelnen sittlichen Forderungen bei Paulus als „ethische Modelle"[137] zu bewerten, weist wohl in die gleiche Richtung. Mit den zeitgeschichtlichen Voraussetzungen, aus denen konkrete Weisungen, etwa 1 Kor 8–10, formuliert worden sind, fallen nicht auch schon die theologischen Prinzipien dahin, die bei ihrer Formulierung maßgebend waren. Paulus benützt die Auseinandersetzungen über das Essen von Götzenopferfleisch, um grundlegende Aussagen über die Verwirklichung der christlichen Freiheit in der Gemeinde zu machen. Auf den Kern dieser Aussagen stößt man freilich nur, wenn man die paulinischen Aussagen auf ihre „Sinnhaltigkeit" befragt, wenn man ihre „Intention", ihre „Aussage-Tendenz" aufspürt. J. Blank findet in dem Begriff des „ethischen Modells" (wie W. Schrage und F. Böckle in der Vorstellung der „usuellen Bedeutung" paränetischer Weisungen des Paulus) „Verbindlichkeit der Offenbarung" und zugleich „Freiheit der Besinnung auf das Typische" – jene beiden Voraussetzungen also, die eine sinnvolle und fruchtbare Interpretation der biblisch-sittlichen Einzelweisungen auf je gegenwärtige Situationen hin ermöglichen. W. Schweitzer[138] stellt überdies zutreffend fest, daß die sittlichen Weisungen schon deswegen nicht mechanisch interpretiert werden dürfen, weil ihnen sehr verschiedenes Gewicht zukommt. Das Verbot der porneia (1 Kor 5) oder die Stellungnahmen des Paulus hinsichtlich der Sklavenfrage (Gal 3,27 f.; 1 Kor 7,20.24), des Schleiertragens der Frauen beim Gottesdienst (1 Kor 11,16) und des Essens von Götzenopferfleisch (1 Kor 8–9) sind zwar durchweg klare sittliche Entscheidungen, aber unter sich doch von unterschiedlicher Bedeutung. Einen gültigen Maßstab für die konkrete Bewertung bietet freilich Paulus selbst, indem er alles an der zentralen Botschaft Jesu, an der Einheit von Glaube und Liebe bemißt. Mit W. Schweitzer muß man

[137] Vgl. zum folgenden *J. Blank*, Zum Problem „ethischer Normen" im Neuen Testament 360—362.

[138] Glaube und Ethos im Neuen und Alten Testament 134—140.

aber nachdrücklich betonen, daß das natürliche sittliche Urteil damit nicht außer Kurs gesetzt wird: „Das Unzuchtsverbot wird von uns als zeitlos gültig angesehen, weil trotz der großen Unterschiede, die sich im Bereich der Familie inzwischen ergeben haben, die mit diesem Verbot abgefangene Gefährdung der Familie unverändert geblieben ist."[139] Sogar in jenen Konflikten, die sich speziell aus dem Zusammenleben der Christen in den Gemeinden ergeben, ist eine Lösung nur möglich im Zusammenwirken von klarem sittlichen Urteil und Glaubensüberzeugung. Paulus beschließt seine Darlegungen über Fleisch- und Weingenuß in Röm 14 mit einem Grundsatz, der in der Geschichte der Moraltheologie mit Recht zu höchster Bedeutung gekommen ist: „Alles, was nicht aus Überzeugung geschieht, ist Sünde." Der Apostel verwendet für „Überzeugung" das gleiche Wort, das er sonst für „Glaube" setzt: pistis, und die Exegeten sträuben sich, für die Verwendung von pistis an dieser Stelle eine Sonderbedeutung anzunehmen. Der Glaube erscheint somit hier als die einheitliche religiöse Grundhaltung, in die auch das sittliche Urteil und die sittliche Überzeugung des Christen aufgehoben werden müssen.[140]

b) Das christliche Proprium des Weltethos

Heil und Ethos

Auf vielfache Weise hat Paulus umschrieben, was das neue Sein des Christen bedeutet, in welchen Sinnhorizont es ihn einweist und welches Sollen es ihm auferlegt. Der Christ ist den Mächten dieser Welt entrissen und zur Neuheit des Lebens befreit. „Als wir im Fleische waren, wirkten die durch das Gesetz geweckten sündhaften Leidenschaften in unseren Gliedern, so daß wir für den Tod fruchtbar waren. Nun aber sind wir des Gesetzes ledig, weil wir dem, was uns in Banden hielt, gestorben sind. Wir dienen also in einem neuen Geist und nicht in alten Gesetzesvorschriften" (Röm 7,5 f.). Hier wird jene Reziprozität von Heil und Ethos offenbar, die dem Urchristentum noch sehr wohl bewußt war. Eine so fundierte sittliche Paränese wurde zunächst den Taufbewerbern erteilt, aber es mußte auch den längst Getauften in Erinnerung bleiben, was die Taufe als Eröffnung des neuen Lebens für sie bedeutet und welche Forderungen sie in sich

[139] A. a. O. 136.
[140] Vgl. *R. Schnackenburg*, Die sittliche Botschaft des Neuen Testamentes 235 f.

schloß. In den Paulusbriefen gehen die paränetischen Aussagen zumeist unmittelbar aus dogmatischen Abschnitten hervor, wenn nicht – wie in Röm, Gal, Kol, Eph – der ganze Brief in einen dogmatischen und in einen paränetischen Teil zerfällt.

Daß Ethos und Heil zusammengehören, zeigen die grundlegenden Ausführungen von Röm 6.[141] Der „neue Wandel" ist nur möglich, weil der Glaubende durch die ihm in der Taufe vermittelte Heilstat des Herrn von der Macht der Sünde befreit ist. In der Taufe wird ihm zugleich die Möglichkeit eröffnet, die Forderung Gottes zu erkennen und zu erfüllen. So ist in Röm 6 die Ethik zunächst durch die Taufe ermöglicht und zugleich verbindlich auferlegt; die Taufe steht freilich nicht in sich selbst, sie ist lediglich die Weise, in der dem Glaubenden das Heilswerk Jesu vermittelt wird. Die neue Gemeinschaft mit dem Herrn begründet nicht nur die Freiheit von der Sündenmacht, sondern die Hoffnung auf die künftige Auferwekkung, die dem Glaubenden als Frucht der Auferstehung des Herrn zuwachsen wird. Die Taufsymbolik bringt die Neuheit des Heils und des Ethos in gleicher Weise zur Darstellung: Der Täufling wird hinabgetaucht in den Wassertod, dadurch stirbt der „alte Mensch" der Sünde und kann nunmehr, da er tot ist, nicht weiter sündigen; der Täufling wird aus dem Wassertod herausgehoben, darin versinnbildlicht sich das neue Leben, zu dem er durch den auferstandenen Herrn erweckt wird und das er nunmehr in der konkreten Wirklichkeit seines Daseins bewähren muß. Röm 6 bindet also die Ethik an die Taufe und damit an das Heilsgeschehen bis hin zur künftigen Auferweckung. A. Grabner-Haider[142] sieht „den Kern des Evangeliums und die damit gegebene feste Norm und Ausrichtung des Getauften" einerseits im Sterben Christi am Kreuz und im Mitsterben des Christen, andererseits in Christi Durchbruch zum neuen endgültigen Leben in seiner Auferstehung, in der Ermöglichung dieses Lebens für alle Menschen. „Für den Christen wird dieses neue Leben zur Aufgabe und Norm. Denn jetzt schon muß er dieses Leben beginnen, wenn es im Reich Gottes zur Vollendung kommen soll. Die alleinige Richtschnur für das Leben des Christen ist Christus: sein Dasein für die anderen, sein Sterben in der Selbstentfremdung des Menschen, sein neues und bleibendes Leben."

[141] Vgl. *N. Gäumann,* Taufe und Ethik 125—133; *R. Schnackenburg,* a. a. O. 216 f.
[142] Zur Geschichtlichkeit der Moral 266.

Was in Röm 6 grundsätzlich ausgesagt ist, läßt sich an zahlreichen paränetischen Einzelabschnitten konkretisieren.[143] Seine Mahnungen zu einem zuchtvollen Leben, zur geschäftlichen Redlichkeit, zu brüderlicher Liebe und zu einem stillen und arbeitsamen Leben in 1 Thess 4,1–12 will der Apostel als Mahnungen „im Herrn" bzw. „in der Kraft des Herrn" verstanden wissen und weist für die Begründung auf den Willen Gottes, auf das göttliche Wohlgefallen, auf den drohenden Zorn Gottes und auf die Gabe des hl. Pneuma hin. Im übrigen ist der ganze Abschnitt durch 3,13 und 4,13 ff. in einen eschatologischen Rahmen hineingestellt: Die Gläubigen seien bei der Ankunft Jesu untadelig und heilig vor Gott und unserem Vater. Wir sehen also, daß eine Reihe von materialen sittlichen Weisungen, die keineswegs genuin christlichen Ursprungs sind, mit christlichen Beweggründen unterbaut werden. In ähnlicher Weise werden allgemeine sittliche Warnungen vor Streitereien und weiteren katalogisch aufgeführten „Werken des Fleisches" in Gal 5,13–25 christlich motiviert: Die Gläubigen sind doch zur Freiheit befreit, sie gehören Christus an und sollen, da sie durch den Geist das Leben haben, nunmehr auch im Geiste wandeln. In 1 Kor 6,1–11 greift Paulus das Problem des Rechtssuchens innerhalb der christlichen Gemeinde auf: Für seine eindringliche Mahnung zum Rechtsverzicht oder doch, falls die Kraft zum Verzicht fehlt, für eine innergemeindliche Schiedsbarkeit – übrigens ist auch dies nicht eine völlig neuartige ethische Aufstellung! – beruft Paulus sich auf das Geheiligtsein der Gläubigen, auf die eschatologische Richterfunktion der hagioi über die Engel, auf den Ausschluß der Ungerechten aus dem Reiche Gottes, und zum Schluß erinnert er sie an die Taufe: „Ihr seid abgewaschen, ihr seid geheiligt, ihr seid gerechtfertigt im Namen unseres Herrn Jesus Christus und im Geiste unseres Gottes" (6,11).
Da 1 Kor 7 wegen der komplexen Thematik in diesem Zusammenhang zuviel Raum beanspruchen müßte, sei als letztes Beispiel die Behandlung der Unzucht durch Paulus erwähnt. In 1 Kor 5 tadelt er das Verhalten der Gemeinde in einem Fall von Blutschande. Nachdem er ihr mit Hilfe der Analogie des Sauerteigs demonstriert hatte, wie untragbar ihr Verhalten sei, weist er auf die durch Christi

[143] Vgl. für eine genauere Auslegung neben den gängigen Kommentaren die einschlägigen Stellen bei *R. Schnackenburg*, Die sittliche Botschaft des Neuen Testamentes; *R. Völkl*, Christ und Welt nach dem Neuen Testament; vor allem *N. Gäumann*, Taufe und Ethik 111—123.

Opfertod vollzogene Reinigung hin (darum sollte die Gemeinde den Unreinen ausschließen), verlangt aber nicht, daß die Gemeindemitglieder mit lasterhaften Menschen dieser Welt ganz generell den Umgang abbrechen („sonst müßtet ihr ja diese Welt verlassen"). Es taucht hier der Gedanke der „familia Dei" auf: „Die Aufgabe der Gemeinde ist nicht das Richten über die Welt, sondern die Reinerhaltung des eigenen Hauses."[144] Sehr viel reichhaltiger und vielfältiger sind die Motive, die Paulus in 1 Kor 6,12–20 anführt, um seine Gemeinde von der Unzucht fernzuhalten. Er zögert zunächst nicht, sinnvolle natürliche Beweggründe in Erinnerung zu rufen. Dem libertinistischen „Alles ist erlaubt" tritt er mit dem Hinweis entgegen, daß nicht alles Nutzen bringt. Auf den Einwand, daß alles in unserer Gewalt stehe, erinnert er an die natürlich-sittliche Pflicht, daß wir uns von nichts vergewaltigen lassen dürfen. Im Bereich einer rein humanen Ethik verbleibt auch noch der Hinweis, daß die Unzuchtssünde nicht außerhalb des Leibes verbleibt, sondern gegen den eigenen Leib, d. h. gegen die Ordnung der gesamtmenschlichen Wirklichkeit verstößt. Dann aber bringt Paulus die spezifisch christlichen Gründe gegen die Unzucht vor: Der Leib ist nicht für die Unzucht, sondern für den Herrn da; der Herr wird uns auferwecken durch seine Macht; wer in der Gemeinschaft mit Christus lebt, kann nicht einer Dirne anhängen; der Leib ist Tempel des Heiligen Geistes. Dies alles muß den Christen davor warnen, sich der Unzucht preiszugeben, und dazu ermahnen, in seinem Leibe Gott zu verherrlichen. Im übrigen setzt Paulus als bekannt voraus, was er mit Unzucht (porneia) meint; er setzt auch als selbstverständlich voraus, daß seine Adressaten deren unsittlichen Charakter kennen. Er will keine christliche Sonderethik entwerfen, er will vielmehr eine von Menschen mit wachem sittlichem Bewußtsein bereits erkannte Forderung von den Grundaussagen des christlichen Kerygmas her neu und vertieft begründen. Paulus setzt durchweg voraus, „was als moralisch und was als unmoralisch zu bewerten ist. Die meisten seiner Entscheidungen oder Ratschläge zu Einzelfragen lassen sich ihrem materialen Gehalt nach auch in der damaligen Umwelt nachweisen. In den paulinischen Ausführungen werden keinerlei Bestrebungen sichtbar, eine neue christliche Moral zu begründen."[145] Das christliche Proprium des Sittlichen besteht nach Paulus vielmehr darin, daß die humanen ethischen For-

[144] *N. Gäumann,* Taufe und Ethik 116.
[145] *N. Gäumann,* a. a. O. 121 f.

derungen in den christlichen Begründungszusammenhang eingeordnet und daß die von Christus Geheiligten durch ihren Glauben und ihre Liebe zu optimaler sittlicher Verwirklichung aktiviert werden.

Christliche Motivation des Ethos

In seiner Untersuchung „Die Motive der religiös-sittlichen Paränese in den paulinischen Gemeindebriefen" hat L. Nieder einen interessanten Einblick in die Vielfältigkeit christlicher Begründung des Sittlichen verschafft. Er handelt im einzelnen vom Heilswillen Gottes, von der Person und dem Werk Christi sowie von der Verbundenheit des einzelnen Gläubigen und der ganzen Gemeinde mit ihm, von der Heiligkeit der Kirche und ihrer Zugehörigkeit zur Endzeit, vom Pneuma als der tragenden Kraft christlicher Existenz, vom neuen Leben und den damit verliehenen Heilsgütern, von den Endereignissen und dem kommenden Äon und schließlich auch von der Gefährdung des durch die Taufe vermittelten Heils.[146] Die negativen Motivationen spielen also gegenüber den positiven eine auffallend geringe Rolle. Paulus übergeht sie zwar nicht, wenn er von den Verkehrtheiten eines lasterhaften Wandels abschrecken will. Aber es geht ihm vor allem darum, daß die zur Freiheit Berufenen sich dem göttlichen Heilswirken und der drängenden Kraft des Pneumas mit ganzer Offenheit anheimgeben. Offensichtlich ist dem Apostel in der Paränese stets die ganze Fülle des Kerygmas mit seiner sittlich aktivierenden Stoßkraft gegenwärtig. Dabei ist im Einzelfall oft nicht auszumachen, warum er gerade diese Aspekte der Heilsverkündigung in Erinnerung bringt und andere unerwähnt läßt. L. Nieder[147] hat übrigens in der paulinischen Paränese eine deutliche Entwicklung von einer mehr „theo"-logischen zur mehr christologischen Motivierung aufgedeckt. In den Thessalonicherbriefen stützt sich der Apostel noch stärker auf den Gottesgedanken, während in den vier Hauptbriefen Christus und sein Heilswerk in den Vordergrund treten. Eine spürbare Beeinflussung durch popularethische Motive zeigt sich dann in den Gefangenschaftsbriefen. Den eigentlichen Anstoß zur christozentrischen Wende findet L. Nieder im Galaterbrief; durch die Aus-

[146] Vgl. auch *R. Liechtenhan*, Gottes Gebot im Neuen Testament 84—97, und *L. H. Marshall*, The Challenge of New Testament Ethics 250—266.

[147] Die Motive der religiös-sittlichen Paränese in den paulinischen Gemeindebriefen 141—143.

einandersetzung mit den Judaisten in den Gemeinden Galatiens sei Paulus gezwungen gewesen, sich selbst und seinen Adressaten genauere Rechenschaft über den eigentlichen Inhalt des christlichen Kerygmas zu geben.[148]

Nicht nur die Moraltheologie, sondern auch Exegese und biblische Theologie haben, wie schon bei der Darstellung des jesuanischen Ethos bemerkbar wurde, immer wieder den Versuch gemacht, aus der Vielfältigkeit der Motivation des Sittlichen bei Paulus bzw. seinen Schülern einen einzelnen Aspekt herauszustellen, der mit guten Gründen als zentrale Idee angesprochen werden kann und dem sich die anderen Aspekte sinnvoll ein- oder unterordnen lassen: das Reich Gottes, die Nachfolge Christi, das eschatologische Kerygma, die Kirche als Leib Christi, das Heilige Pneuma, die Agape, die christliche Freiheit oder das „Sein in Christus".[149] Wenn diese Versuche nicht recht gelingen wollen, so wird daran deutlich, daß die Komplexität der neutestamentlichen Ethik durch keine Systematisierung aufgelöst werden kann. Die verschiedenen Aspekte heben jeweils nur eine Seite des Ganzen heraus, und deswegen darf keiner von ihnen durch Etablierung zum „Moralprinzip" verabsolutiert werden. Darum hat man Ansätze auf breiterer Basis versucht. C. Spicq etwa hat „die trinitarische Struktur der paulinischen Moral" sichtbar zu machen gesucht: Die Initiative des allgemeinen Heils kommt vom Vater; der Glaubende muß mit totaler Hingabe und Dankbarkeit antworten. Der Wille des Vaters hat sich im Tod und in der Auferstehung des Herrn wirksam gezeigt; der Glaubende muß sich dem Tod und der Auferstehung des Herrn verbinden und beides in seinem Leben nach-

[148] Ein ähnliches Ergebnis bei *A. Humbert*, La morale de S. Paul 7–40. Er kommt bei seinen Untersuchungen zu 3 Gruppen: (1) 1.2 Thess; (2) 1.2 Kor, Gal, Röm, Phil; (3) Kol, Eph. Auch er arbeitet klar heraus, daß die Interventionen Gottes in die Menschheit „normativ" sind: „... notre point de vue d'envisager les vérites religieuses en fonction des vérités morales qui en découlent" (11). Sein Ergebnis: Die Moral des Paulus ist „une morale du plan du salut". Moral und Religion sind untrennbar verbunden. Paulus hat zwar kein intellektuelles und logisches Moralsystem aufgerichtet, aber er hat einen fruchtbaren Weg eröffnet, indem er gezeigt hat, „comment, à partir des réalités qui constituent le plan du salut, on pouvait construire une morale positive, dynamique et promotrice des valeurs chrétiennes" (43f.). Vgl. auch *R. Völkl*, Christ und Welt 179–341.

[149] Zu Letztgenanntem vgl. den instruktiven Überblick über die Interpretationen von A. Deissmann bis herauf zu denen von E. Percy (1942), F. Neugebauer (1961) und M. Bouttier (1962) bei *H. van Oyen*, Zur Deutungsgeschichte des „En Christo"; ferner *W. Kramer*, Christos Kyrios Gottessohn, in: Abhandlungen zur Theologie des Alten und Neuen Testamentes 44 (1963) 139–144; *H. Conzelmann*, Grundriß der Theologie des Neuen Testaments 232–235.

bilden. Der Heilige Geist nimmt den Glaubenden durch die Taufe in Pflicht; darum muß dieser sich den Erleuchtungen, den Führungen, den Ermunterungen und Stärkungen des Heiligen Pneuma anheimgeben.[150]
Am ehesten befriedigt der schon früher erwähnte Versuch R. Schnakkenburgs, der das Hauptmotiv der paulinischen Paränese in dem „bereits erfolgten Heilswirken Gottes durch Christus" sieht. Dieses Hauptmotiv gliedert er in vier Grundstrukturen auf, die er aus dem gesamten Neuen Testament, im besonderen aber aus den Paulusbriefen aufweist: Neutestamentliche Sittlichkeit ist religiös-responsorisch geprägt, insofern in ihr der Mensch sich vor dem offenbarenden Gott verantworten muß; sie ist christozentrisch geprägt, insofern der Mensch durch Glaube und Taufe zum Nach- und Mitvollzug des Christusweges gerufen ist; sie ist gnadenhaft-pneumatisch geprägt, insofern das sittliche Bemühen des Christen von der Kraft des Pneuma getragen ist; sie ist schließlich heilsgeschichtlich-eschatologisch geprägt, insofern auch die ethischen Forderungen von der eschatologischen Botschaft Jesu umfangen sind und der sittlich handelnde Christ sich auf dem Wege zur Parusie weiß.[151]
Auch A. Grabner-Haider[152] hat eine beachtliche Untersuchung vorgelegt. Er vertritt die Auffassung, daß man nicht einen einzelnen, wenn auch noch so zentralen Begriff des biblischen Kerygmas als das „Woraufhin der Paraklese" bestimmen könne. Nach seiner Darstellung gründet die paulinische Paraklese vielmehr „im eschatologischen Horizont des Christusgeschehens als Ganzem"[153]. Die Paraklese blickt auf das zukünftige Handeln Gottes, d. h. (nach dem Ergebnis der

[150] Vgl. *C. Spicq*, La morale paulinienne 47–63. Dieser „trinitarischen Struktur" sind einige „aspects secondaires" (morale de la sainteté, de l'amour, de l'intelligence religieuse, de la liberté de conscience ...) und eine eschatologische Begründung der Moral angefügt. Auch mit diesem Vorschlag ist die Fülle des Motivmaterials nicht befriedigend geordnet. Vgl. auch *C. Spicq*, Théologie morale du Nouveau Testament II 745–780.

[151] Vgl. *R. Schnackenburg*, Die neutestamentliche Sittenlehre in ihrer Eigenart; *ders.*, Neutestamentliche Theologie 102f.; *ders.*, Die sittliche Botschaft des Neuen Testamentes 223–230, wo der eschatologische Gesichtspunkt besonders herausgearbeitet ist; dies geschieht noch ausführlicher in dem Beitrag: Zwischen den Zeiten. Christliche Existenz in dieser Welt nach Paulus, in: Christl. Existenz nach dem Neuen Testament II, 9–32.

[152] Paraklese und Eschatologie bei Paulus, vor allem 79–112.

[153] A.a.O. 111. Vgl. auch *L. Cerfaux*, Le Christ dans la Théologie de saint Paul (Lectio divina, Bd. 6), Paris 1954, 47. 49: „On fonde sur la foi à la parousie les exigences de la vie chrétienne ... Toutes les principales manifestations de la vie chrétienne sont donc conditionnées plus ou moins profondement par l'attente de la parousie." Vgl. weiterhin *G. Hierzenberger*, Weltbewertung bei Paulus nach 1 Kor 7,29–31. Eine exegetisch-kerygmatische Studie, Düsseldorf 1967.

Einzelanalyse) auf den kommenden Tag Christi, auf seine endgültige Ankunft als Weltenrichter, auf seine Offenbarung als zukünftiger Retter, auf die Vollendung der Christusherrschaft, auf die künftige Lebensgemeinschaft mit dem Kyrios und auf den großen Entscheidungskampf, der dem Herrentag vorangeht. Aber auch im gegenwärtigen Handeln Gottes begründet Paulus seine Paränese, näherhin im Christusgeschehen des Todes und der Auferstehung und vor allem in der Teilnahme des Glaubenden an diesem Christusgeschehen (Taufe, Pneuma, Heiligkeit, Freiheit). Alles vergangene und alles gegenwärtige Handeln Gottes und alles menschliche Eingehen auf dieses göttliche Handeln zielt auf jene absolute Zukunft, die in der letzten noch ausstehenden Heilstat Gottes, auf welche Weise auch immer, heraufgeführt wird. Die Moraltheologie könnte solche eschatologische Begründung der Paränese mit großem Gewinn interpretieren und aktualisieren. In ihren klassischen Vertretern hat sie stets mit Nachdruck betont, daß im praktischen Handeln – und sittliches Handeln ist praktisches Handeln – das Ziel zum Prinzip wird. Der eschatologische Vorbehalt aus 1 Kor 7,29–31 würde, wenn er resolut in die Moraltheologie eingeführt würde, sie davor bewahren, daß sie durch ein unerleuchtetes Schöpfungsverständnis in blinde Weltbejahung oder durch ein unerleuchtetes Sündenverständnis in blinde Weltverneinung abgedrängt wird.[154]

Zusammenfassend kann folgendes festgestellt werden. Paulus entwirft nicht aus seinem Glauben an das Christusmysterium heraus eine neue, spezifisch christliche Materialethik. Vielmehr übernimmt er so gut wie durchweg die anerkannten und bewährten Verhaltensweisungen seiner Zeit. Seine Leistung besteht darin, daß er die von ihm vorgefundene humane Sittlichkeit in den durch das Heilsgeschehen begründeten Sinnzusammenhang hineinstellt. Der Glaubende muß seine Liebe zu Gott, die ihm durch Jesus Christus im Heiligen Geist als Möglichkeit erschlossen ist, im geordneten Ja zum Mitmenschen

[154] Zur Auseinandersetzung mit H. Brauns existentialer Interpretation der biblischen Eschatologie vgl. *W. Schrage*, Die Stellung der Welt bei Paulus, Epiktet und in der Apokalyptik. Auf die Frage, ob die paulinische Eschatologie neben der Motivkraft auch Normkraft habe, ob sie nur ein Dringlichkeitsmotiv sei oder die paulinische Ethik auch inhaltlich affiziere, geht *W. Schrage*, Zur formalethischen Deutung der paulinischen Paränese 214—218, ein; er vertritt die Auffassung, daß die Botschaft vom Ende der weltlichen Ordnungen sich auch im Umgang mit ihnen auswirke. Im Auslegen von 1 Kor 7 weist er auf die kritische Reserve gegenüber der Ehe, auf die zeitweilige Enthaltung vom ehelichen Geschlechtsverkehr, auf die Einstellung zur Mischehe und zur Ehescheidung und auf das Charisma der Ehelosigkeit hin.

und zur Welt verifizieren. Er muß seine Dankbarkeit gegen den Gott der Schöpfung, des Heils und der Vollendung durch die höchstmögliche Erfüllung des von ihm geschenkten und ihm aufgegebenen menschlichen Daseins bekunden. Die weltlichen Bereiche, in die auch der Christ verwiesen ist, müssen zu Bewährungsfeldern seines Glaubens und seiner Liebe werden. Dadurch werden Mitmensch und Welt dem Heilswillen Gottes entgegengetragen. Aus diesem Grund ist es von hoher Dringlichkeit, daß die Sittenlehre mehr als bisher in den heilsgeschichtlichen Kontext eingefügt wird.[155] Wie aber schon Paulus nicht darauf verzichten konnte, in einem der biblischen Offenbarung vorwegseienden Ethos Möglichkeiten der Konkretisierung der Grundstrukturen der christlichen Existenz aufzuweisen, so wird auch die Moraltheologie die den einzelnen Wirklichkeiten des menschlichen Daseins immanenten Werte und Ordnungskonstanten aufweisen müssen, damit eine sinnvolle Integrierung im christlichen Leben und ein „geisterfüllter Gottesdienst“ (Röm 12,1) möglich werden.[156]

[155] *E. Hamel*, L' Usage de l'Ecriture Sainte en Théologie morale 71: „... que la morale soit davantage insérée et présentée dans un contexte proprement chrétien, dans un contexte d'économie du salut.“

[156] Vgl. dazu die Darlegungen bei *A. Grabner-Haider*, Eschatologie und Paraklese bei Paulus 114–137, über die Leiblichkeit als Weg der Vermittlung der Einbeziehung des mitmenschlichen und welthaften Daseins in das Heilswirken Gottes. *E. Hamel*, L' Usage de l'Ecriture Sainte en Théologie morale 75, stellt mit Recht fest, daß die Bibel allein nicht ausreicht, eine „Theologie der irdischen Wirklichkeiten“ zu entwerfen. „Connaître la réalité biblique du travail, par exemple, est utile, mais ce n'est pas encore connaître l'essence même du travail, sa signification anthropologique. Ces réalités terrestres doivent donc être étudiées dans *leur être même*, avec les méthodes que requièrent ces réalités. Les monographies bibliques sur ces sujets seront éminemment utiles et fourniront bien des points de comparaison éclairants; mais si on s'en contente sans plus, on court le risque d'attribuer à une forme singulière une universalité qu'elle n'a pas, et de bâtir ainsi une théologie des réalités terrestres en dehors du réel concret.“

Exkurs:

Modelle aus der Geschichte der Moraltheologie

Der Befund, der sich aus dem Alten und Neuen Testament ergibt, hat Modellcharakter für die künftige Entwicklung, er impliziert Offenheit und Verbindlichkeit zugleich. Um die Spanne zwischen den geschichtlichen Anfängen und der Gegenwart wenigstens durch punktuelle Andeutungen in den Blick zu bringen, sei auf etliche Konzeptionen aus der Geschichte der Moraltheologie hingewiesen, in denen bei aller Differenz in der Ausgestaltung das biblische Modell in seinem strukturellen Kern unverkennbar hervortritt. Die altchristliche Paränese hat die anfallenden Bedürfnisse nach konkreten sittlichen Weisungen dadurch erfüllt, daß sie nach biblischem Muster auf überliefertes Spruchgut, auf Tugend- und Lasterkataloge, auf Ehe- und Familienspiegel und auffallend stark auch auf das Schema der „Zwei-Wege-Lehre" (Zwölf-Apostel-Lehre, Barnabasbrief, Pastor Hermae) zurückgegriffen hat. Für die Patristik hat J. Stelzenberger in einem bis heute unentbehrlichen Gesamtüberblick[1] eine Fülle wertvollen Materials zusammengetragen, geordnet und kritisch gewertet. Das Ergebnis ist eindeutig. Die patristische Sittenlehre hat weithin die wichtigsten ethischen Doktrinen der Stoiker inhaltlich adaptiert, vor allem die Lehren vom Naturrecht und vom naturgemäßen Leben, vom Gewissen und von der Pflicht, von den Tugenden und den Sünden.[2] Bald ist man noch weiter gegangen. Man hat ethische Schriften bedeutender Stoiker als ganze übernommen. So gibt es z. B. zwei Paraphrasen zu Epiktets Handbüchlein der Moral. In diesen Paraphrasen wurden Abstriche gemacht, wo Aussagen des heidnischen Autors mit dem christlichen Denken unvereinbar waren; es wurden viele Bibelstellen eingefügt; es hieß statt „Götter" natürlich „Gott"; wo „Sokrates" stand, schrieb man „Paulus", und heidnische Beispiele

[1] Die Beziehungen der frühchristlichen Sittenlehre zur Ethik der Stoa.
[2] Vgl. a. a. O. 95—438; zum folgenden 472—502.

der Tugend wurden durch solche aus dem Alten oder Neuen Testament ersetzt. Es bleibt aber bei dem Urteil J. Stelzenbergers: „Man nimmt ein Handbuch der heidnischen Antike und deklariert es als Lehrbuch der Moraltheologie."[3] Wie Epiktet, so haben auch Seneca und vor allem Cicero christliche Bearbeiter gefunden. Etwas ausführlicher sei auf das Verhältnis zwischen „De officiis" des Cicero und „De officiis ministrorum" des *Ambrosius* eingegangen.[4] Der enge Anschluß des Ambrosius an Cicero liegt offen zutage. Titel und Widmung (I,7,24) bezeugen ihn ebenso klar wie der gesamte Aufbau. Eine Menge konkreten Stoffes ist hier wie dort gleich. In sachlicher und teilweise wörtlicher Übereinstimmung mit Cicero handelt Ambrosius etwa von Denken und Begehren als den beiden Regungen der Seele[5], von der notwendigen Unterordnung der Begierde unter die Vernunft[6], vom Wesen der Gerechtigkeit und ihrem höheren Rang gegenüber der Klugheit[7], von der Ehrenhaftigkeit der Versprechen[8], von der Pflicht der Pietät gegen Gott, das Vaterland und die Eltern[9], von der Gründung des gesellschaftlichen Lebens auf Gerechtigkeit und Wohltätigkeit[10], von der zerstörenden Gewalt der Habsucht[11], von der sozialen Bedeutung der Ehre und der sittlichen Pflicht ihrer Verteidigung[12] und vielem anderen. Bemerkenswert ist vielleicht noch die erstaunliche Übereinstimmung hinsichtlich der bei den Stoikern gängigen, sonst jedoch bei keinem altchristlichen Ethiker anzutreffenden Ansicht, daß die Tugend das einzige und höchste Gut sei und zur Erlangung des ewigen Lebens ausreiche.[13] Nun ist allerdings zu beachten, daß Ambrosius Begrifflichkeit und Lehrgehalte der ciceroneanischen Ethik nur übernimmt, insofern er sie auch in der

[3] A. a. O. 487.
[4] Vgl. a. a. O. 491–502; *Th. Deman*, Le „De officiis" de Saint Ambroise dans l'histoire de la théologie morale, in: Revue des sciences phil. et théol. 37 (1953) 409–424, sowie *D. Löpfe*, Die Tugendlehre des hl. Ambrosius, Sarnen 1947 – beide mit Angabe der neueren und älteren Literatur, letzterer allerdings allzu indifferenziert um die christliche Eigenständigkeit des Kirchenvaters bemüht.
[5] Vgl. *Ambrosius*, De off. min. I, 22, 98 = *Cicero*, De off. I, 28, 101.
[6] Vgl. *Ambrosius* I, 22, 98 = *Cicero* I, 29.
[7] Vgl. *Ambrosius* II, 8, 43 = *Cicero* II, 9, 33–35.
[8] Vgl. *Ambrosius* III, 12, 76 = *Cicero* III, 24, 93 s.
[9] Vgl. *Ambrosius* I, 27, 127 = *Cicero* I, 17, 57 s.
[10] Vgl. *Ambrosius* I, 28, 130 = *Cicero* I, 7, 20.
[11] Vgl. *Ambrosius* I, 28, 137 = *Cicero* I, 8, 25.
[12] Vgl. *Ambrosius* I, 47, 226 s = *Cicero* I, 24; II, 8; 12.
[13] Belege bei *F. Wagner*, Geschichte des Sittlichkeitsbegriffes (Münsterische Beiträge zur Theologie 19), Bd. II, Münster 1931, 220.

Heiligen Schrift auffindet. Er meint im übrigen beweisen zu können, daß die biblischen Gestalten ihre Leidenschaften der Vernunft besser unterzuordnen verstanden als die Heiden.[14] Da er überdies von der These ausgeht, die biblischen Schriften seien älter als die Werke der Philosophen, kann er den Schluß ziehen, daß die wertvollen ethischen Einsichten der Philosophen aus der Schrift stammen. Heidnische Spässe, Rache, Notwehr sowie ein Recht auf Privateigentum lehnt er als mit der christlichen Ethik unvereinbar ab.[15] Christliches Eigengut sind die Ausführungen über die göttliche Vorsehung, über die Feindesliebe und natürlich über die Pflichten der Leviten.[16] Von geringerer Bedeutung im Hinblick auf die christliche Eigenständigkeit sind der Ersatz heidnischer durch biblische Beispiele und auch der Versuch, aus profanen Quellen entlehnte Begriffe und Lehren wenn irgend möglich doch noch biblisch zu „begründen". Das wirkliche christliche Proprium bei Ambrosius hat J. Stelzenberger mit der Formel „Zielsetzung und Motivierung der Sittenlehre"[17] klar umrissen. Während die Stoa Sittlichkeit (Tugend) und Glückseligkeit identifiziert, ist für Ambrosius die Tugend nur der Weg zur Glückseligkeit, und diese findet sich in vollkommener Weise nur in der ewigen Gemeinschaft mit Gott: „Wir aber bemessen ausschließlich nur das Schickliche und Ehrbare, mehr mit dem Maßstab des Zukünftigen als des Gegenwärtigen, und bezeichnen nur das für nützlich, was der Seligkeit des ewigen Lebens, nicht was der Lust des gegenwärtigen frommt."[18] Auch in der Motivation tritt das Christliche stark hervor; die ganze Pflichtenlehre wurzelt in den christlichen Grundhaltungen des Glaubens, der Hoffnung, der Liebe und in der sittlichen Vorbildlichkeit Jesu.[19]

Man wird, aufs Ganze gesehen, J. Stelzenberger recht geben, wenn er die Schrift „De officiis ministrorum" des Ambrosius als Paraphrase von Cicero's „De officiis" bezeichnet und feststellt, der Kirchenvater habe die heidnische Pflicht- und Tugendlehre durch die neue Zielsetzung und die neue Motivierung im christlichen Glauben veran-

[14] Vgl. I, 24, 105—115.

[15] Vgl. I, 23, 102s; I, 28, 131; III, 4, 27; I, 28, 132. Vgl. hierzu *Th. Deman*, Le „De officiis" de Saint Ambroise dans l'histoire de la théologie morale 411—413.

[16] Vgl. I, 12—16; I, 49; I, 50.

[17] Die Beziehungen der frühchristlichen Sittenlehre zur Ethik der Stoa 496.

[18] I, 9, 28; vgl. auch II, 1, 1ss; II pass.; I, 11, 391.

[19] Vgl. dazu das reiche Material bei *D. Löpfe*, Die Tugendlehre des hl. Ambrosius; der Auslegung und Bewertung wird man nicht immer zustimmen können.

kert.[20] Aber es gibt bis zum heutigen Tag keine einheitliche Bewertung. D. Löpfe und F. Wagner halten die Schrift des Ambrosius trotz der entlehnten Begriffe und Doktrinen für eine durchaus und rein christliche Schrift. O. Bardenhewer und J. Stelzenberger sind kritischer. Der erstere vertritt die Auffassung, das hohe Ansehen Ciceros habe den Versuch einer Harmonisierung nahegelegt, und die äußere Verwandtschaft zwischen stoischer und christlicher Moral habe ihn als möglich erscheinen lassen, aber es sei Ambrosius nicht gelungen, die stoische Vorlage „völlig zu christianisieren oder die stoischen Elemente restlos auszumerzen“[21]. Auch J. Stelzenberger meint, der Versuch sei nicht ganz gelungen, und er habe auch nicht gelingen können, weil Ambrosius allzu eng seiner Vorlage verhaftet geblieben sei; angesichts des völligen Fehlens einer systematisierten christlichen Sittenlehre während des ersten Jahrtausends sei freilich „das Anlehnungsbedürfnis einer werdenden Moralwissenschaft an bestehende Formen der Antike“ verständlich; schließlich weise das Werk des Kirchenvaters „zahlreiche rein philosophische Elemente und Gedankengänge auf, die eine Eingliederung in eine übernatürlich orientierte Moral nicht erfahren haben und das nicht vermögen“[22].
Es gibt gewiß systematische Darstellungen der Pflichten und Tugenden von höherem Rang als „De officiis“ des Ambrosius; es gibt auch genauere und tiefer dringende Umschreibungen des christlichen Proprium, als wir sie in dieser Schrift vor uns haben. Trotzdem kann die Bedeutung dieses frühen moraltheologischen Versuchs wohl kaum überschätzt werden. Man braucht nur an die Feindseligkeit eines Tertullian gegenüber der heidnischen Philosophie zu denken, um zu ahnen, welche Richtung die geschichtliche Entwicklung der Moraltheologie hätte nehmen können. Die Entscheidung des Ambrosius für Cicero ist implizit bereits eine Entscheidung für die Autonomie der Moral, mag dies dem Kirchenvater auch gar nicht im Sinne gelegen haben. Aus der Rückschau weiß man manches besser. Darum können wir heute auch das heimliche Bedauern, das noch aus den Wertungen von O. Bardenhewer und J. Stelzenberger vernehmbar ist,

[20] Vgl. Die Beziehungen der frühchristlichen Sittenlehre zur Ethik der Stoa 492—501. Vgl. auch O. *Bardenhewer*, Geschichte der altkirchlichen Literatur, 5 Bde., Freiburg ²1913—32, hier Bd. III, 528 f.: „Diese merkwürdige Schrift ist gewissermaßen eine Übertragung der drei Bücher Ciceros ‚De officiis‘ aus dem Heidnischen oder Stoischen ins Christliche.“

[21] A. a. O. III, 528 f.

[22] Die Beziehungen der frühchristlichen Sittenlehre zur Ethik der Stoa 488. 500.

kaum mehr teilen. Weder eine völlige Ausmerzung der stoischen Elemente noch eine völlige Christianisierung der ethischen Begriffe und Lehren war für Ambrosius zu leisten. Es konnte ihm vielmehr nur um eine kritische Bejahung der von ihm vorgefundenen stoischen Ethik und um deren Integrierung in den christlichen Sinnhorizont gehen.

Was am Versuch des Kirchenvaters noch unzulänglich erscheinen mag, das gelingt dem Fürsten der Scholastik. Die Ethik des *Thomas von Aquin* ist im Kontext seines theologischen Gesamtsystems aufgehoben.[23] In der Gesamtkonzeption der Pars Secunda der Summa Theologica wird trotz der beträchtlichen Stoffülle deutlich, wie natürliche Sittlichkeit (autonome Moral) in christlicher Existenz integriert wird. Während in der Gesetzeslehre des Aquinaten Stoa und Neuplatonismus maßgebend blieben, hat in der Lehre von den Kardinaltugenden die gesamte antike Ethik von Platon und Aristoteles bis zur Stoa und zum Neuplatonismus Einfluß gewonnen – immer freilich im Durchgang durch den augustinischen Integrierungsversuch und die spätere Fortwirkung der antiken Ethik innerhalb der christlichen Tradition. (Diese Zusammenhänge hat M. Wittmann, der sich für die spätere Entwicklung auf die Arbeiten von O. Lottin stützen konnte, mit äußerster Akribie aufgedeckt.) Natürlich ging es bei der Übernahme der antiken Ethik nicht ohne tiefgreifende Neuinterpretationen einzelner Doktrinen ab, teils auf Grund philosophischer Argumente, teils in Auswirkung der theologischen Systemkonzeption. Aber im ganzen gesehen erzwang die christliche Integrierung antiker philosophischer Ethik – und darauf kommt es hier vor allem an – keine inhaltlichen Umschichtungen; die materialen sittlichen Weisungen blieben im wesentlichen unberührt. Die theologischen Tugenden des Glaubens, der Hoffnung und der Liebe – Thomas glaubte übrigens auch eingegossene sittliche Tugenden annehmen zu müssen – machen es dem Gläubigen möglich, seine menschliche Existenz in einer Weise zu gestalten, die dem durch Christus eröffneten Endziel angemessen ist. „Das gesamte natürliche Verständnis des menschlichen

[23] Vgl. zum folgenden vor allem *W. Kluxen*, Philosophische Ethik bei Thomas von Aquin, und — für die Aufhellung der geschichtlichen Herkunft der ethischen Lehren des Aquinaten immer noch unersetzt — *M. Wittmann*, Die Ethik des hl. Thomas von Aquin, in ihrem systematischen Aufbau dargestellt und in ihren geschichtlichen, besonders in den antiken Quellen erforscht; den zeitgeschichtlichen Kontext, d. h. die gesamte Geistigkeit des 13. Jahrhunderts, hat *M.-D. Chenu*, Das Werk des hl. Thomas von Aquin (Die Deutsche Thomas-Ausgabe, 2. Ergänzungsband), Graz 1960, herausgearbeitet.

Handelns wird vom übernatürlichen überhöht und vollendet – die gesamte Moralphilosophie wird von der Theologie aufgenommen, eingeordnet und überformt."[24] Mit dieser Auffassung sind Eigenrecht und Eigenständigkeit autonomer Moral statuiert, zugleich ist aber die Offenheit der autonomen Moral auf die christliche Existenz und der philosophischen Ethik auf die theologische gefordert. Wenn Thomas in der Tugendlehre Aristoteles voll rezipiert – freilich nicht ohne auch stoisches, neuplatonichses und christliches Gut mit einzubeziehen, dann hat das seinen guten Grund: das aristotelische Tugendideal stellt „einen der edelsten Menschheitstypen dar, welche die Geschichte kennt"[25]. Die Besorgtheit um das Humanum hat hier eine seiner klassischen Darstellungen gefunden.

Die bereits im Gesamtentwurf der Moraltheologie des Aquinaten hervortretende Autonomie des Sittlichen läßt sich an etlichen wesentlichen Einzelaspekten erhärten. Der Maßstab des Sittlichen ist für Thomas die vernünftig geordnete und entfaltete menschliche Existenz.[26] Das stoische „secundum naturam vivere" wird bei ihm endgültig und eindeutig zum „secundum rationem vivere"[27]. In der Interpretation W. Kluxens kommt klar heraus, daß sich die Maßstäblichkeit des „secundum rationem vivere" nicht erst aus einer Wesenseinsicht (d. h. aus der Metaphysik), sondern in der konkreten Erfahrung und im „Verstehen der Praxis" ergibt. „Die praktische Erkenntnis gewinnt also das ‚Prinzip der Moralität' in ihrem eigenen Vollzuge und ist nicht darauf angewiesen, aus einer nicht-praktischen Wesenseinsicht, die ihr vorausläge, ihre Gründung zu erwarten."[28] Was sich im konkreten vernünftigen Vollzug als dem Humanum dienlich erweist, kann dann auch von der metaphysischen und theologischen Betrachtungsweise her seine Bestätigung finden. Aber es ist die praktische Vernunft, die den unmittelbaren Zugang zum Verständnis von Gut und Bös, also zur natürlichen Sittlichkeit eröffnet. Thomas hat sich in der Summa Theologica mit äußerstem Nachdruck ausgesprochen: „Das Neue Gesetz (also die evangelische Botschaft und

[24] *W. Kluxen,* a. a. O. 82 f.

[25] *M. Wittmann,* Die Ethik des hl. Thomas von Aquin 380; *ders.,* Die Ethik des Aristoteles, Regensburg 1920, besonders 183 ff. und 240 ff.

[26] Vgl. *L. Oeing-Hanhoff,* Der Mensch — Natur oder Geschichte 26—36, und W. Kluxen, Philosophische Ethik bei Thomas von Aquin 188.

[27] Quaest. disp. de ver. 16, 1,9; Summa Theol. 1—2, 18, 5: „. . . bonum hominis est secundum rationem esse, malum autem quod est praeter rationem . . ."

[28] *W. Kluxen,* Philosophische Ethik bei Thomas von Aquin 192; vgl. 190—192.

der Glaube) mußte an äußeren Handlungen nur das gebieten oder verbieten, was uns in die Gnade einführt oder was notwendig zum rechten Gebrauch der Gnade gehört ... Den rechten Gebrauch von der Gnade aber machen wir in den Werken der Liebe. Insofern diese heilsnotwendig sind, gehören sie zu den Sittengeboten, die auch im Alten Gesetz überliefert wurden. Hier brauchte das Neue Gesetz nichts zum Alten hinzuzufügen ... Zu den Tugendwerken ... werden wir durch die menschliche Vernunft geleitet, die eine Regel des menschlichen Tuns ist. So bedurfte es für die Tugendwerke keiner weiteren, über die vernunftgemäßen Sittengebote des Gesetzes hinausgehenden Gebote."[29]

Wenn die Vernunft als Prinzip der Sittlichkeit erscheint, dann ist damit die „Ordnung der Natur" gewiß nicht bedeutungslos. Doch liegt darin genau der Fortschritt bei Thomas gegenüber den Stoikern, daß die Vernunft nicht bloßes Sprachrohr der in der Natur der Dinge liegenden Ordnung ist, daß die Ordnung der Vernunft vielmehr der Ordnung der Dinge vorausliegt. Schon M. Wittmann hat klar gesehen, daß bei Thomas die Vernunftordnung gegenüber der Naturordnung das Frühere ist, daß die Naturordnung erst über die Vernunft sittlichen Charakter annehmen kann.[30] Gut oder tugendhaft ist nur, wer vernunftgemäß handelt, wer der Ordnung der Vernunft folgt. Trotzdem bleibt es dabei: Es gibt die Ordnung der Natur, es gibt durch die Natur Intendiertes. Naturgesetz ist nicht nur etwas, was von Natur erkannt wird, sondern in erster Linie ein Gesetz, das von Natur aus besteht. Und das Sittliche hat eine reale Beziehung zu dieser Ordnung der Natur. Aber es ist nicht mit der objektiv gegebenen Ordnung der Natur identisch und erschöpft sich nicht darin. „Mag das Gesetz zunächst auf die Natur der Dinge hinweisen, dort ihre Grundlage und ihren Ursprung haben, als das eigentlich ordnende

[29] 1—2, 108,2. Ähnlich 1—2, 100,1: „illi mores dicuntur boni qui rationi congruunt, mali autem qui a ratione discordant ... omne autem rationis humanae iudicium aliquiter a naturali ratione derivatur." Nur hinsichtlich der eruditio de divinis (z. B. Ex 20,4.7; Deut 5,8.11) bedarf die menschliche Vernunft der (positiven) „instructio divina". Vgl. auch 1—2, 107,4: „lex nova, quae praeter praecepta legis naturae paucissima superaddidit in doctrina Christi et Apostolorum; licet aliqua sint postmodum superaddita ex institutione sanctorum Patrum. In quibus etiam Augustinus dicit esse moderationem attendendam, ne conversatio fidelium onerosa reddatur." *Th.-A. Deman,* in: Die Deutsche Thomas-Ausgabe Bd. 14, 309, bemerkt dazu: „Die Empfehlung Augustins, die sich auf die Kultgebräuche bezieht, ist zweifellos auf Sittengebote anwendbar und möchte dem Verhalten des christlichen Gesetzgebers das Zeichen nüchterner Zurückhaltung aufprägen."

[30] Vgl. Die Ethik des hl. Thomas von Aquin 172 f. Vgl. auch 343 f. 379.

oder normierende Prinzip erweist sich doch die Vernunft."[31] Für Thomas liegt die Naturordnung in der lex aeterna begründet, an welcher der Mensch durch seine Vernunft teilhat.

Damit ist die Autonomie des Sittlichen bei Thomas klar aufgewiesen. Das Sittliche ist autonom gegenüber den physiologisch-biologischen Gesetzlichkeiten; deren Respektierung allein ist nicht an sich schon als moralisch gut zu qualifizieren. Das Sittliche ist autonom gegenüber der Metaphysik; ethische Normen können nicht einfachhin von der natura metaphysica des Menschen oder des menschlichen Aktes durch „Ableitung", „Extension" oder „Applikation" gewonnen werden.[32] Und schließlich ist das Sittliche autonom gegenüber dem Glauben, auch gegenüber den wesentlichen Grundformen christlichen Existenzvollzugs (Glaube, Hoffnung, Liebe); wenn diese Autonomie nicht konzediert wird, dann trägt die Formel von der „die Gnade voraussetzenden Natur" nicht mehr, dann frustriert sich auch hier jede Argumentation im hermeneutischen Zirkel. Thomas hatte den Mut, die Autonomie des Sittlichen und damit auch die „Dualität der Wahrheit" und die „Dualität der Ordnung"[33] anzuerkennen. Die integrierende Kraft seines Denkens war stark genug, die damit gegebenen Spannungen auszuhalten: „Die Betrachtung der Geschöpfe ist Sache der Theologen und der Philosophen, aber auf verschiedene Weise. Die Philosophen nämlich betrachten die Geschöpfe, insofern sie in ihrer eigenen Natur Bestand haben (secundum quod in propria natura consistunt – was genau den Begriff der Autonomie umschreibt –) ... Der Theologe aber betrachtet die Geschöpfe, sofern sie von einem ersten Ursprung ausgehen und auf ein letztes Ziel hingeordnet sind, welches Gott ist."[34]

Die Autonomie des Sittlichen tritt bei Thomas auch in der Hochschätzung des Gewissens hervor. Denn die Synderesis als „Ur-Gewissen" ist das Innehaben sittlicher Gewißheiten, die durch die praktische Vernunft auf die konkrete Situation angewandt werden

[31] Vgl. a. a. O. 344.

[32] Vgl. *W. Kluxen,* Philosophische Ethik bei Thomas von Aquin XXXI. 191. Sehr wichtig die Aussage S. 234: „Die Position des Ewigen Gesetzes ist deshalb keine primäre und unmittelbare; sie muß aufgefaßt werden als das Ergebnis einer Reflexion auf die Gründung dessen, was sich in der praktischen Erfahrung zeigt, und so kann sie denn auch nicht den Charakter eines praktisch-handlungsleitenden Erkennens haben. Sie ist, wie die Metaphysik (!) des Handelns überhaupt, nachfolgende Interpretation des praktisch Erfahrenen."

[33] Vgl. dazu in der vorliegenden Untersuchung 3. Kapitel II,2.

[34] Sent II prologus.

(conscientia). Dieses Gewissen gilt für Thomas als die letzte Norm des Sittlichen, und keine Autorität, nicht einmal der höchste kirchliche Urteilsspruch kann es zwingen, von seinem Anspruch zu lassen.[35] Vielleicht darf zum Abschluß noch vermerkt werden, daß auch die hohe Wertung der magnanimitas durch Thomas in die gleiche Richtung weist. Nach Descartes ist die „générosité" als die „Hochschätzung der eigenen Freiheit und die Entschlossenheit, sie gut zu gebrauchen", der Kern und Inbegriff des Sittlichen.[36] Thomas betrachtet in ähnlicher Weise die Frage nach dem Wert des irdischen Lebens unter dem Gesichtspunkt der magnanimitas. In seiner begriffsgeschichtlichen Untersuchung interpretiert R.-A. Gauthier[37] magnanimitas bei Thomas als die Grundeinstellung zur Wirklichkeit im ganzen, näherhin als den menschlichen Unternehmungsgeist und die Verwirklichung der menschlichen Person durch den Einsatz in den weltlichen Bereichen, also als „une spiritualité de l' engagement"[38].

Wie Ambrosius die Ethik des Cicero und Thomas von Aquin die des Aristoteles und der Stoiker, so suchte – damit soll noch ein Modell aus der neueren Zeit, ein leider nahezu unbekanntes, vorgestellt werden – *S. Mutschelle* (1749–1800) die Kantsche Moral theologisch zu integrieren.[39] Die Aufklärung wollte den Menschen zur Mündig-

[35] Vgl. Sent II,2 d. 38 qu. 2 art. 4 Exp. textus finis, wo Thomas gegen Petrus Lombardus nicht einmal die Androhung der Exkommunikation als Grund für eine Abweichung von der Gewissensverpflichtung anerkennt: „potius debet (homo) excommunicatus mori – eher muß der Mensch in der Exkommunikation sterben."

[36] Vgl. *L. Oeing-Hanhoff*, Der Mensch in der Philosophie Descartes', in: Die Frage nach dem Menschen (Festschrift für M. Müller), Freiburg–München 1966, 375–409.

[37] Magnanimité. L'idéal de la grandeur dans la philosophie païenne et dans la théologie chrétienne (Bibliothèque thomiste 28), Paris 1951, vor allem 295–371. 489–497.

[38] Verlegerische Rücksichten haben den Verfasser daran gehindert, anstelle dieses skizzenhaften Exkurses einen Abdruck des vortrefflichen Artikels von *J.-M. Aubert*, La spécificité de la morale chrétienne selon saint Thomas, in: Le Supplément Nr. 72, Paris 1970, 55–73, zu betreiben. J.-M. Aubert kommt zu dem Ergebnis, daß nach Thomas das sittliche Leben des Christen materialiter nicht vom sittlichen Leben der anderen Menschen zu unterscheiden ist. Das spezifisch Christliche liegt in einem neuen Sinn und einer neuen Innerlichkeit, einem neuen Dynamismus und einer neuen Sicherheit, einer neuen Intentionalität und Finalität. „Il y a donc, en gros, identification matérielle de l'exigence morale chrétienne et de l'exigence morale perceptible par la raison, ce qui ne veut pas dire qu'il n'y a pas une distinction formelle entre les deux, dans la manière et l'intentionalité de vivre et de réaliser les prescriptions morales communes." (71) So präzis wie bei Aubert ist unsere Fragestellung im Hinblick auf Thomas bisher nirgendwo thematisiert worden.

[39] *S. Mutschelle*, Moraltheologie, oder Theologische Moral, Erster Teil, allgemeine Moral, München 1801; *ders.*, Über das sittlich Gute, München 1788; *ders.*, Vermischte Schriften oder philosophische Gedanken und Abhandlungen, 1. Bd., München ^{2}1799. Außer *W. Hunscheidt*, Sebastian Mutschelle. Ein Kantianischer Moraltheologe, Moralphilosoph

keit, zum Selbstdenken führen. Kant hat in seinem 1784 erschienenen Aufsatz über die Beantwortung der Frage: „Was ist Aufklärung?" das positive Anliegen dieser Bewegung folgendermaßen umrissen: „Aufklärung ist der Ausgang des Menschen aus seiner selbstverschuldeten Unmündigkeit. Unmündigkeit ist das Unvermögen, sich seines Verstandes ohne Leitung eines anderen zu bedienen. Selbstverschuldet ist diese Unmöglichkeit, wenn die Ursache derselben nicht am Mangel des Verstandes, sondern der Entscheidung und des Mutes liegt, sich seiner ohne Leitung eines anderen zu bedienen ... Habe Mut, dich deines eigenen Verstandes zu bedienen! – ist also der Wahlspruch der Aufklärung."[40] Aufklärung meint demnach nicht eine Summe bestimmter neuer Doktrinen, sondern eine Denkrichtung. Der Mensch der Aufklärung ist in erster Linie der tätige Mensch, der selbstdenkende und selbsthandelnde Mensch, der gesellschaftliche Revolutionen erzwingt und wirtschaftliche Prozesse in Gang bringt – nicht nur, weil er dazu imstande ist, sondern weil er sein Menschsein im Denken und Handeln sich adäquater erfüllen sieht als in der Kontemplation.[41] S. Mutschelle steht ganz unter diesem Impuls. Er ist skeptisch gegenüber allem Überlieferten, nicht nur gegen alberne und überholte Gewohnheiten, abergläubische Gebräuche und „grundlose, aber durch langen Besitz in Ansehen stehende Meinungen und leeres Außenwerk der Überlieferung"[42], er ist skeptisch vor allem gegenüber der Begründung des Sittlichen in der traditionellen Moraltheologie. Er befindet sich, ohne daß er sich dessen bewußt wird, genau auf der Spur des Thomas von Aquin, wenn er das Sittliche in der Vernunft des Menschen angelegt sieht[43] und infolgedessen die Moraltheologie auf die praktische Philosophie verweist.[44] In der Lehre Jesu wird das der Vernunft Einsichtige nur ausdrücklich bestätigt. Das

und Moralpädagoge, Bonn 1948, und *F. A. Ludwig*, Sebastian Mutschelle. Ein Beitrag zur Geschichte der Aufklärung, in: Theologie und Glaube 2 (1910) 641—655, stand dem Verfasser das einschlägige Kapitel „Die subsidiäre Rolle der Theologie (Mutschelle)" aus der noch nicht abgeschlossenen Tübinger Dissertation von *Chr. Keller*, Das Theologische in der Moraltheologie. Untersuchung einiger historischer Modelle (Arbeitstitel), zur Verfügung; da dieses Kapitel genau das Problem der vorliegenden Untersuchung thematisiert, ist der Verfasser für die Einsichtnahme in den Entwurf sehr dankbar.

[40] Werke in sechs Bänden, hrsg. von W. Weischedel, Bd. VI, Frankfurt 1964, 53.

[41] Vgl. *J. Rief*, Zum theologischen Charakter der Moraltheologie, in: Theologie im Wandel, Festschrift zum 150jährigen Bestehen der kath.-theol. Fakultät an der Universität Tübingen, München und Freiburg 1967, 520.

[42] Über das sittlich Gute 22.

[43] Vgl. Moraltheologie 32.

[44] Vgl. a. a. O. 20 f.

Prinzip des Sittlichen ist eigenständig, es kann nicht aus dem Glauben an Gott gefolgert werden, weil es nicht in diesem Glauben gründet. Wie könnte jemand, der nicht zuvor um das Gute weiß, auch nur verstehen, daß Gott gut ist. Der würdige Begriff von Gott gründet im Sittlichen.[45] Gott ist ein Postulat der praktischen Vernunft. S. Mutschelle befürchtet nicht, daß durch eine solche Argumentation der Mensch über Gott erhoben werden könnte. Er ist sich aber darüber klar, daß das Denken nicht bei Gott ansetzen und von hier aus in Deduktionen weiterschreiten kann. Das Denken muß beim Menschen und seiner Selbstwertigkeit ansetzen. So formuliert S. Mutschelle im Anschluß an Kants kategorischen Imperativ das Prinzip des Sittlichen folgendermaßen: „Ich soll immer nur das wollen und thun, wodurch ich Achtung gegen jedes vernünftige Wesen, gegen jeden Menschen, gegen mich und andere, beweise, jedes nach seinem inneren Werth als Zweck an sich ehre, keines bloß als Mittel für das andere ansehe und behandle."[46]

Wie kann nun die Moraltheologie die zwei Bereiche des Moralischen und des Theologischen miteinander verbinden? Falls die These von der Autonomie der Moral stimmt, kann diese natürlich nicht auf Theologie „gründen", sie kann sich nur auf Theologie „beziehen".[47] Es kann also nicht der Begriff des Sittlichen theologisch konstruiert oder deduziert werden, vielmehr muß der Begriff des Sittlichen mit Hilfe der Vernunft gewonnen werden, ehe er theologisch expliziert bzw. integriert werden kann. S. Mutschelle sieht näherhin drei Funktionen der Theologie: Sie interpretiert die Gesetze der Sittlichkeit als Gesetze Gottes, sie bestätigt die autonom entwickelten sittlichen Gesetze aus der Lehre Jesu, und sie bringt schließlich die göttlichen Verheißungen bzw. Drohungen als sittliche Motivationen ins Spiel.[48] Der kognitive Beitrag der Theologie macht das Sittliche auf Gott den Schöpfer und Richter hin transparent. Die Theologie baut die Autonomie der Moral keineswegs ab, sondern läßt ihren letzten Ursprung, also die Bedingung ihrer Möglichkeit, sichtbar werden. Was sich in der praktischen Vernunft als sittliche Einsicht anmeldet, ist letztlich der Wille Gottes. Die Vernunft und das Gewissen sind die Wege, auf

[45] Vgl. a. a. O. 7. 29. 79. 98. 204; Über das sittlich Gute 129.

[46] Moraltheologie 67.

[47] A. a. O. 7 f.

[48] Vgl. a. a. O. 9 f. Chr. Keller spricht in seiner Dissertation treffend von „einem kognitiven, einem affirmativen und einem energierenden Beitrag, den die Theologie in die Lehre vom Sittlichen einbringen kann".

denen Gott zum Menschen kommt.[49] In der menschlichen Vernunft meldet sich „die höchste Vernunft", in der sittlichen Norm meldet sich „der höchste und eigentliche Gesetzgeber"[50]. Der Mensch ist also an eine praktische Vernunft gewiesen, wenn er eine sittliche Verpflichtung erkennen will. Der unmittelbare Grund des Sittlichen ist die Vernunft, „der Realgrund der Existenz meiner mich verbindenden Vernunft" aber ist Gott.[51]

Nun hat Gott uns neben der Vernunft noch eine zweite Quelle sittlicher Erkenntnis eröffnet, die Lehre Jesu. Was uns die Vernunft von innen her lehrt, „offenbart" uns Jesus von außen her.[52] In der Vermittlung der sittlichen Lehre Jesu liegt die zweite Funktion der Theologie. Sie ist lediglich eine „affirmative" Funktion, weil sich in der Lehre Jesu keine gegenüber der vernünftig-autonomen Moral zusätzlichen Gesetze finden. Die sittliche Botschaft Jesu bestätigt lediglich die natürlichen Einsichten, sie gibt der Vernunft eine gewisse Orientierung und leistet ihr damit einen wichtigen Dienst.[53] Aber sie offenbart nichts, was nicht schon auf Grund vernünftiger Bemühung einsichtig wäre. Immerhin führt die Übereinstimmung zwischen der Vernunft und der Lehre Jesu zu einer größeren moralischen Sicherheit.[54] Darum versäumt S. Mutschelle auch nicht, für vernünftig Erwiesenes soweit als möglich biblische Bestätigungen aufzubieten. So wahrt er die Autonomie des Sittlichen und den Anspruch der Theologie zugleich. Hier liegt allerdings eine Schwäche seiner Position. Er hat über den Begriff der Offenbarung wie über die Grundvorstellungen des Christentums überhaupt zu wenig reflektiert. Die weltethischen Weisungen, die sich im Neuen Testament finden, sind eben gerade nicht „geoffenbart"; sie sind als vernünftig begründete und bewährte Verhaltensmodelle von Jesus und den Aposteln vorgefunden worden und haben ihre Bestätigung erhalten. Das darf gewiß nicht gering angeschlagen werden. Aber was biblische „Affirmation" eigentlich theologisch bedeutet, das wird bei S. Mutschelle nicht genügend herausgearbeitet.

Schließlich ist von der energierenden Funktion der Theologie gegenüber der autonomen Sittlichkeit die Rede. Hier weist unser Autor auf

[49] Vgl. a. a. O. 62.
[50] Vgl. a. a. O. 74. 18. 153. 200.
[51] A. a. O. 100.
[52] Vgl. a. a. O. 9 f.
[53] Vgl. a. a. O. 8. 28 f.
[54] Vgl. a. a. O. 62.

Gott als den Schöpfer, den Gesetzgeber, den Vergelter und Richter hin, er betont die aktivierende Kraft der göttlichen Verheißungen und Drohungen, der Hoffnung auf Gottes Hilfe und des sittlichen Beispiels Jesu.[55] Die Lehre von den göttlichen Tugenden spielt bei ihm eine geringe Rolle; das hängt damit zusammen, daß er in Christus eben den Lehrer der Sittlichkeit und nicht eigentlich den Urheber des Heils sieht. So werden auch Glaube, Hoffnung und Liebe nur unter dem Aspekt ihres Nutzwertes für die Förderung der Sittlichkeit gewürdigt.[56]

Das Verdienst S. Mutschelles liegt zunächst und vor allem darin, daß er mit aller Entschiedenheit die Autonomie des Sittlichen herausstellt, und zum zweiten darin, daß er diese autonome Moral mit aller Entschiedenheit an die Theologie verweist: Von ihr erhält sie ihre religiöse Tiefendimension, ihre inhaltliche Bestätigung und ihre stimulierende Motivation. In seiner Umschreibung der Autonomie des Sittlichen hat freilich der für die Aufklärung bezeichnende Mangel an geschichtlichem Denken deutliche Spuren hinterlassen. S. Mutschelle verkennt die Variabilität der sittlichen Gesetze, er überschätzt die Evidenz des Sittlichen und unterschätzt den Beitrag der Empirie bei der Bildung sittlicher Vorstellungen und Normierungen, und schließlich – auch das hängt damit zusammen – übersieht er die Bindung der Einzelvernunft an die gemeinschaftlichen und gesellschaftlichen Strukturen und Prozesse. Daß er sein zweites Anliegen, die Verwiesenheit der autonomen Moral an die Theologie, nicht überzeugend einlösen kann, liegt ohne Frage vor allem an seiner verkürzten Sicht des christlichen Proprium. Die Dürftigkeit seiner Christologie und seiner Gnadenlehre sind nur ein Zeichen dafür, daß er als typisches Kind der Aufklärung wenig über die Grenzmarke der natürlichen Theologie hinausgelangt. Selbst das „Reich Gottes"[57] wird ethisch mißdeutet: Es ist menschlich-sittliche Aufgabe und nicht Einbruch unverdienten göttlichen Heils. Es kommt gewiß nicht von ungefähr, daß S. Mutschelle die ausführliche Darstellung des christlichen Sinnhorizonts so nachdrücklich der Dogmatik zuweist. Er sagt zwar Wichtiges über das Verhältnis von Dogmatik und Moraltheologie, aber sein zweites Grundanliegen neben der Autonomie der Moral, nämlich deren Zuordnung auf die Theologie, kann ihm nicht recht glücken, weil seine Theologie rationalistisch verdünnt ist. Immerhin sieht er viel klarer als die mei-

[55] Vgl. a. a. O. 9 f. 18. 31. 54. 101. 190 u. a.
[56] Vgl. a. a. O. 198. 202.
[57] Vgl. a. a. O. 154—156.

sten zeitgenössischen Theologen, was die mit der Aufklärung mächtig einsetzende Moderne hinsichtlich der Konstruktion einer theologischen Moral fordert.

Es entspricht der Logik der Geschichte, wenn die Verflüchtigung des Christlichen durch die Aufklärung zu einer scharfen Reaktion geführt hat. Eine Reihe bedeutender Theologen (J. M. Sailer, J. B. Hirscher, J. B. Lüft, F. A. Staudenmaier, M. Jocham, K. Werner u. a.) haben sich mit Nachdruck dafür eingesetzt, daß die ethischen Prinzipien nicht von außen her, sondern aus der eigenen Mitte der christlichen Offenbarung entwickelt werden. Die Zentralidee des Christentums müsse zur Zentralidee des sittlichen Lebens werden. Sittliches Leben sei nichts anderes als die christliche Offenbarungswahrheit, insofern sie im Menschen wirksam werde. Das Christliche dürfe also nicht als das die Vernunftmoral ergänzende und bestimmende Element betrachtet werden; es genüge auch nicht, bei der Feststellung eines ethischen Satzes noch eine Beweisführung aus der christlichen Offenbarung anzufügen. Das christliche Leben beruhe auf seinem eigenen Fundament.

So ist der von S. Mutschelle inaugurierte erste moderne Versuch einer Säkularisierung der Moral durch eine neue Theologisierung zunächst um seine geschichtliche Auswirkung gebracht worden. Wohl hat später die Neuscholastik wieder die natürliche Sittlichkeit stärker betont, aber Überbetonung von Autorität und Gehorsam, exzessive Kasuistik, juristische Veräußerlichung und formalistische Begrifflichkeit verdeckten ihre berechtigten Anliegen und lösten abermals eine Welle der Theologisierung der Moral aus; sie hob mit J. Mausbach um die Jahrhundertwende an und reicht bis in die moraltheologischen Hand- und Lehrbücher der Gegenwart herein. Unbestreitbar sind ihre Früchte, die im Zuge der großen Erneuerungsbewegungen (neues Kirchenbewußtsein, Bibelbewegung, Liturgische Bewegung, Jugendbewegung) besonders stattlich heranwuchsen. Aber das Bemühen um eine Theologisierung der Moral begegnet in der gegenwärtigen Welt einer ebenso radikalen Tendenz zur Säkularisierung der Moral. Das Problem, das S. Mutschelle mit aller Schärfe gesehen hat, ist nunmehr unaufschiebbar aufgegeben. Die Moraltheologie muß sich entscheiden, ob sie sich an der Stelle, an der sie sich befindet, eingräbt und ihre Position zementiert oder ob sie für heute und morgen wiederum zu verifizieren bereit ist, was – wie wir sahen – biblische und moralgeschichtliche Modelle für ihre Zeit zu leisten versucht haben.

3. Kapitel

Weltethos in der lehramtlichen Praxis und in der moraltheologischen Reflexion

I. Die bisherige Position des Lehramts und der Moraltheologie

1. Darstellung

Es ist ein unbestreitbares Verdienst des Lehramts der katholischen Kirche, daß es sich stets – wenn auch nicht immer mit dem gleich sicheren Spürsinn für die sachliche Richtigkeit – um die Grundordnungen menschlich-sittlichen Lebens bemüht hat. Vor allem in den letzten Jahrhunderten haben sich die Päpste mit Nachdruck für Geltung und Durchsetzung der natürlichen Rechte der menschlichen Person sowie der menschlichen Gemeinschaft und Gesellschaft eingesetzt. Dies wurde denn auch, zumal in Zeiten, da die Würde des Menschen durch totalitäre Systeme bedroht und mißachtet wurde, mit Dankbarkeit angenommen und sogar ausdrücklich gefordert. Man kann mit K. Hörmann der Meinung sein, daß Pius XII. mit seiner Überzeugung von der Zuständigkeit des kirchlichen Lehramts in Fragen der natürlichen Sittlichkeit lediglich die traditionelle Linie mit besonderer Intensität weiterentwickelt hat. „Pius XII. faltet die traditionelle Begründung zeitgemäß aus. Er tut dies nicht nur im Bestreben, anderslautenden Zeitmeinungen entgegenzutreten, sondern auch in dem Bemühen, seine eigene umfangreiche Lehrtätigkeit hinsichtlich des Naturrechts auf ein sicheres Fundament zu stellen. Der Papst bestreitet damit keiner anderen menschlichen Instanz das Recht, ebenfalls als Naturrechtslehrerin aufzutreten, wenn sie über die nötige Befähigung verfügt."[1] Welche Tragfähigkeit kommt dem von Pius XII. bewußt härter zementierten Fundament für die Rechtfertigung der kirchlichen Kompetenz in Sachen des Naturrechts (d. h. des Weltethos) zu?

[1] *K. Hörmann,* Die Zuständigkeit der Kirche für das Naturrecht nach der Lehre Pius' XII. 148.

Zunächst einige Belege für die lehramtliche Praxis.[2] Um ihrer besonderen Bedeutung willen sei vorab aus der Enzyklika Pius' XI. „Quadragesimo anno" vom 15. 5. 1931 die einschlägige Aussage über die Machtvollkommenheit der Kirche im Hinblick auf Gesellschaft und Wirtschaft wörtlich zitiert: „Die Kirche würde es sich als einen Übergriff anrechnen, grundlos in die irdischen Angelegenheiten sich einzumischen; ... aber unmöglich kann die Kirche des von Gott ihr übertragenen Amtes sich begeben, ihre Autorität geltend zu machen, nicht zwar in Fragen technischer Art (non in iis quidem, quae artis sunt), wofür sie weder über die geeigneten Mittel verfügt, noch eine Sendung erhalten hat, wohl aber in allem, was auf das Sittengesetz Bezug hat (in iis omnibus quae ad regulam morum referuntur). Die von Gott uns anvertraute Hinterlage der Wahrheit und das von Gott uns aufgetragene heilige Amt, das Sittengesetz in seinem ganzen Umfang zu verkünden, zu erklären und – ob erwünscht, ob unerwünscht – auf seine Befolgung zu drängen, unterwerfen nach dieser Seite hin wie den gesellschaftlichen, so den wirtschaftlichen Bereich vorbehaltlos unserem höchstrichterlichen Urteil." Ähnlich ist der Anspruch des Lehramts bereits in „Casti connubii" vom 31. 12. 1930 formuliert. Mit Berufung auf das Vatikanum I sagt der Papst, es sei eine der Aufgaben der Kirche, die natürlichen religiösen und sittlichen Wahrheiten, die der Vernunft an sich zugänglich sind, dem Menschen in seinem gegenwärtigen Zustand leicht, sicher und ohne Beimischung von Irrtum erkenntlich zu machen; sie sei von Gott zur „Hüterin und Lehrerin aller religiösen und sittlichen Wahrheiten" bestimmt, nicht nur der eigentlich übernatürlichen, sondern auch der natürlichen, die durch die Offenbarung bestätigt sind.

Pius XII. hat in seiner Ansprache vom 2. 11. 1954 an die Kardinäle, Erzbischöfe und Bischöfe, die anläßlich der Verkündigung des Königtums Mariens in Rom weilten, mit äußerster Prägnanz definiert: „Der kirchlichen Zuständigkeit unterliegt der ganze Umfang des Naturgesetzes, dessen Festlegung, Ausdeutung, Anwendung, soweit deren sittlicher Charakter in Betracht kommt."[3] Wie nach ihm Paul VI. in „Humanae vitae", stützt der Papst das Recht der Kirche, gehört

[2] Die im folgenden zitierten Dokumente finden sich, soweit nichts anderes vermerkt ist, in: *Utz-Groner*, Aufbau und Entfaltung des gesellschaftlichen Lebens. Soziale Summe Pius' XII., Freiburg/ Schweiz 1954, bzw. in: Mensch und Gemeinschaft in christlicher Schau. Dokumente, hrsg. von E. Marmy unter Mitwirkung von J. Schäfer und A. Rohrbasser, Freiburg/Schweiz 1945.

[3] Deutscher Text, in: Orbis Catholicus 8 (1954/55) 125.

zu werden, in der gleichen Ansprache nicht allein auf die vorgebrachten Gründe, sondern auch auf die Autorität, die ihr der Auftrag Christi verleihe.[4] Vor katholischen Juristen Italiens begründet er am 6. 12. 1953 die Kompetenz der Kirche damit, daß der Schöpfer die unbedingt gültige Ordnung grundgelegt und durch die Offenbarung in ein neues Licht gerückt, die Kirche aber mit der Bewahrung und Verkündigung der Offenbarung betraut habe. In der Radiobotschaft zur 50-Jahr-Feier der Enzyklika „Rerum novarum" am 1. 6. 1941 wählt Pius XII. eine vorsichtigere Formulierung: Die Kirche sehe sich dafür zuständig, darüber zu befinden, ob die *Grundlagen* der jeweiligen Gesellschaftsordnung mit der ewig gültigen Ordnung übereinstimmen oder nicht; sie beanspruche keine Sendung hinsichtlich der technischen, sondern hinsichtlich der sittlichen Seite des sozialen Lebens; wo zur Erfüllung der sittlichen Forderungen auf sozialem Gebiet verschiedene Möglichkeiten offenstehen, sehe sich die Kirche nicht berechtigt, eine bestimmte Möglichkeit zur Pflicht zu machen. Paul VI. liegt auf der gleichen Linie wie Pius XII. Auch für ihn steht fest, daß Christus die Apostel nicht nur für das Gesetz des Evangeliums, sondern für den gesamten Bereich der Sittlichkeit als sichere Wächter und Interpreten eingesetzt habe (totius de moribus legis certos custodes interpretesque instituisse).[5]

Das Junktim von „fides et mores" reicht bis ins Neue Testament zurück. Seine geschichtliche Entfaltung bedürfte dringend einer Untersuchung. Es ist keineswegs verwunderlich, daß das Junktim auch in die Dogmatisierung der päpstlichen Unfehlbarkeit durch das Vatikanum I eingegangen ist: Der Papst besitze in Ausübung seines Lehr- und Hirtenamtes jene Unfehlbarkeit, „mit der der göttliche Erlöser seine Kirche bei der Bestimmung der Lehre über den Glauben und die Sitten ausgestattet sehen wollte" (... ecclesiam suam in definienda doctrina de fide et moribus instructam esse voluit; DS 3074). Nun sind hinsichtlich konkreter sittlicher Fragen keine Kathedralentschei-

[4] Auf weitere Belege verweist *M. Seckler,* Die Theologie als kirchliche Wissenschaft nach Pius XII. und Paul VI. 224, und bemerkt dazu: „Der bizarr wirkende Sachverhalt, daß der formale Grund der Zustimmung nicht die Wahrheit und schon gar nicht rationale Argumente sind, sondern die Autorität und ihre Rechte, findet darin seine Erklärung, daß ... die von Christus ein für allemal bevollmächtigte Lehrinstanz, die sich des ständigen Lehrbeistandes des Heiligen Geistes mit Gewißheit erfreut, ipso facto zugleich die Sicherheit der Lehrverkündigung ... garantiert. Die Akzente sind so gesetzt, daß die Echtheitsfrage den Vorrang vor der Wahrheitsfrage innehat." Dies gilt besonders im Hinblick auf „Humanae vitae" (Nr. 28).

[5] Humanae vitae Nr. 4.

dungen ergangen; etlichen Theologen erschien dies offensichtlich als eine so heillose Lücke, daß sie den Versuch gemacht haben, einzelnen lehramtlichen Dokumenten (wie etwa „Casti connubii") den Rang unfehlbarer Äußerungen zuzuschreiben. Das Zweite Vatikanum hat nun freilich eine hochbedeutsame Präzisierung gebracht, die allerdings schon in der Relatio des Bischofs Gasser zum zitierten Text des Vatikanum I anzutreffen ist. Die Dogmatische Konstitution über die Kirche (Art. 25) stellt ausdrücklich fest: „Diese Unfehlbarkeit, mit welcher der göttliche Erlöser seine Kirche bei der Definierung einer Glaubens- und Sittenlehre ausgestattet sehen wollte, reicht so weit, wie die Hinterlage der göttlichen Offenbarung, welche rein bewahrt und getreulich ausgelegt werden muß, es erfordert" (tantum patet quantum divinae Revelationis patet depositum, sancte custodiendum et fideliter exponendum).[6]

Die Aufgabe der Kirche wird also in der Bewahrung und Entfaltung der göttlichen Offenbarung gesehen, und in diesem Rahmen hält sich die lehramtliche Kompetenz in Glaubens- und Sittenfragen. Das Vatikanum II hat gewiß an keiner Stelle die Autonomie des Sittlichen deklariert, aber es hat sich doch in dieser Hinsicht eine deutliche Zurückhaltung auferlegt, wie etwa in Art. 33 der Pastoralkonstitution „Gaudium et spes": „Die Kirche hütet das bei ihr hinterlegte Wort Gottes, aus dem die *Grundsätze* (principia) der religiösen und sittlichen Ordnung gewonnen werden, wenn sie auch nicht immer zu allen einzelnen Fragen eine fertige Antwort bereit hat; und so ist es ihr Wunsch, *das Licht der Offenbarung mit der Sachkenntnis aller Menschen in Verbindung zu bringen,* damit der Weg, den die Menschheit neuerdings nimmt, *erhellt* werde."

2. *Begründung*

Bedenkt man, daß der Kirche im Zuge der geschichtlichen Entwicklung eine Reihe ausgesprochen weltlicher Aufgaben im Bereich der Politik, der Bildung und der Sozialfürsorge zugewachsen sind – davon wird noch zu handeln sein –, versteht es sich eigentlich von selbst, daß sie sich auch um den Bereich der Sittenlehre und der sittlichen Erziehung, und dies sogar mit Vorzug, zu kümmern hatte. Angesichts der Tatsache, daß keine andere respektable Instanz Fähigkeit und Zuständigkeit auf diesem Gebiet vorzuweisen hatte, sollte

[6] Vgl. dazu *J. David,* Naturrecht in Krise und Läuterung 65—72.

das niemand wundern. Bestimmte soziologische Gegebenheiten mögen dazu beigetragen haben, daß die Kirche hier allzu monologisch verfahren ist. E. Schillebeeckx ist sich der Begrenztheit seiner Aussage bewußt, hat aber doch wohl nicht unrecht, wenn er feststellt, daß es in der Feudalzeit, als der patriarchalische Großgrundbesitz eine ökonomisch-soziale Selbstverständlichkeit war, soziologisch nahelag, wenn „die Kirche das Gehabe eines monologischen ‚Großwahrheitsbesitzers' annahm".[7] Seit Pius XI. und besonders seit Pius XII. wurde aber auf eine sehr nachdrückliche Weise der Versuch gemacht, die herkömmliche lehramtliche Praxis theologisch zu untermauern.[8] Die Moraltheologie hat sich die dabei vorgebrachten Argumente mehr zu eigen gemacht als selbst entwickelt oder kritisch reflektiert.

Zunächst wird darauf hingewiesen, daß das natürliche Sittengesetz zum Inhalt der Lehre Christi gehöre und daß Christus die Kirche beauftragt habe, seine Lehre zu hüten und zu verkünden. So sagt Pius XII. in seiner Radioansprache zum „Tag der Familie" am 23. 3. 1952, der göttliche Erlöser habe den sittlichen Schatz der Menschheit, bestehend aus dem natürlichen und dem geoffenbarten Sittengesetz, in die Hand der Kirche gelegt, damit sie diesen allen Geschöpfen verkündige, erläutere und irrtumsfrei und unentstellt weitergebe. Die Kirche habe also das natürliche Gesetz zusammen mit dem Gesetz Christi zu verkünden, weil jenes in diesem mitumschlossen sei.[9]

Weiterhin ergibt sich die kirchliche Zuständigkeit nach Pius XII. aus der Tatsache, daß die Beobachtung des Naturgesetzes nach Gottes Anordnung zu dem Weg gehört, auf dem der Mensch seinem über-

[7] Gott — Die Zukunft des Menschen 100.

[8] Vgl. zum folgenden *K. Hörmann*, Die Zuständigkeit der Kirche für das Naturrecht nach der Lehre Pius' XII., und *M. Seckler*, Die Theologie als kirchliche Wissenschaft nach Pius XII. und Paul VI.

[9] Vgl. dazu *B. Schüller*, Wieweit kann die Moraltheologie das Naturrecht entbehren? 63: „Das Wort Gottes, das uns im Alten und Neuen Bund kundgetan ist, hat seinem Wesen nach stets den Doppelcharakter von Evangelium (bzw. von Verheißung) und Gesetz, von Indikativ und Imperativ. Darum ist es selbstverständlich, daß das kirchliche Lehramt, insofern ihm die autoritative Verkündigung und Auslegung der Offenbarung Gottes übertragen ist, auch das Gesetz Gottes autoritativ auszulegen und zu verkünden hat. Diese Lehrgewalt bezieht sich auf das g a n z e Gesetz Gottes, nicht nur auf die lex Christi, sondern auch auf die lex naturae, da beide, wie gezeigt wurde, ihrem materialen Gehalt nach gleich lauten und da sich die lex Christi nur von der recht verstandenen lex naturae her glaubend verstehen und interpretieren läßt. Die Aufgabe und Vollmacht, die das Lehramt ‚in Sachen des Glaubens' (in rebus fidei) hat, besitzt es auch ‚in Sachen des Sittengesetzes' (in rebus morum)." — So eindrucksvoll die von B. Schüller vorgebrachten Argumente auch sein mögen, die Dualität der Ordnung und der Kompetenz, von der noch ausführlicher zu sprechen sein wird, scheint in seinen Darlegungen nicht genügend respektiert zu sein.

natürlichen Ziel zustrebt. Da die Kirche die von Christus gestiftete Führerin auf dem Wege zu diesem Ziel ist, fällt auch die Interpretation des Naturgesetzes in ihre Kompetenz. So sagt es der Papst etwa in der schon zitierten Radiobotschaft vom 1. 6. 1941: Weil in der übernatürlichen christlichen Heilsordnung auch die natürliche Ordnung eingeschlossen sei, falle der Kirche, der Hüterin der christlichen Heilsordnung, mit der Sorge für die übernatürliche Gnadenordnung, die Gott in der Offenbarung kundgetan habe, von selbst auch die Sorge für die sittliche Naturordnung, für das Naturrecht zu.[10]
Ein drittes Element für die Begründung der herkömmlichen lehramtlichen Praxis findet sich im Minderheitsgutachten aus der Päpstlichen Kommission für Familienplanung und Geburtenregelung. Seine Verfasser halten es für überflüssig, darüber zu diskutieren, ob die Lehre Pius' XI. in seiner Ehe-Enzyklika „Casti connubii" unfehlbar sei, ob die Kirche etwas irrtumsfrei lehren oder definieren könne, was nicht förmlich geoffenbart sei, ob die Kirche – irrtumsfrei oder nicht – maßgeblich und in verpflichtender Weise die Grundsätze des Naturrechts lehren könne. Sie stellen einfach fest: „In der Praxis wissen wir doch, was die Kirche tun kann – nämlich aus dem, was sie immer getan hat, sei es implicite durch irgendeine Handlung oder explicite mit Berufung auf ihre von Christus selbst herstammende Macht: die Gläubigen in sittlichen Dingen zu unterrichten."[11] Die ständige Praxis der Kirche ist demnach als solche auch schon eine hinreichende Begründung für ihre theologische Legitimität.[12]

3. Bewertung

Im Bereich der Moraltheologie hat wohl J. David als erster die bisherige lehramtliche Praxis nachdrücklich auf ihre Legitimität hin befragt. Sein Ausgangspunkt ist das Problem, ob diese Legitimität, da sie auf der Basis des depositum fidei, also der göttlichen Offen-

[10] *J. David,* Das Naturrecht in Krise und Läuterung 76—78, konzediert der Kirche eine solche Befugnis und Befähigung und sogar die Notwendigkeit, „als moralische Instanz naturrechtliche Sätze in einer Zeit der Verwirrung der ganzen Menschheit zu verkünden". Er begründet dies in ihrer „hirtenamtlichen Sorge", hält es aber für nicht bewiesen, daß die Kirche hier „theologische Verbindlichkeit" beanspruchen kann. — Die Reduktion des Anspruchs auf das Hirtenamt ist der einzige Punkt, in dem die Position J. Davids nicht zu überzeugen vermag.
[11] Herderkorrespondenz 21 (1967) 433.
[12] Vgl. zum Ganzen auch *Th. Beemer,* Von der moraltheologischen Hermeneutik 396.

barung beruht, durch diese nicht auch begrenzt sei. Da er dieses Problem im oben zitierten Art. 25 der Kirchenkonstitution des Vatikanum II gelöst sieht, kann er seine entscheidende Anfrage an die Kirche richten, woher sie dann eigentlich „das Recht, die sachliche Kompetenz und die Autorität (nehme), mit theologischer Verbindlichkeit Wahrheiten festzulegen und den Gläubigen verbindlich vorzuschreiben, die sie selbst weder direkt noch indirekt (durch Ableitung) aus der Offenbarung, sondern nur aus rein natürlichen Erkenntnissen schöpft"[13]. J. David bestreitet keineswegs das Recht und die Pflicht der Kirche, die Existenz echten Naturrechts, und zwar schon auf Grund der biblischen und dogmatischen Tradition, zu bejahen und zu verteidigen sowie die Vereinbarkeit bzw. Nichtvereinbarkeit bestimmter Auslegungen des Naturgesetzes mit den Aussagen der Offenbarung festzustellen. Aber er anerkennt mit aller Klarheit die Autonomie des Sittlichen: Der Inhalt des natürlichen Sittengesetzes im einzelnen kann nicht mit theologischen Mitteln bestimmt werden.[14]

Die in der vorliegenden Untersuchung vertretene Position stimmt mit der J. Davids weitgehend überein. Sie drängt auf eine gründlichere Klärung des Selbstverständnisses von Lehramt und Moraltheologie sowie des Verhältnisses zwischen beiden. Es ist die Aufgabe der Theologie, die Offenbarung im Glauben und in der Gemeinschaft der Gläubigen aus dem Verstehenshorizont der jeweiligen Gegenwart heraus „selbstdenkerisch" zu interpretieren. So hatten ernsthafte Vertreter der Theologie schon seit Beginn des letzten Jahrhunderts ihren Auftrag verstanden. Nachdem aber das Lehramt durch die Promotion des Neo-Thomismus zur Kirchenphilosophie ein leicht zu handhabendes Instrument für die sprachliche und sachliche Reglementierung der Theologie in der Hand hatte, galt als Gegenstand theologischer Reflexion bald nicht mehr die Offenbarung als solche, sondern die wissenschaftliche Begründung lehramtlicher Äußerungen aus den Glaubensquellen. Die Tatsache, daß die kirchenphilosophischen Syllogismen – das Minderheitsgutachten aus der Päpstlichen Kommission für Familienplanung und Geburtenregelung dokumentiert dies, wie zur Verabschiedung einer Epoche, nochmals in eindrucksvoller Weise

[13] Das Naturrecht in Krise und Läuterung 56 f.

[14] A. a. O. 64: „Es ist nicht zu sehen, wieso diese — gemeint ist die in Art. 36 der Pastoralkonstitution „Gaudium et spes" umrissene — echte Autonomie nicht auch von der natürlichen Wissenschaft vom natürlichen Sittengesetz gelten sollte."

– nicht nur als stimmig erschienen, sondern systemimmanent auch stimmig waren, täuschte darüber hinweg, daß sittliche Normen so leicht, wie es hier praktiziert wurde, nicht begründet werden können. Je umfangreicher die lehramtlichen Äußerungen über sittliche Normen und ihre naturrechtliche Begründung wurden, desto mehr mußte das Lehramt auf eine doktrinäre Entfaltung seines Selbstverständnisses bedacht sein. M. Seckler hat mit einer Fülle von Material aufgewiesen, daß erst eigentlich bei Pius XII. und Paul VI. „gleichsam die Theorie die Praxis eingeholt" hat. Hier ist allerdings das Modell eines „Kirchenamtes von absoluter Autonomie, Souveränität und Selbstgenügsamkeit" in so geschlossener Form systematisiert worden, daß es durchsichtig werden konnte und mußte. Man wird Seckler beistimmen, wenn er der Theologie die Aufgabe stellt, zunächst „den theologischen Verbindlichkeitsgrad dieser imposanten Konstruktion durch historische, kanonistische und systematische Untersuchungen" zu klären und darüber hinaus „andere Modelle oder Konzepte zu entwickeln, die das Ineinander, Miteinander und Füreinander von Verkündigung, Forschung und Lehre der Kirche in ein der Sache dienliches Gleichgewicht bringen".[15]
Eine gewisse Differenzierung im Selbstverständnis des Lehramtes hat sich allerdings bereits seit einiger Zeit angekündigt. Sprach man lange Zeit von uneingeschränkter Zuständigkeit der Kirche in rebus fidei et morum, so präzisiert Pius XII. in der schon zitierten Ansprache vom 1. 6. 1941 die kirchliche Kompetenz als Zuständigkeit für die Feststellung der Vereinbarkeit bzw. Nichtvereinbarkeit der *Grundlagen* der jeweiligen gesellschaftlichen Ordnung mit der ewig gültigen Ordnung.[16] Ähnlich heißt es in Art. 33 der Pastoralkonstitution, aus dem depositum fidei können *Grundsätze* (principia) der religiösen und sittlichen Ordnung gewonnen werden, nicht aber fertige Antworten für alle einzelnen Fragen. Eine weitere Klärung scheint sich anzubahnen, seitdem man nicht mehr einfachhin, wie etwa Pius XI. in „Quadragesimo anno", eine Sendung „für alles, was auf das Sittengesetz Bezug hat", geltend macht. Pius XII. fordert in seiner An-

[15] *M. Seckler*, Die Theologie als Wissenschaft nach Pius XII. und Paul VI. 232 f.
[16] In der berühmten Ansprache über „Koexistenz und Zusammenleben der Völker in der Wahrheit und in der Liebe" (*Utz-Groner*, a. a. O. 6275—6299) hat sich Pius XII. bereits auch der Vorstellung einer Wandelbarkeit des Naturrechts zugänglich gezeigt. Vgl. dazu *E. Welty*, Die Sozialenzyklika Papst Johannes' XXIII. „Mater et magistra" (Herder-Bücherei 110), Freiburg-Basel-Wien ²1961, 42—44.

sprache vom 14. 1. 1958[17] gehorsame Annahme lehramtlicher Äußerungen über natürliche und menschliche Fragen, *sofern* diese zu Wahrheiten des christlichen Glaubens und zum übernatürlichen Ziel des Menschen *in Beziehung stehen.* Ähnlich formuliert Paul VI. in seiner Antrittsenzyklika, wenn er von seinen Vorgängern sagt, sie haben „im Lichte des Wortes Christi die Probleme unserer Zeit zum Gegenstand ihrer Lehre gemacht"; auch das Konzil sei „ganz hingeordnet auf die Einfügung der christlichen Botschaft in das Denken, die Sprache, die Kultur, die Sitte, den Geist der Menschheit, wie sie heute auf Erden lebt".[18] Kommt hier die integrierende Funktion der kirchlichen Verkündigung in Sicht, so melden sich in der gleichen Enzyklika auch schon deren kritisierende und stimulierende Funktion zu Wort. Der Papst wendet sich gegen den naiven Optimismus und gegen den düsteren Pessimismus, durch die das sittliche Bewußtsein verkehrt wird[19], und verlangt, das christliche Leben müsse danach trachten, den Denkformen und Sitten der Umwelt nahezukommen, sie zu läutern, zu adeln, zu beleben und zu heiligen.[20] Freilich stehen daneben immer wieder Formulierungen herkömmlicher Art, aber die sich anbahnende Differenzierung im Selbstverständnis des Lehramtes ist unverkennbar.

II. Die Infragestellung der bisherigen Position des Lehramts und der Moraltheologie

1. Die Auslösung der theologischen Reflexion

Die Anstöße zu einer kritischen Reflexion über die „Ermächtigung der Kirche zum ethischen Reden" (D. Bonhoeffer) sind letztlich von jener geistesgeschichtlichen Entwicklung ausgegangen, die wir als Säkularisierung zu bezeichnen uns angewöhnt haben und über die gleich ausführlicher zu handeln sein wird. Das kirchliche Lehramt und die Theologie haben sich gegenüber dieser Entwicklung lange Zeit vorwiegend apologetisch verhalten. Freilich sind auch positive Reaktionen zu verzeichnen.

[17] Acta Apostolicae Sedis 50 (1958) 151. Weitere Belege bei *M. Seckler,* Die Theologie als kirchliche Wissenschaft nach Pius XII. und Paul VI. 216, Anm. 1.

[18] Acta Apostolicae Sedis 56 (1964) 640s; Herderkorrespondenz 18 (1964) 577.

[19] Vgl. AAS 637; HK 576.

[20] Vgl. AAS 627s; HK 573.

Seit Beginn dieses Jahrhunderts, vor allem aber seit dem als bahnbrechend empfundenen Werk von F. Tillmann über die Idee der Nachfolge Christi und ihre Verwirklichung (Handbuch der katholischen Sittenlehre), drängten die Moraltheologen auf die klare Herausarbeitung des christlichen Charakters der Ethik. Das christliche Proprium erschien ihnen als das Vorgegebene, aus dem alle konkreten sittlichen Aussagen abgeleitet oder zumindest begründet werden können. Diese „Theologisierung" der Ethik mußte freilich nach wenigen Jahrzehnten in die Aporie führen. Verheißungsvoller war der von G. Thils inaugurierte Versuch, eine „Theologie der irdischen Wirklichkeiten" zu begründen, weil damit die Möglichkeit der Anerkennung der Autonomie und ihrer theologischen Begründung in Sicht kam. Wie nicht anders zu erwarten, blieb freilich auch auf dieser Spur manches Problem ungelöst, ja erschien und erscheint sogar bis zum heutigen Tag als unlösbar. So ist es kein Wunder, daß auch die Konzilsaussagen zu keiner vollen Klärung kommen konnten. Das Konzil anerkannte zwar mit bislang nicht gekannter Eindeutigkeit und Eindringlichkeit die Autonomie der Welt und ihrer einzelnen Bereiche.[21] Im übrigen war es sein Recht und seine Pflicht, die wahre Autonomie gegenüber dem säkularistischen Mißverständnis abzusichern und ohne falsche Zurückhaltung festzustellen, daß es „nur im Licht des Glaubens und in der betenden Versenkung in Gottes Wort möglich wird, ... richtig zu beurteilen, welche Bedeutung und welchen Wert die zeitlichen Dinge in sich selbst und in Hinordnung auf das Ziel des Menschen haben"[22]. Zur vollen Wahrheit über die Welt gehört nun einmal auch ihre Eingründung in transzendente Relationen. In manchen Äußerungen[23] wird aber doch klar, daß das Verhältnis von Sachgerechtigkeit und Sittlichkeit noch nicht genügend

[21] Vgl. „Lumen gentium" Art. 23; vor allem die bedeutende Grundsatzerklärung über die echte und die falsch verstandene Autonomie in „Gaudium et spes" Art. 36. Zu bedauern bleibt freilich, daß die resoluteste Bestimmung der Autonomie im endgültigen Text nicht zum Zuge kam; sie findet sich im „Text von Mecheln" (Abschnitt II: De mundo aedificando): „Mundus ... propria viget consistentia et suis regitur principiis et legibus, quas Ecclesia libenter et sincere agnoscit, non tanquam suas, sed tamen a Deo, auctore naturae, statutas." („non tanquam suas" meint: nicht in ihre (d. h. der Kirche) Kompetenz fallende, nicht ihrer Verfügung anheimgegebene Gesetzlichkeiten.) In „Gaudium et spes" wird über die Grundsatzerklärung hinaus die Autonomie der einzelnen weltlichen Bereiche ausdrücklich ausgesprochen: Kultur und Wissenschaft (Art. 59), Kunst (Art. 62), Wirtschaft (Art. 64), Staat und Gesellschaft (Art. 76).

[22] Dekret über das Laienapostolat Art. 4.

[23] Vgl. „Gaudium et spes", Art. 36 (Wissenschaftlichkeit und Sittlichkeit) und Art. 64 (Eigengesetzlichkeit der Wirtschaft und Sittlichkeit), oder Dekret über die Kommunikationsmittel, Art. 6 (Freiheit der Kunst und objektiv sittliche Ordnung).

reflektiert war. An anderen Stellen zeigt sich, daß das Konzil eine vom Glauben an Gott und vom kirchlichen Lehramt losgelöste, also eine autonome oder säkulare Sittlichkeit nicht anerkennt: Es betrachtet die katholische Kirche als „Lehrerin der Wahrheit", deren Aufgabe es ist, „die Wahrheit, die Christus ist, zu verkünden und authentisch zu lehren, zugleich auch die Prinzipien der sittlichen Ordnung, die aus dem Wesen des Menschen selbst hervorgehen, autoritativ zu erklären und zu bestätigen"[24]. Wie das wirklich gemeint war, macht das Konzil beispielsweise für den Bereich der Ehemoral deutlich: „Von diesen Prinzipien her ist es den Kindern der Kirche nicht erlaubt, in der Geburtenregelung Wege zu beschreiten, die das Lehramt in Auslegung des göttlichen Gesetzes verwirft."[25]

Genau dieser Punkt war es denn auch, der die innerkirchliche Diskussion über die Zuständigkeit des kirchlichen Lehramts und der Moraltheologie bei der Statuierung weltethischer Weisungen definitiv in Gang brachte. Schon die in die fünfziger Jahre zurückreichenden Auseinandersetzungen über die Mitbestimmung (und die „Mitbeteiligung") in der Wirtschaft und über die Problematik einer atomaren Rüstung haben die Frage laut werden lassen, woher denn die Kirche eine besondere Kenntnis darüber gewinnen kann, welche konkrete Gestalt die Welt in ihren einzelnen Bereichen in Zukunft annehmen soll. Den letzten Anstoß zur Reflexion über diese Frage und die Erkenntnis der unaufschiebbaren Dringlichkeit eines offenen Gesprächs brachte freilich erst die Enzyklika „Humanae vitae" Pauls VI. Das ist so allgemein anerkannt, daß es hier lediglich erwähnt werden muß.

Inzwischen war freilich die Schlüssigkeit der Beweisgründe für die kirchliche Lehrkompetenz in Fragen der Sittlichkeit bereits fundamental in Frage gestellt. J. Ratzinger hat in seinem Artikel „Naturrecht, Evangelium und Ideologie in der katholischen Soziallehre"[26] den hermeneutischen Zirkel, in dem sich die Argumentation dreht, aufgedeckt. Einerseits wird nämlich gesagt, Theologie gründe auf Offenbarung, andererseits wird trotzdem das Naturrecht in die kirchliche Lehrkompetenz einbezogen. Ganz offensichtlich sind nun aber naturrechtliche Einsichten nicht für jeden zwingend. Um sie aber doch als verbindlich erscheinen zu lassen, wurde nun für den vernünf-

[24] Erklärung über die Religionsfreiheit Art. 14.

[25] „Gaudium et spes" Art. 51.

[26] In: Christlicher Glaube und Ideologie, hrsg. von K. von Bismarck und W. Dirks, Stuttgart-Mainz 1964, 24—30.

tigen Charakter dieser Schlußfolgerungen die Autorität der Kirche in Anspruch genommen. Ferner hat die Kirche, um der von ihr vorgelegten Sittlichkeit weiterhin möglichst universale Geltung zu verschaffen, immer mehr zu naturrechtlichen Kategorien Zuflucht genommen bzw. immer größere Teile des von ihr vorgelegten Sittengesetzes als naturrechtlich verbindlich aufzuweisen versucht. Einerseits sollte also der Rekurs auf die Vernünftigkeit den unsicher gewordenen Kirchenglauben stützen, andererseits sollte die Autorität des Glaubens (und der in ihrem Lehramt vom Heiligen Geist getragenen Kirche) der mangelnden Evidenz der naturrechtlichen Aufstellungen zu Hilfe kommen. J. Ratzinger bringt den hermeneutischen Zirkel auf die kurze Formel: „Das Naturrecht sollte das positive Recht der Kirche decken, wurde aber seinerseits vom positiven Recht der Kirche gehalten. In dieser eigentümlichen Verquerung von Naturrecht und positivem Glaubensrecht liegt die Problematik der Situation der Kirche in der Neuzeit, in der Zeit der Umstellung der Kirche von einer rein kirchlichen auf eine weltanschaulich gemischte Gesellschaft."[27] Es erübrigt sich, die Geltung dieser Feststellung vom „Recht" auch auf die Sittlichkeit auszudehnen.

Solche Einsichten zwingen zu Reflexion und Differenzierung. Es mochte lange Zeit hingehen, daß die Prinzipien der Sittlichkeit ohne ausdrückliche Abhebung von zeitgeschichtlich bedingten Konkretisierungen vorgelegt wurden. Beim heutigen Stand der wissenschaftlichen Erkenntnisse auf den verschiedenen Gebieten verbietet sich das. Reflexion und Differenzierung sind aber vor allem erforderlich hinsichtlich der Frage, von welcher Art und von welcher Tragweite die Autorität der Kirche in Fragen der Sittlichkeit denn nun eigentlich ist. Eine genauere theologische Interpretation des Verhältnisses von Kirche und Welt sowie eine besonnene theologische Bewertung des Ereignisses der Säkularisierung vermögen uns einen Schritt weiterzubringen. Jedenfalls ist eine Klärung nötig: Die Phase des relativ unreflektierten und undifferenzierten theologischen und kirchlichen Sprechens über sittliche Fragen ist definitiv vorbei.

[27] A. a. O. 26.

2. *Vertiefte theologische Interpretation des Verhältnisses von Kirche und Welt*

Es mag der Klärung speziell der heute bedeutsamen Aspekte des Verhältnisses von Kirche und Welt dienen, etliche Unterscheidungen zu machen, die freilich nicht im Sinne einer Trennung des je Unterschiedenen mißverstanden werden dürfen.[28]

a) Dualität der Wahrheit

Man wird, wenn auch in der Sache vereinfachend und zuspitzend, sagen dürfen, das göttliche „Wort" sei in der Geschichte auf zweifache Weise gegenwärtig und wirksam, als „Wort der Schöpfung" und als „Wort des Heils". Vom „Wort des Heils" sagt Joh 1,14: „Und das Wort ist Fleisch geworden und hat unter uns gewohnt." In dem hier gemeinten Ereignis der Fleischwerdung ist das ewige „Wort" aus der Verschlossenheit Gottes in die Offenheit und Wahrnehmbarkeit menschlicher Existenz herausgetreten. Das „Wort" hat sich die Welt als „Leib" genommen. Dies ist das Geheimnis des Heils, dessen Ursprung und Ziel im Neuen Testament verkündet sind. Aber schon das „Wort der Schöpfung" ist Heraustreten Gottes aus sich selbst, nicht erst das „Wort des Heils". Und das „Wort der Schöpfung" darf im „Wort des Heils" nicht versinken. Wie könnte Heilsgeschichte sinnvoll sein, wenn der zu rettenden Welt keine echte Eigenwertigkeit zukäme? Der ins Fleisch eintretende Gott hat die Welt nicht zunichte gemacht, sondern endgültig in Liebe angenommen und damit erst im vollen Sinne in ihre Eigentlichkeit hinein freigesetzt (K. Rahner, J. B. Metz).

Das „Wort der Schöpfung" konstituiert die „Wahrheit der Welt", das also, was in dieser Untersuchung „Rationalität der Wirklichkeit" genannt wird und deren dynamische Intentionalität auf Sinn und Ordnung hin meint. In dieser von Gott gestifteten und der menschlichen Vernunft grundsätzlich zugänglich gemachten Wahrheit der

[28] Vom Verfasser in früheren Arbeiten weiter ausgeführt. Vgl. im einzelnen: Kirche und Welt, in: Mysterium Kirche in der Sicht der theologischen Disziplinen, hrsg. von F. Holböck und Th. Sartory, Salzburg 1962, Bd. 2, 479—570; Die Wahrheit wird euch frei machen, in: Wahrheit, Freiheit, Toleranz. Referate der Tagung des Deutschen Instituts für Bildung und Wissen vom 19.—24. Oktober 1964, Frankfurt 1965, 248—265; Was heißt „Dialog der Kirche mit der Welt"?, in: Wahrheit und Verkündigung. Festschrift für M. Schmaus zum 70. Geburtstag, hrsg. von L. Scheffczyk, W. Dettloff, R. Heinzmann, Paderborn 1967, Bd. 2, 1507—1531.

Welt gründen alle Gesetzlichkeiten – die sittlichen eingeschlossen –, die im Laufe der menschlichen Geschichte gefunden wurden oder noch gefunden werden. Aber das ist erst „die halbe Wahrheit". Wahrheit der Schöpfung und Wahrheit des Heils, anders gesagt: Die Intentionalität der Welt auf ihre immanente Vollendung und ihre Intentionalität auf Christus hin – diese beiden zusammen konstituieren erst den Vollbegriff der Wahrheit der Welt. Beide sind eigenständige, aber trotz ihrer Eigenständigkeit nicht divergierende Sinnrichtungen der Welt. Sie konvergieren vielmehr in Jesus Christus, in dem beide Dimensionen dieser dynamischen Intentionalität ihren Anfang und ihre Vollendung haben.

b) Dualität der Ordnung (Weltliche und kirchliche Zuständigkeit)

Jesus Christus ist der Schlüssel zum theologischen Verständnis der Wirklichkeit, auch des Verhältnisses von Kirche und Welt. Das Konzil von Chalkedon 451 hat implizit das gültige Maß dafür aufgestellt, wenn es das Verhältnis der beiden Naturen in Christus folgendermaßen bestimmte: „Wir lehren und bekennen einen und denselben Christus ... in zwei Naturen, unvermischt und unverwandelt, ungetrennt und ungesondert, da der Unterschied der beiden Naturen durch die Einigung keineswegs aufgehoben, vielmehr die Eigentümlichkeit einer jeden Natur gewahrt ist und beide in einer Person und in einer Hypostase sich vereinigen."[29] Heutige Christologie hält mit ihrer Kritik an dieser Definition nicht zurück, aber die darin implizierte, für unsere Frage bedeutsame Aussage wird von der Kritik nicht betroffen. Die christologische Formel von Chalkedon hat ekklesiologische Relevanz: Was das Konzil von Christus sagt, gilt auch von der Kirche, insofern sie das Zeichen seiner fortdauernden Gegenwart in der Geschichte ist. Auch für das Verständnis des Verhältnisses von Kirche und Welt gelten die Prinzipien „ungetrennt und ungesondert" – „unvermischt und unverwandelt". Das Menschliche und Weltliche darf nicht im Abgrund des Göttlichen, das durch die Kirche vermittelt wird, versinken. Das wäre das monophysitistische Mißverständnis, das die Autonomie der Welt gegenüber der Kirche nicht ernst nimmt. Eine Trennung oder ein beziehungsloses Nebeneinander von Kirche und Welt wäre das nestorianische Mißverständnis, das die wesenhafte Eingründung der Welt im Mysterium des Heils nicht ernst nimmt und

[29] DS 301–302.

darum zur säkularistischen Abspaltung der Welt von der Kirche führt. Y. Congar hat diese Einsicht auf die Formel gebracht: „In der irdischen Etappe, die dem entspricht, was wir die Zwischenzeit genannt haben, herrscht eine Dualität zwischen Kirche und Welt. Es sind zwei Realitäten, von denen jede ihre eigene Beziehung zu dem einen Endziel des Reiches hat."[30] Der Herrschaftsanspruch Christi ist ein universaler auch schon in der „Zwischenzeit" zwischen Erhöhung und Parusie, in der „Zeit der Kirche", er erstreckt sich auch auf alle zeitlichen Angelegenheiten. Aber in dieser „Zwischenzeit" beläßt Christus die weltlichen Dinge der weltlichen Herrschaft. Er hat seiner Kirche keinerlei Gewalt in zeitlichen Dingen verliehen. Doch haben auch die Träger weltlicher Gewalt ihre Macht unmittelbar von Christus und nicht aus der Hand der Kirche. Jeder Versuch, sich über diese Teilung der Gewalten, über diese Dualität der Ordnung hinwegzusetzen und schon auf Erden eine unitarische Ordnung zu realisieren, ist der Versuch einer Vorwegnahme, ist praesumptio, ganz gleich, ob er von der geistlichen oder von der weltlichen Gewalt unternommen wird. Die Anerkennung der Dualität ist unabdingbare Voraussetzung für das rechte Verständnis des Verhältnisses von Kirche und Welt in der heilsgeschichtlichen „Zwischenzeit", in der wir uns befinden.[31] Der Dienst der Kirche an der Welt hat nicht zur Voraussetzung, daß die weltlichen Ordnungen der Kirche unterstellt werden. Dies stünde im Widerspruch zur Eigenständigkeit der Welt – auch zur „relativ" verstandenen – und würde zudem keine Gewähr dafür bieten, daß diese Ordnungen nun wirklich dem Willen Gottes gemäß gestaltet werden und daß nicht die Kirche ihrerseits der Verweltlichung verfiele. Aus der Glaubenseinsicht, daß die gesamte Wirklichkeit zum Reich Gottes gehört, kann nicht gefolgert werden, daß die Wirklichkeit auch insgesamt der Regie der Kirche unterworfen werden müsse. Und außerdem ist nicht alles, was außerhalb der kirchlichen Kompetenz liegt, in sich und für das Reich Gottes unwichtig oder nebensächlich.[32] Wohl vermag die Kirche aus ihrem Wissen um Heil und Unheil heraus eine integrale Schau der menschlichen Ordnungen und

[30] Der Laie, Stuttgart 1956, 118.

[31] Vgl. den geschichtlichen Überblick und die grundsätzlichen Darlegungen bei *P. Mikat*, Artikel Kirche und Staat, in: Staatslexikon [6]IV, 1005—1016; *ders.*, Gegenwartsaspekte im Verhältnis von Kirche und Staat in der BRD, in: Ecclesia et ius, Festschrift für Audomar Scheuermann, hrsg. von K. Siepen, J. Wetzel, P. Wirth, Paderborn 1968, 79—97; hier 93 f.

[32] Vgl. *K. Rahner*, Das Dynamische in der Kirche (Quaestiones disputatae 5), Freiburg 1958, 26.

damit auch grundlegende Einsichten in die Gesetzlichkeiten einer fruchtbaren Entfaltung menschlicher Existenz in der Geschichte zu vermitteln. Damit ist allerdings über die weltethischen Implikationen der Heilsberufung des Menschen und über die sich daraus ergebenden Zuständigkeiten der Kirche im Bereich des Sittlichen noch nichts Konkretes ausgesagt.

c) Dialog als Weg der Wahrheitsfindung

Die bisherigen Ausführungen über die Dualität der Wahrheit und ihre geschichtliche Erkenntnis und Durchsetzung in der Dualität der Ordnung haben das theologische Fundament des Dialogs zwischen Kirche und Welt freigelegt. Von Dialog sprechen wir, wenn ein Wort dem anderen Wort begegnet und wenn beide Worte einander annehmen, ohne dabei aufzuhören, sie selbst zu bleiben. Im Dialog zwischen Kirche und Welt begegnen sich das „Wort der Schöpfung" und das „Wort des Heils". Schöpfung ist auf Heil hin erschaffen, Heil bringt Schöpfung zur Vollendung. Darum führt der Weg zur vollen Wahrheit wesentlich über den Dialog, über das Zueinander, das Miteinander und das Ineinander des „Wortes der Schöpfung" und des „Wortes des Heils". Paul VI. hat in der schon mehrfach zitierten Antrittsenzyklika „Ecclesiam suam" sich zu diesem Dialog bekannt: „Im Dialog entdeckt man, wie verschieden die Wege sind, die zum Licht des Glaubens führen, und wie es möglich ist, sie alle auf das selbe Ziel hin zu lenken. Auch wenn sie voneinander abweichen, können sie doch zur gegenseitigen Ergänzung beitragen, weil sie unser Denken auf ungewohnte Bahnen lenken und uns zwingen, unsere Forschungen zu vertiefen und unsere Sprechweise zu verbessern. Die Dialektik dieses Denkens und dieser Geduld läßt uns auch in den Meinungen der anderen Wahrheitselemente entdecken."[33]

[33] AAS 645s; HK 579. Zur Frage der „kollektiven Wahrheitsfindung" vgl. *F. Schupp*, Das kirchliche Lehramt, in: Zur Diskussion über das kirchliche Lehramt (Beiträge zur Begegnung von Kirche und Welt, hrsg. von der Akademie der Diözese Rottenburg, Nr. 84), Rottenburg 1969, 9—21.

3. *Theologische Bewertung des Säkularisierungsprozesses*[34]

a) Theologische Aufwertung der „Zeichen der Zeit"

Die von Johannes XXIII. in seiner Enzyklika „Pacem in terris" und vom Zweiten Vatikanum in der Pastoralkonstitution verwendete Kategorie „Zeichen der Zeit" erscheint in der einschlägigen Literatur bereits als locus theologicus, d. h. als Fundort für die theologische Erkenntnis neben Schrift, Tradition, Liturgie und Spiritualität.[35] Wenn die Geschichte Ort der Begegnung zwischen Gott und Mensch ist, muß sie theologisch ernster genommen werden als es in der Vergangenheit weithin geschah. Sie ist nicht nur der wechselnde Hintergrund der sich immer gleich bleibenden menschlichen Existenz, sie gehört vielmehr konstitutiv zur Wirklichkeit des Menschen selbst und darum auch der Kirche. Unter die „Zeichen der Zeit" werden nicht alle Ereignisse schlechthin zu rechnen sein, sondern nur geballt auftretende Fakten bzw. Entwicklungen von Gewicht, die alle in die gleiche Richtung weisen und wenigstens einer größeren Gruppe von Menschen in ihrer Bedeutung bewußt geworden sind.

Wie sollen die „Zeichen der Zeit" konkret theologisch verifiziert werden? M. D. Chenu[36] warnt nachdrücklich davor, hier nur an fromm-erbauliche Auslegung der Fakten zu denken: „Wenn die Christen als Kirche behaupten, den göttlichen Sinn oder den Frohbotschaftssinn der Ereignisse lesen zu können, so dürfen sie diese Ereig-

[34] Das Problem kann hier nur nach den für den Zusammenhang wichtigen Aspekten skizziert werden. Vgl. *A. Auer*, Christsein im Beruf. Grundsätzliches und Geschichtliches zum christlichen Berufsethos, Düsseldorf 1966, 202–213. Einige neue Überlegungen finden sich bei *E. Schillebeeckx*, Gott – Die Zukunft des Menschen 49–79 (besonders wertvoll wegen der deutlichen Herausstellung der beiden Ebenen des Säkularisierungsprozesses, des Phänomens selbst als der positiv zu wertenden kulturgeschichtlichen Erscheinung der Entdeckung des rationalen Verstehenshorizonts des Menschen einerseits und der Interpretation dieses Prozesses – Säkularität als Atheismus – andererseits); Concilium 5 (1969) Heft 8/9 (Sakralisation und Säkularisation in der Geschichte der Kirche); *G. Scherer*, Religion als anthropologisches Phänomen in ihrer Bedeutung für Staat und Gesellschaft, in: Essener Gespräche zum Thema Staat und Kirche, hrsg. von J. Krautscheidt und H. Marré, Bd. 2, Münster 1969, 12–31; *J. Ratzinger*, Der Christ und die Welt von heute; *ders.*, Glaube und Zukunft.

[35] Vgl. Einführung: Zeichen der Zeit, in: Concilium 3 (1967) 417–422; *I. Lobo*, Geschichtlichkeit und Erneuerung der Moral, in: Concilium 3 (1967) 363–375; *M. D. Chenu*, Les signes des temps, in: Nouv. Rev. Théol. 87 (1965) 29–39; *K. Rahner* – *N. Greinacher*, Die Gegenwart der Kirche – theologische Analyse der Gegenwart als Situation des Selbstvollzugs der Kirche, in: Handbuch der Pastoraltheologie, Bd. II/1, Freiburg–Basel–Wien 1966, 178–276.

[36] A. a. O. 34; vgl. Die Dokumentation, in: Concilium 3 (1967) 417–422.

nisse nicht unbewußt von ihrer innerweltlichen Wirklichkeit lösen; sie dürfen sie nicht spiritualisieren. In sich selber, mit ihrer vollständigen und eigenen Geladenheit sind sie Zeichen." Die Kirche muß erkennen, daß die Realität selbst auf die Frohbotschaft hin angelegt ist; darum muß die Realität in sich respektiert und darf nicht in kurzatmiger Apologetik von der Kirche für sich selbst beschlagnahmt werden. Die Wirklichkeit darf nicht, vor allem nicht vorschnell, mystifiziert werden, sondern muß auf ihre eigentliche Botschaft hin ausgehorcht werden. Nur so vermag das gläubige Bewußtsein den in der Realität vorgezeichneten Weisungen auf die Spur zu kommen.

b) Säkularisierung als „Zeichen der Zeit"

Das Ereignis der Säkularisierung ist ein so intensiver, von klaren Tendenzen geleiteter und wenigstens dem Großteil der in unserem Raum lebenden Menschen bewußt gewordener Prozeß, daß man ihn sicherlich zu den „Zeichen der Zeit" rechnen kann und muß. Der geistige Kern dieser Bewegung ist der Autonomismus. Die ihrer Eigenkraft bewußt gewordene autonome Vernunft versteht und gestaltet die irdischen Bereiche aus den ihnen immanenten Gesetzlichkeiten heraus. Der Autonomismus richtet sich geradewegs gegen den Anspruch der christlichen Verkündigung, sie allein habe – „aus welchen Gründen auch immer – das wahre Wissen von dem ..., was menschenwürdig und menschenunwürdig ist, was den Menschen erhebt und erniedrigt"[37]. In der modernen Profanität geschieht „Selbstbefreiung durch Wissen"[38]. Die Vernunft findet die Sachgesetzlichkeiten der einzelnen Bereiche, schaut sie zu einer Gesamtdeutung der Welt zusammen und artikuliert die darin implizierten Verbindlichkeiten. Dieses Zu-sich-selbst-Kommen des Menschen wird auch von der Theologie bejaht, von der evangelischen früher und intensiver als von der katholischen (hier zuerst K. Rahner und J. B. Metz). Die Kritik beginnt erst dort, wo die Profanität sich verabsolutiert und jede Öffnung in die Transzendenz radikal ausschließt. Wenn die Theologie es wirklich mit einer für den Menschen bedeutsamen Wahrheit zu tun hat, muß sie darauf hinweisen, daß eine totale Verkapselung des Menschen in die Immanenz eine wesentliche Dimension seiner

[37] *Th. Beemer,* Von der moraltheologischen Hermeneutik 395.

[38] *K. R. Popper, Selbstbefreiung* durch Wissen, in: Der Sinn der Geschichte, hrsg. von L. Reinisch, München [2]1961, 100–116.

Existenz ausläßt und darum auf die Dauer nur Unheil bringen kann.[39] Gegenüber einseitigen, ja geradezu emphatischen Preisungen des Säkularisierungsprozesses sind solche Warnungen durchaus angebracht. Sie brauchen hier nicht entfaltet zu werden. Sie vermögen allerdings die grundsätzlich positive Wertung dieses umfassenden geschichtlichen Vorgangs nicht außer Geltung zu setzen. Es ist etwas Gutes, daß der heutige Mensch den Schwerpunkt seiner Existenz und seines Engagements in einer progressiven Humanisierung der Welt sieht; es ist etwas Gutes, wenn er sich für alles verantwortlich weiß, was in seiner Welt geschieht, und wenn er begreift, daß er durch sein Wissen und durch sein technisches Können besser denn je ausgerüstet ist, die Verantwortung für die Zukunft selbst zu übernehmen. Die Kirchen werden sich nicht damit „trösten", daß ihm die Bäume schon nicht in den Himmel wachsen. Sie werden sich dafür einsetzen, daß diesem engagierten Menschen zwar kritische Maßstäbe an die Hand gegeben, daß ihm aber auch noch die Triebkräfte der christlichen Existenz erschlossen werden.

c) Säkularisierung des Sittlichen als „Zeichen der Zeit"

Nach den anderen Gebieten menschlichen Lebens (Politik, Wissenschaft, Wohlfahrt usw.) beginnt sich auch das sittliche Bewußtsein aus der dem mittelalterlichen und teilweise noch dem neuzeitlichen Menschen selbstverständlichen Obhut der Kirche zu lösen. Noch ist der Kirche einige Autorität verblieben, aber dieser verbliebene Rest wird vergehen, wenn er nicht sorgsam verwaltet wird. Der Tatbestand, vor dem Kirchen und Theologien heute stehen, wurde bereits von D. Bonhoeffer eindeutig gekennzeichnet: „Die etwa im 13. Jahrhundert beginnende Bewegung in der Richtung auf die menschliche Autonomie (ich verstehe darunter die Entdeckung der Gesetze, nach denen die Welt in Wissenschaft, Gesellschafts- und Staatsleben, Kunst, Ethik (!), Religion (!) lebt und mit sich selbst fertig wird), ist in unserer Zeit zu einer gewissen Vollständigkeit gekommen. Der Mensch hat gelernt, in allen wichtigen Fragen mit sich selbst fertig zu werden ... In wissenschaftlichen, künstlerischen, auch ethischen

[39] Vgl. beispielsweise die Hinweise bei *G. Scherer*, Religion als anthropologisches Phänomen 24—27, wo neben den positiven Aspekten (vor allem Zwang zur Katharsis des Denkens) auch die in der Säkularisierung angelegten negativen Möglichkeiten gesehen werden.

Fragen ist das eine Selbstverständlichkeit geworden, an der man kaum mehr zu rütteln wagt."[40]

Was D. Bonhoeffer für die evangelische Ethik ausgesagt hat, begegnet im katholischen Raum in ähnlicher Schärfe erstmals bei C. van Ouwerkerk.[41] Er nennt drei Vorgänge oder Erscheinungen, in denen sich die Säkularität auch innerhalb der katholischen Moraltheologie angemeldet habe: die Situationsethik, die Weltprobleme von Krieg und Frieden sowie die Bevölkerungspolitik und schließlich das Lehrstück über Kirche und Welt. In den Zweifeln am Mitbestimmungsrecht der kirchlichen Lehrautorität in Sachen der Ehemoral sieht er lediglich ein Symptom für die tiefergreifende Unsicherheit, die sich auf den Zusammenhang einer eigenständigen Welt mit dem Heil bezieht, das doch in und nicht außerhalb dieser Welt verwirklicht werden soll. Man kann dem Autor nur zustimmen, wenn er am Schluß seiner Darlegungen die Fragen formuliert, die aus dem Raum des Säkularen heute auf die Moraltheologie zukommen und auf die sie Antwort geben muß: Was meint die Moraltheologie, wenn sie die Ethik auf den „Willen Gottes" gründet? Welche Bedeutung haben das Kerygma des Evangeliums und in ihm die zentrale Gestalt Christi im Hinblick auf die Ethik? Und schließlich, wie steht es um die ethische Aufgabe und Vollmacht der Kirche? Wo fließen die Quellen ihrer ethischen Einsichten und welche Sicherheiten bietet sie für die von ihr vorgelegten Lösungen?[42] Wir haben uns daran ge-

[40] Widerstand und Ergebung. Briefe und Aufzeichnungen aus der Haft, hrsg. von E. Bethge, München [13]1966, 215. Vgl. auch Grundfragen einer christlichen Ethik, in: Gesammelte Schriften, Bd. III, hrsg. von E. Bethge, München [2]1966, 48—58, wo D. Bonhoeffer seine Auffassungen noch schärfer formuliert. Nach seiner Meinung gibt es keine spezifisch christlichen Prinzipien und Normen sittlicher Art. In den ethischen Weisungen des NT sieht er keine inhaltlich neuen ethischen Forderungen, sondern einfach Konkretisierungen des Liebesgebotes.

[41] Säkularität und christliche Ethik.

[42] Vgl. a. a. O. 415. Eine gegenüber der vor drei Jahrzehnten noch allgemein gängigen Auffassung positivere, aber noch recht reservierte Bewertung der Säkularisierung des Sittlichen finden wir in den hinterlassenen Vorlesungsmanuskripten Th. Steinbüchels: Er weist darauf hin, daß sich bereits J. H. Newman in seinen Universitätsreden mit dem Säkularisierungsprozeß auseinandergesetzt hat. Er selbst kritisiert an dieser Entwicklung die Überbewertung des Sittlichen und die Verkennung des Religiösen in seinem eigentlichen Wesen. Sein definitives Urteil: „Schließt man die Humanität in sich selbst ein, so verkennt man ihren Wesenszug der Transzendenz als des eigensten am Wesen Mensch und als die Eigenart seines Existierens, seines Seins und Sich-Verhaltens zum anderen hin." Man kann diesem Urteil durchaus zustimmen: Die Autonomie des Sittlichen ist keine absolute Autonomie. Wenn man aber die Notwendigkeit des transzendenten Bezugs der autonomen Sittlichkeit allzu stark hervorhebt, entsteht ein so dichtes Klima der Reserve, daß die Autonomie sich nicht mehr voll darin erheben kann. Dies scheint bei Th. Steinbüchel der Fall zu sein.

wöhnt, von „kirchlicher“ Ethik, von „katholischer“ und „evangelischer“ Sexualethik oder Sozialethik u. a. m. zu sprechen. Solche Formeln müssen sich vor dem kritischen Bewußtsein des heutigen Menschen, auch des kirchlich gebundenen Menschen ausweisen.

4. Die Realität der modernen Profanität als geistiger Ort heutiger moraltheologischer Reflexion

Wir sagten, das entscheidende Kennzeichen der modernen Profanität sei die ihrer Autonomie bewußt gewordene Vernunft. In den Humanwissenschaften erforscht sie die Sachgesetzlichkeiten, denen der Mensch in den verschiedenen Bereichen seiner Existenz unterworfen ist. In der philosophischen Anthropologie versucht sie die humanwissenschaftlichen Einzelerkenntnisse zu integrieren und die Sinnwerte des Menschseins zu artikulieren. In der Ethik weist sie die darin implizierten Verbindlichkeiten auf.
Wenn man dabei Gott ins Spiel bringt, dann kann dies – so sagt man – nur um den Preis des Ganz-zu-sich-selbst-Kommens des Menschen und der Entfaltung seiner geistigen und technischen Möglichkeiten geschehen. Darum schließen heutige Philosophen wie E. Bloch oder R. Garaudy den Glauben an Gott und an seine Offenbarung aus ihrem Humanismus aus. Sie sind davon überzeugt, daß jeder dem Menschen begegnende Gott die Begegnung des Menschen mit sich selbst vereiteln muß. Die Theologen suchen eine gemeinsame Basis mit den Vertretern der modernen Profanität. Nicht wenige glauben, sie vor allem im Bereich der ethischen Reflexion zu finden. D. Bonhoeffer, der sich als einer der ersten der Säkularisierung der Ethik bewußt geworden ist, formuliert gewiß übertreibend, aber im Kern vielleicht richtig: „Wir gehen einem völlig religionslosen Zeitalter entgegen: die Menschen können einfach, so wie sie nun einmal sind, nicht mehr religiös sein.“[43] Darum muß er sich auch von K. Barth distanzieren; denn dieser hat zwar schon vor ihm in diese Richtung zu denken begonnen, aber er hat nach seiner Meinung nicht die richtigen Konsequenzen gezogen und ist zu einem im Grunde restaurativen Offenbarungspositivismus zurückgekehrt. D. Bonhoeffer aber sieht in der Säkularisierung eine echte Chance und fordert darum die Christen auf, von dem Versuch abzulassen, ihren Gott doch

[43] Widerstand und Ergebung, hrsg. von E. Bethge, München [13]1966, 178.

wieder durch eine Hintertür in die säkulare Welt hineinzuschmuggeln und „den Menschen in seiner Weltlichkeit ... madig zu machen"[44].
Das Zweite Vatikanum ist, wenn auch mit kühlerem Kopf und mit stärkerer sachlicher Reserve, auf die gleiche Spur gegangen, wenn es in der Pastoralkonstitution über „Die Kirche in der Welt von heute" seinen Ansatz nicht bei einer vorgefertigten theologischen Konzeption, sondern bei der konkreten und aktuellen Erfahrung der in der Welt lebenden Christen wählt. Es verzichtet gewiß nicht auf die nachdrückliche Einbringung der christlichen Botschaft, aber es akzeptiert die Realität der heutigen geistigen Welt und verzichtet definitiv darauf, die Möglichkeit einer von der übrigen Welt abgehobenen christlichen oder katholischen Sonderwelt auch nur zu denken. Gott hat für die Christen nicht eine eigene Welt mit eigenen Gesetzen und Sinnwerten erschaffen; er will, daß sie mit den anderen die gleichen Existenzbedingungen teilen. Damit steht die Aufgabe an, die Authentizität des Christlichen im Ethos klar herauszustellen.[45]
Man braucht dazu hinsichtlich der Bewertung der modernen Profanität nicht alle heute gängigen Naivitäten mitzumachen. Es gibt genug Wissenschaftler und Techniker von Weltrang, die den spezifischen Gefährdungen der heutigen und der künftigen Entwicklung illusionslos ins Auge sehen. Man braucht freilich auch nicht so pessimistisch zu sein wie M. Born, der den von der Menschheit eingeschlagenen Weg offenbar für eine bereits definitive und irreversible Fehlentwicklung hält: „Es scheint mir, daß der Versuch der Natur, auf dieser Erde ein denkendes Wesen hervorzubringen, gescheitert ist." Er sieht den Grund dafür nicht eigentlich in den mit der Technisierung gegebenen Möglichkeiten menschlicher Selbstzerstörung, sondern „im Zusammenbruch aller ethischen Grundsätze, die sich im Laufe der Geschichte entwickelt und ein lebenswertes Leben gesichert haben ... Alle Versuche, unseren ethischen Kodex unserer Situation im technischen Zeitalter anzugleichen, sind fehlgeschlagen." Wenn man

[44] A.a.O. 236.
[45] Vgl. *R. Simon*, Présentation, in: Le Supplément, tome XXIII, 6: „Dans le monde qui est le nôtre aujourd'hui, marqué en particulier par la conquête des autonomies culturelle, scientifique, philosophique, éthique (!), etc., le risque n'est plus, comme par le passé, d'annexer à la religion la pratique humaine, de faire peser sur celle-ci le poids des institutions ecclésiastiques. Contrairement aux thèses du Cardinal Daniélou, on peut penser que le projet d'une nouvelle Sacralisation des institutions et des moeurs de la cité, prenant le relais des chrétientés d'antan, n'est pas chose souhaitable. On peut d'ailleurs estimer que ce projet procède de l'utopie plus que d'une saine vue des choses."
[46] Der Bruch in der Zivilisation, in: Kosmos 64 (1968) 190.

einen solch abgrundtiefen Pessimismus auch nicht teilt, so wird man doch mit Sicherheit damit rechnen müssen, daß die vom Menschen geschaffene Welt – was damit gemeint ist, wird erst der Fortgang des Ereignisses totaler menschlicher Selbstmanipulation aufdecken – uns Heutigen noch gänzlich unvorstellbare Probleme mit sich bringen wird. Wenn die Menschheit sich nicht über den Sinn des auf sie Zukommenden Gedanken macht und die Zukunft auf diesen Sinn hin zu gestalten versucht, werden die einzelnen unter der Last der ihnen aufgebürdeten Welt weder geistig noch seelisch bestehen können. Dann wird die Säkularisierung Blüten treiben, die mit den finstersten Auswüchsen früheren Aberglaubens und früherer esoterischer Pseudomystik gewiß voll konkurrieren können. Daran werden alle Versuche ideologischer Selbstbefriedigung des Menschen nichts ändern.[47]

Darum sind wir überzeugt, daß mit der Sinnfrage das eigentlich religiöse Problem in der Gesellschaft der Zukunft zu neuer Relevanz kommen wird. Doch darf diese Überzeugung nicht zu einem Kurzschluß führen. Der Ort, an dem die moraltheologische Reflexion sich abspielt, ist die moderne Profanität. Die Welt hat ihre Eigentlichkeit als Welt voll entdeckt und ist ihrer so spontan bewußt geworden, daß sie – jedenfalls fürs erste – jede Relativierung, aus welcher Transzendenz auch immer, resolut und pathetisch zurückweist; sie hat sich um der endgültigen Sicherung ihres neu erkämpften geistigen Besitzstandes willen immanentistisch verschlossen. Damit ist die Theologie, die Moraltheologie vielleicht mit besonderer Dringlichkeit, aufgerufen, ihre ohnehin nur vermeintliche Autarkie aufzugeben und für ihre Reflexionen den Raum der Säkularität aufzusuchen. Wird sie den Mut haben, den Rubikon zu überschreiten?

[47] *E. Schillebeeckx,* Gott — Die Zukunft des Menschen 57 f.: „In unserer Wohlstandsgesellschaft ist die zunehmende Rationalität der Medien offensichtlich gepaart mit Sinnverlust und Trübung der Zielwerte, also mit einer abnehmenden Rationalität, einer abnehmenden Durchsichtigkeit sinnvoller menschlicher Zielsetzungen." Vgl. auch *P. L. Berger,* Auf den Spuren der Engel. Die moderne Gesellschaft und die Wiederentdekkung der Transzendenz, Frankfurt 1970.

III. Einige Reflexionen über die Zuständigkeit des Lehramts und der Moraltheologie bei der Statuierung weltethischer Weisungen

1. Die Autonomie des Sittlichen

Unsere bisherigen Überlegungen haben ergeben, daß das Sittliche eine Schöpfung des menschlichen Geistes ist. Es gehört in den Bereich der „Wahrheit der Welt", deren Entfaltung im göttlichen Kulturauftrag (Gen 1,28) dem Menschen als originäre Aufgabe zugewiesen ist. In der traditionellen Naturrechtslehre kommt denn auch klar zum Ausdruck, daß die ethische Ordnung wohl gänzlich vom Menschen aufgefunden und entfaltet werden kann. Von der Wirklichkeit inspiriert, versucht er einen fundamentalen Entwurf für die verschiedenen Dimensionen seiner Existenz zu gewinnen. Kirche und Theologie waren allerdings bis in die neueste Zeit hinein der Meinung, daß dieser Entwurf nur unter ihrer Regie gelingen könne oder so doch wenigstens die sicherste Gewähr des Gelingens habe.
In der Antrittsenzyklika „Ecclesiam suam" Pauls VI. und in der Pastoralkonstitution „Gaudium et spes" des Zweiten Vatikanum begegnen uns erste resolute kirchenamtliche Anerkennungen der Autonomie der Welt. Beide Dokumente verbleiben jedoch hinsichtlich des Bereichs des Sittlichen im wesentlichen bei der herkömmlichen Auffassung, die dem Lehramt zwar keinen Monopolanspruch, aber doch einen klaren, neuerdings freilich manchmal auf die Aufstellung sittlicher Prinzipien reduzierten Kompetenzvorsprung gegenüber weltlichen Instanzen sichern will. Die säkularistische Bewegung lehnt jeden von außen kommenden ethischen Anspruch ab, weil in diesem Falle auch die personale sittliche Entscheidung sich nach außen wenden und nicht auf die Mitte des menschlichen Selbstseins und dessen reale Entfaltung tendieren würde.[48] Im Rückblick auf die obigen Darlegungen über den biblischen Befund und die kurzen geschichtlichen Hinweise sowie in Übereinstimmung mit heutigen Autoren darf und muß man feststellen, daß Weltethos ein immanentes Ethos ist, ein Ethos der Sachlichkeit, das die Einsichten in die Wirklichkeit unter dem Aspekt ihrer Verbindlichkeit artikuliert. Wir halten fest, was neulich auch J. Fuchs nachdrücklich herausgearbeitet hat, daß

[48] Vgl. *K. Riesenhuber*, Existenzerfahrung und Religion, in: Unser Glaube (Christliches Selbstverständnis heute, Bd. II), Mainz 1968, 15.

hinsichtlich des „Inhalts" der christlichen Moral „weder die einzelnen Christen noch die Träger des Amts durch eine – wie auch immer geartete – Privatoffenbarung zur Erkenntnis der sittlichen Wahrheit gelangen". Der Inhalt der christlichen Moral ist menschlich und nicht unterscheidend christlich, darum stammt das sittliche Bewußtsein der christlichen Gemeinde „erkenntnismäßig aus ‚menschlichem' Verstehen"[49].

Die Formel von der Autonomie des Sittlichen – dieses, wohlgemerkt, hier immer als Gesamt *weltethischer* Verbindlichkeiten verstanden – *können* wir mit voller Legitimität verwenden, wenn wir mit ihr auch nicht die ganze Tiefendimension des Phänomens Sittlichkeit aussprechen. Sie bringt zum Ausdruck, daß es einen Tiefenbereich des Sittlichen gibt, in dem die metaphysischen und religiösen Begründungen noch nicht ins Spiel kommen. Vor allem J. Girardi hat das Recht dieser schon von der Wertethik nachhaltig vertretenen axiologischen Betrachtungsweise des Sittlichen wieder ins Bewußtsein gerufen.[50] Die Behauptung der Eigenständigkeit des Sittlichen ist im übrigen die einzige tragfähige Basis für eine mögliche Übereinkunft in Fragen der Sittlichkeit, vor allem auch für die pädagogisch höchst bedeutsame Übereinkunft hinsichtlich jenes sittlichen Minimums, in dessen gesellschaftlicher Urgierung alle weltanschaulichen Gruppen einig sein sollten. Die Formel von der Autonomie des Sittlichen stellt dessen umfassendere und tiefere Betrachtung durch den Gläubigen durchaus nicht in Frage.

Damit ist bereits ausgesprochen, daß wir die Formel von der Autonomie des Sittlichen aus praktischen Erwägungen sogar verwenden *müssen*. Der tiefste Grund freilich für diese Notwendigkeit liegt darin, daß ein konkretes weltethisches Konzept mit theologischen Mitteln überhaupt nicht entwickelt werden kann. Die Tatsache, daß christliche Theologie und Pädagogik dies getan haben und immer noch tun, ist – wie im folgenden deutlich werden wird – kein

[49] *J. Fuchs*, Gibt es eine spezifisch christliche Moral? 100—105. A. a. O. 103: „Wenn wir von dem entscheidenden und wesentlichen Element christlicher Sittlichkeit, der ‚christlichen Intentionalität' (als dem transzendentalen Aspekt), absehen, ist die christliche Moral in ihrer kategorialen Bestimmtheit und Materialität grundsätzlich und substantiell ein Humanum, also eine Moral echten Menschseins." Während man in den 20er und 30er Jahren eine rein christliche Normierung der kategorialen Sittlichkeit konkreten Verhaltens einer ‚menschlichen' Normierung entgegenstellen zu müssen glaubte, ereignet sich „unter dem Druck säkularisierender, wenn nicht gar säkularistischer Tendenzen im theologischen und sittlichen Denken ... eine Rückbesinnung auf das Humanum in der christlichen Moral."

[50] Überlegungen zur Begründung einer weltlichen Moral, besonders 36. 47.

Argument dagegen. Eine „Ableitung“ konkreter sozial- oder wirtschaftsethischer Weisungen aus theologischen Einsichten ist tatsächlich schlechthin unmöglich. Es gibt kein „christliches“ Instrumentarium, mit dessen Hilfe man die Forderung der christlichen Liebe auf die gesellschaftliche oder politische Praxis anwenden könnte. Es bedarf dazu der Sachkenntnis, der Erfahrung, der Urteilsfähigkeit und der Phantasie.[51]

Die Anerkennung der Autonomie des Sittlichen muß der Moraltheologie zu einer weiteren Klärung ihres Selbstverständnisses verhelfen. Noch die neuesten Versuche, dieses Selbstverständnis zu artikulieren, scheinen die Implikationen der Autonomie nicht im vollen Umfang zu respektieren. J. Gründel schreibt: „Die Grundfrage der Moraltheologie richtet sich nicht auf eine Sittlichkeit, die menschlichem Denken entsprungen ist und die nur in den christlichen Bereich übernommen werden soll; sie meint nicht ein menschliches Sittlichkeitsverhältnis, auf dem dann – gleichsam als Krönung – noch eine christliche Sittlichkeit aufgebaut wird.“[52] Die Grundfrage der Moraltheologie geht gewiß auf das christliche Proprium und seine Bedeutung für Heils- und Weltethos. Wenn aber J. Gründel von einer Betonung des „menschlichen Sittlichkeitsverständnisses“ eine „Ethisierung“ der Moraltheologie befürchtet, kann man ihm wohl ebensowenig folgen wie wenn er meint, die mit der Offenbarung Christi gegebenen Forderungen – er schließt hier auch die weltethischen ein – seien „nicht Menschenwerk“. Seine Darstellung scheint vorauszusetzen, daß mit der Offenbarung Christi konkrete material-ethische Forderungen gegeben sind. Hier ist das Verständnis der christlichen Offenbarung noch nicht genügend differenziert. Auch in manchen Darstellungen des Selbstverständnisses der kirchlichen bzw. theologischen Soziallehre scheinen die Aussagen über die kirchlich-theologische Kompetenz noch nicht genügend reflektiert, so z. B. in der von W. Weber vorgelegten Bestimmung: „Das zentrale Gebot

[51] *R. Spaemann,* Theologie, Prophetie, Politik 491: „Die Theologie liefert uns keinen Grund, der besser wäre als Gründe, die wir auch ohne Theologie finden können.“ A. a. O. 490 betont der Verfasser, daß dies schon in einer statisch verfaßten Gesellschaft nicht möglich gewesen sei, um so weniger heute. Eine politische Option schließe nicht nur die erforderliche Sachkenntnis, sondern auch „weitreichende Mutmaßungen über die zukünftigen Auswirkungen gegenwärtiger Handlungen“ ein. „Theologische“ Bewertungen etwa der Politik Kennedys oder Martin Luther Kings, „theologische“ Reflexionen über die Richtigkeit der Marx'schen Mehrwert- oder Ausbeutungstheorie oder über die Methoden der Entwicklungshilfe seien ohne jeden Erkenntniswert.

[52] Moraltheologie, in: Was ist Theologie?, hrsg. von E. Neuhäusler - E. Gößmann, München 1966, 214; *ders.,* in: *J. Gründel - H. van Oyen,* Ethik ohne Normen? 59.

Christi, das Gebot der Liebe, kann schlechterdings nicht erfüllt werden, wenn nicht der Gerechtigkeit und allen anderen natürlichen Tugenden zum Siege verholfen wird. Soziallehre der Kirche bemüht sich aber um Aufhellung dessen, was in Gesellschaft, Wirtschaft, Staat, Familie und Völkergemeinschaft als gerecht zu gelten hat. Indem sie sich so um einen menschenwürdigen, d. h. aber an der Gerechtigkeit orientierten Aufbau der sozialen Institutionen und Kultursachbereiche müht, bereitet sie das materiale Substrat, die inhaltliche Bestimmung für die Betätigung der übernatürlichen Liebe, der caritas theologica."[53] Die Aufhellung dessen, was in den verschiedenen Lebensbereichen als gerecht zu gelten hat, die Bereitung also des materialen Substrats der christlichen Liebe, die konkrete inhaltliche Bestimmung für ihre Betätigung, ist in originärer Weise nicht Sache der Kirche und der Theologie, sondern der menschlichen Vernunft. Es wird sich im folgenden noch zeigen, daß Kirche und Theologie diesen Fragen gegenüber nicht ohne jede originäre Funktion sind. Doch muß diese sorgfältiger bestimmt werden, als es bislang in der Regel geschehen ist.

2. *Das christliche Proprium des Sittlichen*

Was wir das „Christliche" nennen, ist uns vorgegeben, wir können darüber nicht beliebig verfügen. W. Kasper hat kürzlich den immerwährenden Auftrag der Kirche mit der Formel umschrieben: „Das Heil des Menschen in der Verherrlichung Gottes durch die Nachfolge Christi."[54] Demgegenüber wird heute von vielen Seiten lauthals und ohne jede weitere Eingrenzung die Forderung erhoben, daß die Kirche sich für die Vermenschlichung der gesellschaftlichen Zustände einsetze, daß sie durch radikales Engagement in den ordnungspolitischen, bildungspolitischen und sozial-karitativen Aufgaben auf nationaler und internationaler Ebene die im Werden begriffene Welt unterstütze; die hohen Worte göttlicher Verheißung seien ohnehin zur abgegriffenen Münze geworden und hätten ihren Wert bei den Menschen unserer Zeit verloren. Nicht weniger nachdrücklich, aber ungleich differenzierter fordern andere die scharfe Herausarbeitung der „gesellschaftskritischen Kraft", der „produktiven Widerspruchs-

[53] Kirchliche Soziallehre, in: A. a. O. 253.
[54] Die Heilssendung der Kirche in der Gegenwart 20.

kraft des Christentums in unserer heutigen Welt" (J. B. Metz; E. Schillebeeckx); sie sind sich aber der Gefahr bewußt, daß ein Kult reiner Mitmenschlichkeit das Christentum zwangsläufig „zu einer Art Paraphrase eines humanitären Fortschrittsbewußtseins" reduziert.[55] Aber die „Politische Theologie" stößt auf dieselbe Kritik wie die „Theologien" der Kunst, der Arbeit, der Ehe usw. Man sagt, solche „Theologien" fügen dem, was man ohne sie wisse, nichts hinzu, und wenn man zur Politik oder zur Revolution Theologie brauche, dann beweise dies, daß der Prozeß der Säkularisierung noch nicht zu seiner vollen und legitimen Auswirkung gekommen sei.[56]

Diese wenigen Andeutungen zeigen, wie kompliziert die Frage nach dem christlichen Proprium des Sittlichen ist. Kirchen und Theologien sind diesem Proprium zugeordnet. Dieses Proprium hebt das Eigensein der weltlichen Wirklichkeiten nicht auf, es weist vielmehr den tiefsten Grund seiner Möglichkeit aus und verpflichtet jeden, der sich im Glauben zu ihm bekennt, aus eben diesem Glauben heraus der optimalen Entfaltung menschlicher Freiheit und Würde zu dienen. Ja, dieses Proprium kann überhaupt nicht als etwas in sich selbst Hypostasierendes, sondern muß durch seine Inkarnierung in den Weltvollzug verifiziert werden. Kirchen und Theologien müssen aber auf jeden Fall das christliche Proprium, das in den Schriften des Neuen Testaments auf mannigfache Weise interpretiert worden ist, wieder und wieder artikulieren und in den jeweiligen Verstehenshorizont hinein vermitteln. Dies ist ihr originärer und authentischer Auftrag. „Wenn Kirche mit ‚Welt' und ‚Weltverbesserung' identisch wird ..., hat sie aufgehört, der Welt eine Botschaft zu bringen. Dann hat sie der Welt nichts mehr zu sagen und kann sie nur nachplappern, was die Welt schon längst entdeckt hat ... Damit verspielt die Kirche ihre eigene Relevanz ... Wenn die Kirche keine *eigene* Botschaft zu bringen hat, keine Verheißung, die die Welt selbst uns nicht artikuliert bringen kann, dann hat sie – in der Tat – keine

[55] *J. B. Metz,* in: *K. Rahner,* Die Antwort der Theologen 12, bewertet diese Gefahr als das, was sie wirklich ist: als „die spezifische Gefahr einer alt werdenden Religion, die auf dem Weg über reines Humanitätsdenken jene Universalität zu erreichen oder vielmehr zu erschleichen sucht, die ihr auf dem Weg geschichtlicher Mission versagt zu sein scheint".

[56] *R. Spaemann,* Theologie, Prophetie, Politik 493: „Das weltliche Sprechen von Gott scheint mir eine Erfindung von Theologen zu sein, die nun einmal auf Grund ihrer Ausbildung und ihres Lehrstuhls von Gott sprechen müssen, die aber gerne von der Welt sprechen würden und die das Dilemma dadurch lösen, daß sie sagen, sie sprächen von Gott, wenn sie von der Welt sprechen."

Existenzberechtigung mehr. Nur eine Kirche, die ein eigenes Gesicht zeigt und der weltlichen Sorge für den Mitmenschen einen eigenen Namen geben und den persönlich-definitiven Sinn dieser Sorge bloßlegen, proklamieren und seiner festlich gedenken kann, hat in einer säkularisierten Welt noch etwas zu sagen, und dann hat sie auch eben gerade in einer säkularen Welt ihre besten Lebenschancen."[57] – Was ist nun das christliche Proprium?

a) Das christliche Proprium

Gott hat in Jesus Christus Menschheit und Welt endgültig in Liebe angenommen. Die Annahme geschah nicht durch eine innergöttliche Deklaration, sondern durch die *Selbstvergegenwärtigung Gottes in der Geschichte und seine rückhaltlose Solidarisierung mit den Menschen und ihrer Welt.* Die Kategorie der Heilsgeschichte gehört zur unverzichtbaren Substanz des Christentums. Durch Menschwerdung, Tod und Auferstehung hat Gott den Menschen der heilvollen Gemeinschaft mit sich teilhaft gemacht und ihm dadurch eine neue Seinswürde geschenkt. Wenn der Mensch nur im Heil voll zu sich selbst kommen kann, heißt dies zugleich, daß der letzte Sinn seiner Existenz nicht im Innerweltlichen gefunden werden kann, sondern nur in jener Bewegung zum Vater, die Jesus in Gang gebracht hat und in der die gesamte Menschheit in der noch ausstehenden Geschichte in die Nähe zu Gott eingebracht werden soll.

Diese Kernaussage über das christliche Proprium ist durch die biblische Christologie vielfach und vielfältig bezeugt. Ihre Grundformeln sind freilich bis in die neueste Zeit hinein auf verschiedene Weise ausgelegt worden.[58] Die vorwiegend durch Seinsaussagen bestimmte Christologie etwa des Chalcedonense war wohl ein zu seiner Zeit ebenso geschichtsgerechter Versuch der Neuinterpretation biblischer Christologie wie die Bemühungen neuerer Theologie, das Mysterium Jesu Christi wieder stärker als Gottes Herrschaft, Offenbarung und Selbstmitteilung auszulegen.[59] Gegenwärtig vollzieht sich offensichtlich eine

[57] *E. Schillebeeckx,* Gott — Die Zukunft des Menschen 72.

[58] Vgl. beispielsweise *H. van Oyen,* Zur Deutungsgeschichte des „En Christo", in: Zeitschrift für evgl. Ethik 11 (1967) 129—135, und *F. Neirynck,* Bericht über die paulinische Lehre „Christus in uns" und „Wir in Christus", in: Concilium 5 (1969) 790—795.

[59] Vgl. etwa Mysterium Salutis Bd. III/1 (Das Christusereignis); *J. B. Metz,* Zur Theologie der Welt 18—31; *E. Schillebeeckx,* Kirche und Welt 129 f.; *H. Diem,* Öffentlichkeitsauftrag und Öffentlichkeitsanspruch der Kirche 68 f.; *P. Tillich,* Systematische Theologie III, 155—158 u. a.

Verlagerung von der inkarnatorischen zur eschatologischen Betrachtungsweise.[60] Nach dem ersten Weltkrieg war die Reflexion vorwiegend von der Inkarnation ausgegangen: Gott hat Fleisch angenommen, um darin das Sein des Menschen einzuholen in sein eigenes Sein; diese Bewegung der „Rekapitulation" ergreift durch den Menschen hindurch den ganzen Kosmos. J. Ratzinger hat recht, wenn er die Idee der Inkarnation allzusehr mit dem mittelalterlich getönten Gedanken der „Heimholung" verknüpft sieht. Diese Verknüpfung hat dazu geführt, daß die Inkarnation als Ansatz des theologischen Denkens inzwischen für viele fragwürdig geworden ist. Aber die Geister scheiden sich nicht erst an der Auferstehung oder gar erst an der Eschatologie. Wo die Inkarnation mythisiert wird, verflüchtigen sich auch Erhöhung und Parusie zu leeren Mythologemen. Wir sehen es an der „Gott-ist-tot-Theologie". Sie will an Jesus festhalten: die Erinnerung an sein Leben und an seine Lehre wecke den Glauben, vom Glauben aber gehe jene Freiheit aus, die den Menschen für den Dienst am anderen befähige. Aber dieser Jesus ist nicht mehr Mittler des Heils, sondern nur noch ansteckendes Modell der Mitmenschlichkeit – ohne jede transzendente Perspektive.[61]

Wenn in Jesus wirklich die Liebe Gottes als neue menschliche Existenzgrundlage in die Geschichte eingetreten ist, dann ist durch ihn die Kommunikation aller Menschen miteinander möglich. Wer in einer Grundentscheidung sein ganzes Dasein auf Christus ausrichtet, gewinnt jene Freiheit, die es ihm ermöglicht, von sich selbst wegzugehen und in die Bewegung Christi auf die anderen hin einzutreten. Es mag tatsächlich mit der existentialen und personalistischen Orientierung der neueren Theologie zusammenhängen, daß die christliche Liebe in die „Kategorien des Intimen, des Privaten, des A-Politischen"[62] eingeengt worden ist. Insofern vertritt die „Politische Theologie" mit ihrem Versuch einer Entprivatisierung der kirchlichen Verkündigung im ganzen gewiß ein bedeutsames Anliegen. Christliche Liebe darf sich nicht auf den „stillen Dienst am Nächsten" (H. Schürmann) beschränken, sondern muß auf die Versöhnung und den Frieden der ganzen Menschheit und auf den Einsatz aller dafür geeigneten Mittel

[60] Vgl. zum folgenden *J. Ratzinger,* Tendenzen in der katholischen Theologie der Gegenwart 47—49.

[61] Vgl. vor allem *P. van Buren,* The secular meaning of the Gospel, London 1963; *W. Hamilton,* The new essence of christianity, New York 1961; zur Interpretation *C. van Ouwerkerk,* Säkularität und christliche Ethik 397—416.

[62] *J. B. Metz,* Zur Theologie der Welt 100.

gerichtet sein. Diese Mittel können aber nicht aus dem Glauben heraus programmiert werden. Das christliche Proprium wird vielmehr darin manifest, daß durch die in Jesus Christus eröffnete Teilnahme am Leben Gottes ein „neuer Mensch" und eine „neue Schöpfung" entstehen, daß die Fixierungen auf die Selbstbehauptung aufgebrochen und friedenswirksame Energien in der Menschheit aktiviert werden. Das Bewußtsein um die Geborgenheit der Welt in Gottes Huld schafft die Basis für die freie und liebende Zuwendung zum Nächsten und zum Ganzen der menschlichen Gesellschaft.

Die christliche Kernaussage, daß Gott in Jesus Christus die Welt endgültig angenommen hat, erfährt im *eschatologischen Kerygma* eine konstitutive Explikation: In einer noch ausstehenden Heilstat wird der Kyrios das Werk, das er als Christus eröffnet hat, vollenden und die jetzige Welt zur Erfüllung bringen. Die dynamische Orientierung unserer Zeit auf Zukunft hin hat ein bisher nicht gekanntes Pathos und teilweise auch ein echtes Ethos der Zukünftigkeit und des Engagements erweckt. Es ist das unbestrittene Verdienst J. Moltmanns, durch seine „Theologie der Hoffnung"[63] das christliche Kerygma in einer dem neuen Verstehenshorizont angemessenen Weise interpretiert zu haben. Er setzt sich eindeutig von der existentialen Interpretation des Eschaton ab, wie sie besonders von R. Bultmann inauguriert worden ist: Die mythische Eschatologie sei „im Grunde durch die einfache Tatsache erledigt . . ., daß Christi Parusie nicht, wie das Neue Testament erwartet, alsbald stattgefunden hat, sondern daß die Weltgeschichte weiterlief und – wie jeder Zurechnungsfähige überzeugt ist – weiterlaufen wird"[64]. Ein Großteil der evangelischen und die katholischen Exegeten fast durchweg halten daran fest, daß entsprechend den Verheißungen Jesu und der urchristlichen Erwartung Parusie, Auferstehung und Gericht als künftige Ereignisse zu bewerten sind, mögen sie im Neuen Testament auch in apokalyptischer Bildhaftigkeit geschildert sein.[65] Diese künftigen Ereignisse werden die Vollendungsgestalt der Welt heraufführen, sie werden die Entwicklung der Geschichte im „Punkt Omega" ans Ziel kommen lassen. Man mag dieses Ziel als definitive Vereinigung alles Wirk-

[63] München [6]1966; vgl. *H. Fries*, Herausgeforderter Glaube, München 1968, 103—131.

[64] *R. Bultmann*, Neues Testament und Mythologie, in: Kerygma und Mythos I, Hamburg [2]1951, 18.

[65] Vgl. *R. Schnackenburg*, Neutestamentliche Theologie 144—147.

lichen auf eine personale Mitte hin[66] verstehen oder aus anderen Kontexten interpretieren. Daß die Vollendung die jetzige Welt transzendiert und durch kein noch so radikales menschliches Engagement aus ihr heraus entwickelt werden kann, gehört zum wesentlichen Bestand der neutestamentlichen Eschatologie. Das bedeutet aber gerade nicht, daß die kommende Welt jenseits der irdisch-geschichtlichen Welt aus dem Nichts erschaffen und nach der Vernichtung der jetzigen Welt wie ein völlig neues Fertighaus in die Leere hinein etabliert wird. Die absolute Zukunft der Welt wird vielmehr in deren geschichtlicher Erstreckung vorbereitet und entfaltet. Was hier im Verborgenen heranwächst, wird vom „wiederkommenden Herrn" zu absoluter Erfüllung und zu absoluter Offenbarkeit gebracht. Daraus ergibt sich, daß das eschatologische Kerygma uns nicht aus dem Engagement in der Geschichte entläßt. Weil auf dem Grunde der Geschichte bereits die Ewigkeit am Werk ist, erhält Geschichte den Charakter einer „Entscheidungszeit"[67], in der wir durch den innerweltlichen Einsatz unser ewiges Heil mit Furcht und Zittern wirken sollen.

Die neuere Theologie hat die Frage nach dem Verhältnis zwischen der eschatologischen Hoffnung und der technischen und politischen Manipulation der irdischen Zukunft nachdrücklich gestellt. J. B. Metz spricht der Verantwortung des Gläubigen für die Zukunftsplanung eine „indirekte Gestalt" zu: Der Planungsprozeß hat seine eigenen Gesetze und Methoden, in die der Christ aus seinem Glaubensverständnis heraus nicht hineinsprechen kann; wo aber nicht nur die politische und gesellschaftliche Praxis rationalisiert werden soll, wo vielmehr unter den möglichen Zwecken Präferenzen und Prioritäten

[66] Vgl. *J. Ratzinger,* Einführung in das Christentum 264—272. *L. Boros,* Der Geist eschatologischer Neubestimmung 108: Selbst im Himmel muß jede Erfüllung zugleich wieder ein neuer Anfang, der Beginn eines weiteren Suchens und einer noch größeren Erfüllung sein. „Himmel ist demnach wesenhaft als grenzenlose Dynamik zu verstehen. Die Erfüllung selbst wird unsere Seele so ‚erweitern', daß sie im nächsten Moment von Gottes Sein noch mehr erfüllt werden kann. Wir sind ewige Gottsucher. Gott bleibt immer größer als unser endliches Sein. Der endgültig gefundene Gott ist kein Gott. Wir suchen Gott, um ihn zu finden, während unseres irdischen Lebens. Wir suchen Gott, nachdem wir ihn fanden, in der ewigen Seligkeit ... Alles Statische geht im Himmel in die unendlich fortzeugende Dynamik über. Im Himmel kann nichts erstarren. Vollendung ist ewige Wandlung, Zustand endloser, ungebrochener Lebendigkeit."

[67] *W. Thüsing,* Die Botschaft des Neuen Testaments — Hemmnis oder Triebkraft der gesellschaftlichen Entwicklung? 143. Vgl. auch *B. Schüller,* Das Handeln in der Welt unter dem eschatologischen Vorbehalt, in: Christuszeugnis der Kirche (Theologische Studien, hrsg. von P.-W. Scheele und G. Schneider), Essen 1970, 231—246.

gesetzt werden müssen, muß die christliche Gemeinde in Funktion treten – nicht freilich durch erneute politische Machtergreifung auf höherer Ebene, sondern „dadurch, daß sie aus ihrem christlichen Zukunftsgewissen kritisch-befreiend in jene gesellschaftlich-politische Wirklichkeit hineinspricht, in der diese Planungsvorhaben programmiert werden“[68]. Bei diesen Einsprüchen orientiert sich die Gemeinde der Gläubigen an den eschatologischen Verheißungen der Versöhnung, der Gerechtigkeit, der Freiheit und des Friedens. Aus diesem „Horizont einer universalen Humanisierung“ (J. B. Metz) heraus kritisiert sie alle Versuche, geschichtlich gewordene Zustände zu verabsolutieren bzw. bestimmte Zielvorstellungen künftiger Gesellschaftsgestaltung ideologisch als definitiv-paradiesisch zu proklamieren oder in reiner nihilistischer Negativität sich jeder Höherentwicklung entgegenzustemmen oder in naivem Utopismus von der wissenschaftlich-technischen Zukunftsplanung alles Heil zu erwarten.[69]
Es sind vor allem Vertreter der „Theologie der Revolution“ und der „Politischen Theologie“, die den „eschatologischen Vorbehalt“ des Christentums als institutionalisierte kirchliche Gesellschaftskritik aktualisieren wollen. R. Spaemann bezichtigt sie der „Zweideutigkeit und Unentschiedenheit in bezug auf den Inhalt der christlichen Heilsverkündigung“. Wenn die christliche Eschatologie keine inhaltlich konkretisierten Zukunftsvorstellungen entwerfen könne, wie komme man dann dazu, die marxistische Zukunftsutopie theologisch einholen zu wollen und anstelle der Relativierung aller innerweltlichen Zukunftspläne revolutionäres Engagement zu verlangen? Wenn man die neue Zukunft „gleichsam wie in Wellen der Vorwegnahme in die vergehende Geschichte“ hereinkommen sehe (J. Moltmann), werden dann nicht die Ziele der beiden Hoffnungen nur zeitlich – als kurz- bzw. langfristig – gegeneinander abgesetzt und damit doch letztlich miteinander vermischt? Muß man nicht R. Spaemann zustimmen, wenn selbst Y. Congar „ohne weiteres eine bisweilen eindrucksvolle Entsprechung zwischen dem Inhalt der christlichen Erwartung der Endzeit . . . und dem Inhalt des marxistischen Mythos“ anzuerkennen bereit ist?[70] Aber man darf doch nicht übersehen, daß im gleichen Atemzug auch die Unterschiede herausgehoben werden: „Wenn die Welt und die Geschichte durch ihre eigene Bewegung Integrität,

[68] *J. B. Metz*, Zur Theologie der Welt 141—144, hier 143.
[69] Vgl. *E. Schillebeeckx*, Gott — Die Zukunft des Menschen 161—168.
[70] Kirche und Welt 114.

Gemeinschaft und Befreiung suchen, wenn diese Suche ihr innerer Motor ist und man folglich sagen kann, daß diese Geschichte sich um das Kommen des Reiches Gottes müht, so wird doch dieses Reich, um das sie sich müht und von dem sie fortschreitend verschiedene Einzelzüge vorwegnimmt, sich nie in seiner ganzen Fülle erwerben und erobern lassen; es kann nur von oben *gegeben* werden." Natürlich ist damit nicht alle Zweideutigkeit ausgeräumt. Auch J. B. Metz läßt manches im unklaren, wenn er die christliche Eschatologie vor allem als „theologia negativa der Zukunft" bestimmt, womit er doch ihr Nichtwissen hinsichtlich möglicher Zukunftsplanungen herausstellt, und wenn er dann doch wieder nachdrücklich feststellt, der eschatologisch verheißene Friede sei „nicht bloß ein leerer Horizont, nicht bloß eine abstrakte, regulative Idee der gesellschaftlich-politischen Friedensbemühungen", dieser müsse sich vielmehr „kritisch-befreiend auf unsere Friedensarbeit auswirken"[71]. Aber man muß die Frage stellen, ob Zweideutigkeit hier wirklich überwindbar ist. Wenn J. B. Metz nicht die Entwicklung einer systematischen Soziallehre, sondern eben die Sozialkritik als Aufgabe der Kirche bezeichnet, dann sichert er sich dadurch implizit gegen den Vorwurf einer Identifizierung eschatologischer Heilsverheißungen mit innerweltlichen Zukunftsperspektiven ab. Überdies lehnt er wie E. Schillebeeckx die Identifizierbarkeit der göttlichen Verheißungen mit bestimmten gesellschaftlichen Zuständen ausdrücklich ab.[72] Auf diesem Hintergrund muß man auch das Zitat sehen, daß J. B. Metz aus W. Benjamin anführt: „Das Profane ist ... zwar keine Kategorie des Reichs, aber eine Kategorie, und zwar der zutreffendsten eine, seines leisesten Nahens."[73] Sind damit wirklich die eschatologischen Verheißungen interiorisiert? Ist damit wirklich – wie H. Maier meint – „die kritische Grenze zur gesellschaftlichen Identifikation und Politisierung des Heils unwiderruflich überschritten"[74]? Wer sich dessen

[71] Zur Theologie der Welt 88. 128.

[72] Vgl. a. a. O. 105. *E. Schillebeeckx,* Gott — Die Zukunft des Menschen 158, stellt sehr präzis fest: „Man könnte ... einwenden, auf diese Weise sei eine neue Identifikation zustande gekommen, die parallel laufe zu dem, was man der veralteten Glaubensanschauung gerade zum Vorwurf macht: eine Identifizierung zwischen dem Gottesglauben und der neuen Kultur. Dagegen möchte ich bemerken, daß keine Identifizierung geschaffen, sondern daß lediglich beschrieben wurde, wie der Glaube in der neuen Kultur zur Geltung kommen muß."

[73] In: Zur Theologie der Welt 106, auch Anm. 6; dazu *W. Benjamin,* Zur Kritik der Gewalt und andere Aufsätze, Frankfurt 1965, 95 f.

[74] *H. Maier,* Politische Theologie? 80.

bewußt bleibt, daß Heil sich nirgendwo anders als in der Immanenz ereignet und daß diese Weise der Heilsverwirklichung nicht eine Identifizierung von Heil und Welt impliziert, der nimmt die Unvermeidlichkeit von Ambivalenzen in der Artikulierung solcher Vorgänge und Sachverhalte in Kauf, der nimmt allerdings auch kritische Hinweise auf die überall lauernden Gefahren der Grenzverwischungen dankbar auf. Ein Verdikt freilich, wie H. Maier es ausspricht, kann er nicht akzeptieren.

Das christliche Kerygma kündet von dem *Christus*, der der *Kyrios* ist, von dem Gott, der zu uns gekommen ist und der doch der Kommende bleibt. Zum christlichen Proprium gehört auch die Aussage, daß der Christus nicht nur der Kyrios, sondern der *Logos der Schöpfung* ist. Soteriologie und Eschatologie werden allzuleicht haltlos, wenn sie nicht in der Protologie gegründet sind. Hier muß man R. Spaemann zustimmen: „Gott als offene Zukunft der Menschen, Gott als Sinn des Daseins, das wird zur schönen, leeren Formel, wenn dieser Gott nicht zugleich als mächtiger Anfang gedacht wird. Ein Gott, der nicht Alpha ist, kann auch nicht Omega sein. Ohne Schöpfungslehre keine Eschatologie ... Der christliche Gottesbegriff wird verfälscht, wenn er auf das spezifisch Christliche reduziert wird. Der Satz, daß Gott die Liebe ist, soll ja nicht nur eine Tautologie ausdrücken, ... er setzt vielmehr schon ein Vorverständnis des Worts ‚Gott' voraus, auf Grund dessen es dann eine überraschende und neue Mitteilung ist, daß Gott die Liebe ist."[75] Wenn eine differenzierende theologische Forschung den Schöpfungsglauben als „retrospektive Prophetie" oder als „geschichtliche Ätiologie"[76] zu bewerten vermag, kann dies seinem Inhalt und seiner Bedeutung nicht abträglich sein. Das ganze Heilsgeschehen entfaltet sich auf dem Fundament der Schöpfung. Die Schrift läßt keinen Zweifel darüber, daß Wahrheit, Ordnung und geschichtliche Dynamik der Welt durch den Logos gestiftet sind. Er hat der Welt die Möglichkeit sinnvoller und fruchtbarer menschlich-geschichtlicher Existenz vermittelt. Er hält diese Möglichkeit durch die ganze Geschichte hindurch offen. Er tut dies als transzendentale Ursache, er stellt die Welt frei in die Eigentlichkeit ihrer selbst, er läßt sie immer mehr zu sich selbst kommen, indem er sie aus ihrer Immanenz heraus fortwährend sich erschaffen läßt. In ihren Anfang hinein erschafft er die Möglichkeit ihrer

[75] Theologie, Prophetie, Politik 494 f.
[76] *J. Groß*, in: Mysterium Salutis II, 437 f.

Fülle, die sie nunmehr aus sich selbst heraus entfaltet.[77] Die in den einzelnen Bereichen der Welt aufzuspürenden Gesetzlichkeiten – wir nennen sie ihre Autonomie – sind durch den Logos vermittelte, aber selbstwirksame Stiftungen Gottes. Der Stifter interveniert nicht ständig in ihren Ablauf. Er läßt den Menschen in Freiheit walten und tut nichts, um ihn zur Marionette zu erniedrigen. Sein Wirken in der Welt ist nicht „eine Art metaphysisches Subsidiaritätsprinzip"[78], das sich neben den innerweltlichen Kräften kategorial aktuiert (mögen auch bei vielen christlichen Betern andere Vorstellungen herrschen). Die transzendentale Ursächlichkeit des Schöpfers und die damit gegebene totale Abhängigkeit der Welt von seiner Schöpferkraft gefährden also in keiner Weise die Autonomie der Welt, sie begründen vielmehr ihre Möglichkeit. Gott ist nicht der Rivale des Menschen, er will ihn nicht aus seiner Herrschaftsstellung in der Welt verdrängen, im Gegenteil: er will, daß er sie maximal wahrnehme. Freilich ist dies alles nur dem Gläubigen einsichtig und kann einem Nicht-Glaubenden nicht andemonstriert werden.

Wir sehen also, daß sich das christliche Proprium mit den drei Würdenamen Christos, Kyrios und Logos umschreiben läßt. Die Welt – zur Welt gehört auch das Sittliche als eine freie Schöpfung des menschlichen Geistes – steht in sich selbst, aber dieses In-sich-selbst-Stehen der Welt ist nur möglich, weil sie in Relation zum Christos, zum Kyrios und zum Logos und damit zum göttlichen Urgrund aller Wirklichkeit steht. Die Behauptung der Eigenständigkeit der Welt bringt noch nicht die volle Wahrheit zum Ausdruck. Diese Behauptung muß dahingehend integriert werden, daß die Welt in transzendente Relationen eingestiftet ist. Darüber kann freilich nur von der Theologie ausgesagt werden, weil der Inhalt dieser integrierenden Aussagen erst durch die Offenbarung zugänglich geworden ist. Eben darum sollte die Theologie auch nicht auf Zustimmung der Nicht-Glaubenden warten, wenn sie das christliche Proprium zu artikulieren versucht.[79]

[77] *P. Smulders,* Theologie und Evolution, Essen 1963, 71: „Gottes schaffende Nähe durchbricht nicht das eigene Sich-selber-Sein der Dinge, sondern begründet dies gerade. Sein Wirken begrenzt und durchkreuzt nicht ihre Eigen- und Selbstwirksamkeit, sondern trägt diese. Sein schaffendes Wort hebt ihre immanente Gesetzlichkeit nicht auf, sondern errichtet diese. Großartiger und göttlicher, als die Dinge zu machen, ist es, zu machen, daß sie sich selber machen."

[78] O. *Semmelroth,* Orthodoxie und Orthopraxis 365.

[79] Vgl. *J. Ratzinger,* Einführung in das Christentum. *L. Boros,* Der Geist eschatologischer Neubesinnung 108, hat mit wenigen Worten eine Interpretation im Geist

b) Das christliche Proprium und die Autonomie des Sittlichen

Wir bejahen die Autonomie des Sittlichen, weil sie in der Autonomie der Wirklichkeit impliziert ist. Wir bestreiten eine absolute Autonomie der Welt und des Sittlichen, weil diese Autonomie ihren Ermöglichungsgrund in bestimmten transzendenten Relationen hat, die freilich der Eigenwertigkeit und Eigengesetzlichkeit der Welt, obwohl sie diese begründen, nicht abträglich sind. Wie verhält sich nun näherhin die Autonomie des Sittlichen zu ihrem Ermöglichungsgrund, der im Proprium des christlichen Kerygmas artikuliert ist? Diese Frage wird in der heutigen Moraltheologie als hermeneutisches Grundproblem intensiv diskutiert. Man kann, wenn man von differenzierenden Details absieht, drei Lösungsversuche herausheben: die Vermittlung zwischen sittlicher Autonomie und christlicher Heilsgemeinschaft wird unter dem Stichwort „Interpretation" vorwiegend auf der Ebene der Erkenntnis, unter dem Stichwort „Intentionalität" vorwiegend auf der Ebene des Vollzugs und unter dem Stichwort „Integrierung" auf der Ebene des Vollzugs, der Erkenntnis und der Wirklichkeit zugleich versucht. Diese drei Versuche sollen kurz erläutert und bewertet werden.

In der *Interpretation* der Wirklichkeit wird die entscheidende Funktion der christlichen Verkündigung vor allem von holländischen Theologen gesehen. Am eindeutigsten wird diese Position von W. van der Marck in seinen „Grundzügen einer christlichen Ethik" vertreten. Christliche Verkündigung hat die Funktion der Interpretation, insofern sie lediglich enthüllt, was „von Anfang an" Wirklichkeit ist, nämlich die geschichtliche Gegenwärtigkeit Gottes in jedem einzelnen Menschen. Menschliches Handeln ist wesentlich intersubjektiv, Inter-

Teilhard de Chardins formuliert: Die der Menschwerdung des Logos „vorausgehende Entwicklung ist eine Vorbereitung für die Entstehung des Menschen. Diese im geschichtlichen Christus konvergierende Gesamtentwicklung dringt dann über die ganze Breite des Kosmos und der Geschichte vor, um die Gesamtwirklichkeit zu ergreifen. Das auf Christus hin entworfene Weltall erringt sich Leben und erreicht seine Seinsvollendung als Mensch (Menschwerdung der *Welt*); die Menschheit erwacht immer mehr zum Bewußtsein, zur Entscheidungsfähigkeit und wird dabei immer entscheidender mit Gott konfrontiert (Menschwerdung des *Menschen*); in der Inkarnation vereinigt der Gottmensch alle vorwärtsstrebenden Energien der Welt und der Menschheit in sich und führt sie in seinem großen Exodus, in seinem Tod, in seiner Auferstehung und Himmelfahrt in die endgültige Vollendung hinein (Menschwerdung *Gottes*). Dies ist die Grundstruktur der Erschaffung einer auf Christus hin entworfenen Welt." — Schließlich sei hingewiesen auf die mannigfachen Versuche, das christliche Proprium in neuen, dem heutigen Verstehenshorizont angemessenen „Kurzformeln des Glaubens" zum Ausdruck zu bringen.

subjektivität ist aber die spezifische Form der Gegenwart Gottes in der Welt, darum ist jedes intersubjektiv-menschliche Handeln Gottesgemeinschaft. Durch den wesentlichen und zentralen Inhalt der christlichen Offenbarung finden wir uns – so W. van der Marck – „dorthin verwiesen, wo ausgesprochen und enthüllt wird, was von Grundlegung der Welt an verhüllt und verborgen war: Gottes menschliche Gegenwart in unserer eigenen Welt ... Das Neue Testament verkündet die Vollendung und Erfüllung, es lüftet den Schleier, es läßt uns sehen, was Könige und Propheten hatten sehen wollen ... Der letzte Schritt, das Wegziehen des letzten Schleiers, war der neutestamentlichen Verkündigung vorbehalten. Hier zeigte sich erst klar und deutlich, wie nahe Gott den Menschen ist ... Die Verkündigung versucht gerade, unsere blinden Augen und unsere tauben Ohren ... zu öffnen für den, der in der Gestalt vielfältiger, mehr oder weniger anziehender, mehr oder weniger interessanter Menschlichkeit wirklich Bewohner unserer Erde ist ... Heil und Erlösung liegen in Menschenhänden, selbst wo über Heil und Erlösung noch nicht einmal gedacht und gesprochen wird.“ Auf Grund der Selbstoffenbarung Gottes in jeglicher Menschlichkeit ist jede Ethik faktisch christlich, und man betreibt christliche Ethik am konsequentesten, wenn man die menschliche Autonomie radikal anerkennt und gelten läßt. Die kirchliche Verkündigung hat also den Sinn aller innerweltlichen Aufgaben aufzuweisen, sie hat darzutun, daß sie göttliche Heilsaufgaben sind.[80]

Wenn für W. van der Marck die Gegenwart Gottes in Menschlichkeit von Grundlegung der Welt an die eigentliche Heilswirklichkeit ist und der Sinn der Menschwerdung nur darin liegt, die Augen für diese Heilswirklichkeit zu öffnen, dann wird damit die innere Verbundenheit von Schöpfungs- und Heilswirklichkeit, die auch von anderen, etwa von K. Barth und K. Rahner, nachhaltig herausgestellt wurde, besonders eindrucksvoll deutlich; doch scheint damit zugleich die Zäsur zwischen dem Schöpfungs- und Heilsmysterium allzusehr nivelliert.[81] Übrigens droht sich auch die Zäsur zwischen Christusmysterium und Mitmenschlichkeit zu verflüchtigen oder gar in einer totalen Identifikation zu verschwinden. Nun vermag man einerseits auch in der Selbstidentifizierung Jesu mit den „Geringsten

[80] Vgl. dazu vor allem Grundzüge einer christlichen Ethik 17–26.

[81] Seit Irenäus sah man die Zäsur darin, daß die anakephalaiosis, die in der Schöpfung intentionaliter angelegt war, in Christus sich realiter ereignet hat.

seiner Brüder" keine Zäsur mehr wahrzunehmen, und andererseits betrachtet es W. van der Marck als einen fatalen Irrtum, wenn man Gott mit der evolvierenden Menschheit identifiziert. In dem Bestreben, sich von der deistischen Todeslinie des Glaubensverständnisses resolut abzusetzen, mag manche seiner Formulierungen nicht ganz eindeutig sein, doch hat er sich nicht soweit zum Deismus in Gegensatz gestellt, daß er zu einem Pantheismus oder zu einem Christomonismus oder zu einem christologisch übertünchten Anthropozentrismus gekommen wäre.[82]

Auch E. Schillebeeckx scheint das christliche Proprium in der Interpretation der Wirklichkeit zu sehen. Anerkennung Gottes sei die Formulierung dessen, um was es bei der Realisierung des Guten geht, in einem anderen „Sprachspiel", die Benennung des weltlichen Einsatzes „mit dem endgültigen, genauen Namen". Bei näherer Reflexion falle der Aufbau der menschlichen Gemeinschaft in Gerechtigkeit und Liebe augenscheinlich mit der Anerkennung Gottes und konkret sogar mit dem Glauben an Gott zusammen. Doch verwahrt sich – wie wir sahen – E. Schillebeeckx zugleich gegen eine primitive Identifizierung von Welt und Heil.[83]

J. Fuchs sieht das christliche Proprium der Sittlichkeit nicht in erster Linie in der Besonderheit kategorialer Werte und Tugenden, sondern in der christlichen *Intentionalität.* Er hebt also mehr auf die Ebene des konkret-existentiellen Vollzugs ab. Er versteht unter christlicher Intentionalität die „grundlegende christliche Entschiedenheit des Glaubenden, die Liebe Gottes anzunehmen und zu erwidern, als Glaubender und Liebender in der Nachfolge Christi die Verantwortung des Lebens in dieser Welt auf sich zu nehmen, also als einer, der in Glauben und Sakrament mit Christus gestorben und auferstanden

[82] *Th. Beemer,* Von der moraltheologischen Hermeneutik 398, hebt den entscheidenden Gesichtspunkt klar heraus: In der Auffassung W. van der Marcks „wird die Autonomie des sittlichen Subjekts, der von Menschen erkannten und erfahrenen Humanität und auch der Ethik gerade aus dem Kerygma voll legitimiert. Der Mensch, der die Christusverkündigung annimmt, lernt sich selbst als jemanden verstehen, der durch die Verwirklichung der ihm als Geschöpf geschenkten Möglichkeit sein Heil erreicht, weil Gott in diesen kreatürlichen Möglichkeiten zugleich seine gnädige Gegenwart anbietet. Die Intersubjektivität ... umschließt das Angebot der Gottesgemeinschaft (beatitudo)". Hier wird also menschliches Handeln als Heilshandeln interpretiert: wer menschlich lebt, wird das Heil erlangen. Ähnlich wie W. van der Marck äußert sich auch C. van Ouwerkerk; vgl. dazu *Th. Beemer,* a. a. O. 397 f., und *C. van Ouwerkerk,* Säkularität und christliches Ethos 412 f.

[83] Gott — Die Zukunft des Menschen 69 f. 72—74. Ähnlich, wenn auch weniger sorgfältig differenzierend, Die ‚Rolle' des Christentums, in: Publik 1970, Nr. 5, S. 23.

und so eine neue Schöpfung geworden ist"[84]. Die vollpersonale Entschiedenheit für Christus schließt ihr aktuelles und wirksames Eingehen in das konkrete Tun und Verhalten mit ein. Dieser Bestimmung liegt die Einsicht zugrunde, daß im Sittlichen einerseits kategoriale sittliche Werte (wie Gerechtigkeit, Treue, Keuschheit) realisiert werden, daß sich eben darin andererseits der Mensch selbst als Person aktuiert – als Person, d. h. letztlich in seiner Verwiesenheit auf Gott. Der Selbstvollzug der Person vor dem Absoluten verwirklicht sich konkret also in partikulären sittlichen Einzelhandlungen, wobei die kategorialen sittlichen Werte eher in thematisch-reflexer, die Person selbst eher in unthematisch-unreflexer (aber keineswegs geringerer) Bewußtheit realisiert werden. Näherhin wirkt sich die christliche Intentionalität für das konkrete sittliche Verhalten in christlichen Motivationen aus, die dem menschlichen Handeln einen „tieferen und reichen Sinn" geben. Allerdings sieht J. Fuchs im christlichen Sinnverständnis etwa der Entsagung oder der Jungfräulichkeit eine „inhaltliche" Bestimmung der Weisen unseres Verhaltens. Darüber könnte man diskutieren, aber es würde sich dabei vermutlich nur herausstellen, daß unsere Vorstellungen („material"-„formal", usw.) der gemeinten Wirklichkeit im vorliegenden Fall besonders inadäquat sind. Daß die Verifizierung der Unmittelbarkeit zu Gott, die ja doch auch sittliches Verhalten ist, in ihrer Konkretisierung weitgehend vom christlichen Proprium her bestimmt wird, versteht sich für J. Fuchs mit Recht von selbst.[85] Wir sehen also, daß bei dieser Darstellung des christlichen Proprium hauptsächlich auf die Intentionalität und damit auf den Vollzug des sittlichen Handelns abgehoben ist.[86]

Weil unter dem dritten Stichwort, dem der *„Integrierung"*, alle Dimensionen – die heilsgeschichtlich vermittelte Wirklichkeit des „neuen Seins" in Christus, die Interpretation der Welt aus dem Glauben

[84] Gibt es eine spezifisch christliche Moral? 102; a. a. O. 108 heißt es einfach „der lebendige christliche Glaube".

[85] *J. Fuchs*, a. a. O. 102—110; a. a. O. 111 wird in einer Zusammenfassung die Beeinflussung des kategorialen Verhaltens „vor allem durch eine christliche Motivation" herausgestellt, während die „inhaltliche Bestimmung" durch Sinnvorstellungen nicht mehr ausdrücklich genannt wird.

[86] *J. Kraus*, Zum Problem des christozentrischen Aufbaues der Moraltheologie, in: Divus Thomas 30 (1952) 257—272, arbeitet als zentralen Begriff den der „Finalität" heraus und kommt damit nahe an die Formel von der „Intentionalität" heran. Er unterscheidet sich von J. Fuchs aber dadurch, daß er Intentionalität vorwiegend als heilsgeschichtlich-ontologische Finalität versteht, die sich vom Logos der Schöpfung bis zur Neuschöpfung im Kyrios durchzieht, während bei J. Fuchs der existentielle Vollzug im Vordergrund steht.

an diese Wirklichkeit und die ethisch-spirituelle Verifizierung im sittlichen Vollzug, die Dimensionen also des Heilsgeschichtlichen, des Gnoseologischen und des Praxeologischen – zugleich eingeholt werden können, erscheint es für die Vermittlung zwischen autonomem und christlichem Ethos angemessener als die Formeln von der Interpretation und der Intentionalität. Worin liegt unter dieser Betrachtungsweise das christliche Proprium und inwiefern vermag es autonomes Ethos zu integrieren?

Das christliche Proprium liegt in dem *„neuen Sein"* in Christus und in dem damit erschlossenen neuen *Sinnhorizont*. Was damit gemeint ist, wurde soeben im einzelnen aufgewiesen. Gott hat uns nicht nur aus dem Nichts ins Dasein gerufen, er hat uns in Jesus Christus die Möglichkeit ewiger Gemeinschaft mit sich und die Möglichkeit definitiver Erfüllung unserer konkreten personal-sozialen Existenz aufgetan. Hinter aller geschichtlichen Zukunft steht nunmehr die verheißene absolute Zukunft. Die grundlegenden Strukturen der christlichen Existenz, die sich auf diese Zukunft hinspannt, sind im Neuen Testament dargelegt. Neu und spezifisch christlich sind nicht die weltethischen Einzelweisungen, die wir in der Hl. Schrift finden. Neu und spezifisch christlich sind im Neuen Testament die Begründung der gängigen sittlichen Weisungen von Christus her und ihre Ausrichtung auf Christus hin. Der Christ muß sich in den Bereichen der Welt genau so verhalten wie der Heide, nämlich den Werten und Gesetzen dieser Bereiche entsprechend, also sachgerecht. Aber er muß wissen, daß er in Relation zum Schöpfer, zum Heiland und zum Vollender der Welt steht und daß er eben darum im konkreten Vollzug seines In-der-Welt-Seins Antwort gibt auf den im Glauben vernommenen Ruf des Schöpfers, daß er eben darin auch, getrieben vom Hl. Geist, Christus nachfolgt und daß er sich unterwegs in die absolute Zukunft befindet.

Die Verbundenheit mit Christus macht den Christen frei. Aus dieser Freiheit heraus kann er sich mit ungebrochenem Engagement für die Verbesserung der Zustände der Welt einsetzen, und er muß es auch, weil aus seinem Glaubenswissen *neue Motivationen* erstehen, die ihn in eine Unentrinnbarkeit personaler Verantwortung stellen, wie sie der Nicht-Glaubende eben nicht kennt. Sein Engagement in der autonomen Welt ist im Glauben gewußte Partnerschaft mit dem Schöpfergott in der Entfaltung der von ihm gestifteten Möglichkeiten und im Widerstand gegen alle aus ihm selbst und seinen Mitmenschen hervorbrechenden Sperrungen gegen diese Entfaltung. Sein Engagement in der autonomen Welt ist im Glauben gewußte Partnerschaft mit Jesus Christus in der Hinordnung alles Geschaffenen auf das Heil. Sein Engagement in der autonomen Welt ist schließlich Partnerschaft mit dem Vollender der Geschichte, vorbereitender Dienst, durch den die irdischen Bereiche jener Erfüllungsgestalt entgegengeführt werden, deren endgültige Heraufkunft der letzten Heilstat des wiederkommenden Herrn vorbehalten ist. Das christliche Proprium des Sittlichen liegt also nicht in neuen, nur dem Gläubigen zugänglichen Verhaltensnormen, sondern in der Integrierung des natürlich-sittlichen (autonomen) Handelns in den Vollzug seiner religiösen Verbundenheit mit Gott. In der Treue zur sittlichen Entfaltung seiner Person und seiner sozialen Beziehungen muß der Christ die Redlichkeit seines Glaubens an seine Verbundenheit mit Gott und die Fruchtbarkeit einer Existenz aus dem damit eröffneten Sinnhorizont heraus bekunden. Die autonom entwickelte Sittlichkeit wird zum Bewährungsfeld der Gottesliebe. Dem neuen Sein und dem neuen Sinnhorizont entspricht eine neue Kraft der Motivation, deren Kernstück die agape ist.[87]

In ähnlicher Weise bestimmen F. Böckle und J. Gründel[88] das unterscheidend Christliche: es ist der Glaube an das einmalige und unwiederholbare geschichtliche Ereignis, durch das Gott sich in Jesus Christus des Menschen und der Menschheit für immer in Liebe angenommen hat. Als Zentrum der sittlichen Botschaft Jesu erscheint die radikale Liebesforderung, die von ihm und seinen Aposteln am Material des menschlichen Alltags, in den geschichtlich bedingten sozialen

[87] Vgl. *W. Thüsing*, Die Botschaft des Neuen Testaments – Hemmnis oder Triebkraft der gesellschaftlichen Entwicklung? 144–146: In der Bruderliebe des Christen lebt der vollkommene Verzicht Jesu auf sich selbst und seine Unterwerfung unter den Willen des Vaters. Diese Liebe entkrampft den Christen, sie bricht jede Zentrierung und Fixierung auf egoistische Selbstbehauptung auf und befreit für den Dienst am Mitmenschen. Vgl. zum Ganzen *A. Auer*, Christsein im Beruf. Grundsätzliches und Geschichtliches zum christlichen Berufsethos, Düsseldorf 1966, besonders 251–307.

[88] *F. Böckle*, Worin besteht das unterscheidend Christliche einer christlichen Ethik?; *ders.* (-I. Hermann), Die Probe aufs Humane, besonders 19–22; *J. Gründel*, in: *J. Gründel – H. van Oyen*, Ethik ohne Normen? 69–87. F. Böckle und J. Gründel sind der Meinung, man könne Inhalt und Motiv nicht so voneinander trennen, wie es da und dort – auch in der vorliegenden Untersuchung – geschieht. Gewiß qualifiziert das Motiv den Inhalt. Man wird auch konzedieren müssen, daß diese qualitative Veränderung mit Hilfe der Kategorien „Motiv" und „Inhalt" nicht voll in den Griff genommen werden kann. Es bleibt aber dabei, daß über den Inhalt sittlicher Weisungen an sich und primär die Vernunft allein entscheidet. Darauf gründet auch Thomas seine Auffassung von der Autonomie des Sittlichen. Vgl. dazu *L. Oeing-Hanhoff*, Der Mensch – Natur oder Geschichte? 11–47.

und wirtschaftlichen Strukturen der Zeit konkretisiert wird. Die Theologie hat die Aufgabe, die sich ihr in der Zeit präsentierenden Daseinsentwürfe mit dem Wort Gottes, vor allem mit der Forderung der Liebe zu konfrontieren. O. Semmelroth untersucht in seinem Artikel „Orthodoxie und Orthopraxie" ebenfalls das Verhältnis zwischen Ethos und Glauben. Weil der Mensch ein ganzheitliches, in sich einiges Subjekt ist, muß auch sein Handeln in der Welt von seinem Glauben an Gott und an seine Offenbarung geprägt sein. Er muß auf der einen Seite die innerweltlichen Eigengesetzlichkeiten respektieren, darf auf der anderen Seite jedoch diese Eigenstruktur nicht als etwas betrachten, was mit Gott nichts zu tun hat. „Aus dem Glauben" handeln heißt für den Christen freilich nicht, daß er „in den Aussagen der göttlichen Heilsoffenbarung Anweisungen finde für die Art, wie mit den Dingen der Welt recht, also sachgemäß umzugehen ist. Die innerweltliche Orthopraxie ist keine Sache des Glaubens, sondern der Sachkenntnis, der Erfahrung und der Ehrfurcht. Wohl aber ist der Glaube auch für das rechte Handeln in der Welt wichtig, insofern er den Bezug der Welt und ihrer Eigengesetzlichkeit auf den schaffenden Gott erspüren läßt.[89]" Auch nach dieser Auffassung muß das menschliche Handeln, wenn es dem christlichen Proprium gerecht werden soll, in den durch den Glauben zugänglichen Sinnhorizont eingeordnet werden. J. Girardi[90] wendet besondere Mühe für die Begründung einer weltlichen Moral auf und vertritt die Überzeugung, daß man sie an sich hinlänglich ausweisen könne, auch wenn man ihre ontologischen Grundlagen außer Betracht läßt. Das spezifisch Christliche der Moral sieht er in der „religiösen Dimension" – womit wohl das gleiche gemeint ist wie mit der Formel vom christlichen Sinnhorizont – und in der „religiösen Motivation". Er überläßt es den Psychologen und Soziologen, über die Effizienz rein weltlicher Motivationen der Ethik ein Urteil zu fällen, hält es aber selbst für „wahrscheinlich, daß das Fehlen der religiösen Dimension die Durchschlagskraft des ethischen Anrufs oft schwächt und bei manchen Menschen praktisch sogar wirkungslos macht". Für W. Kerber[91] ist es eine umstrittene Frage, ob sich aus dem christlichen Vorverständnis des Menschen auch unmittelbare Konsequenzen für den materialen Inhalt des Sittengesetzes im ein-

[89] O. *Semmelroth*, Orthodoxie und Orthopraxie 370.
[90] Überlegungen zur Begründung einer weltlichen Moral, vor allem 47—49.
[91] Hermeneutik in der Moraltheologie, vor allem 58 f.

zelnen ergeben. Wenn man aber das Vor- oder „Grundverständnis des Menschen", den gesamten „Werthorizont", aus dem heraus einer handelt, mit in das „Objekt" des Handelns hineinnimmt, dann unterscheidet sich das Handeln des Christen von dem des Nichtchristen. „Wer sich von Jesus Christus erlöst weiß, wird im Nächsten nicht nur den Mitmenschen lieben, sondern seinen Bruder in Christus." Doch scheint W. Kerber letztlich der Ansicht zuzuneigen, daß vielleicht im Grunde doch nur eine neue Motivation hinzugetreten und nicht das Objekt des Handelns geändert worden sei. „Vielleicht läuft das Ganze auf eine reine Definitionsfrage hinaus, wieweit man den ganzen sittlichen Verstehenshorizont mit hineinnehmen will in die Gegenstandsbestimmung des sittlichen Aktes."[92]

In diesem Zusammenhang muß E. Schillebeeckx[93] noch besonders erwähnt werden. Er plädiert klar für die Autonomie des Sittlichen, da die ethische Ordnung unmittelbar und wohl gänzlich vom Menschen her erklärt werden kann. Der ursprüngliche Lebensentwurf wird beim sittlich-guten Menschen von der Wirklichkeit inspiriert, dieser aber steht konkret unter der Erbarmung der göttlichen Gnade. Durch die ausdrückliche Anerkennung der Kreatürlichkeit und die gläubige Annahme der Begnadigung wird der innerweltliche ethische Standpunkt bestätigt, erhellt und – wo es nötig ist – korrigiert. Das Christentum bringt – E. Schillebeeckx weist im Zusammenhang mit der Diskussion über die Ehemoral mit Nachdruck darauf hin – keine neuen ethischen Normen, sondern ermöglicht lediglich „die Aufnahme der natürlich-sittlichen Normen in das theologale Leben des sichtbaren Raumes der sakramentalen Kirche"[94]. Was also der Mensch aus seiner Erfahrung an absoluten Normen auffindet, muß er als Christ wahrmachen, indem er diesen autonom gefundenen Normen ihre „religiös-theologale Ausrichtung" gibt.[95]

[92] Vgl. auch *R. Egenter*, Art. Moraltheologie, in: LThK VII (1962) 613, der die Aufgabe der Moraltheologie darin sieht, „die Motive christlichen Verhaltens durch wertnehmendes, kontemplatives Verweilen bei den entsprechenden Offenbarungswahrheiten zu gewinnen".

[93] De God van liefde en de zedelijke normering van het menselijk handelen 183—216.

[94] A. a. O. 197; vgl. *D. Mieth*, Auf dem Wege zu einer dynamischen Moral 60.

[95] *E. Schillebeeckx*, a. a. O. 196: „Die christlich-ethischen Normen für das eheliche Leben sind die natürlich-ethischen Lebensnormen selber, aber aufgenommen in das theologale Leben des Mysteriums der Kirche. Das bedeutet, daß außer dem Novum des sakramentalen Gnadenethos die Kirche keine einzige neue ethische Norm für das eheliche Leben auferlegt ... Es ist z. B. unmöglich, daß die Verhütungsmittel natürlicherweise zu verantworten wären, daß sie aber allein von der Kirche und also für die Gläubigen verboten wären. Wenn sie für die Gläubigen unerlaubt sind, müssen sie das auch

Das Sittliche kann und muß also autonom gefunden und vor der Rationalität der Autonomie verantwortet werden. Keine noch so intensive Gläubigkeit erspart dem Christen die Mühsal der Reflexion über das, was seine Existenz in der Gemeinschaft der Mitmenschen sinnvoll und fruchtbar zu entfalten vermag. Aus dem christlichen Sinnhorizont heraus aber vernimmt er die absolute Forderung, sein menschliches Leben aus dem Glauben heraus auf Hoffnung hin in Liebe zu gestalten. In einem theologal erweckten Gewissen entstehen neue und stärkere Impulse für spontane Initiativen in den dem einzelnen besonders zugewiesenen weltlichen Bereichen.[96]

Ein paar Hinweise auf Versuche christlicher Integrierung autonomer Ethik aus dem Bereich der evangelischen Theologie mögen unsere Darstellung abrunden. Der radikale Situationsethiker J. Fletcher[97] sieht seine Unterschiedenheit vom nichtchristlichen Situationsethiker lediglich in der Motivation der Liebe. Nun haben zwar die Christen kein Monopol auf die Liebe, doch ist ihre Liebe durch ein Spezifikum gekennzeichnet: sie ist Liebe der Danksagung und der Dankbarkeit gegenüber Gott für alle seine Wohltaten, besonders für Leben, Tod und Auferstehung Jesu Christi. Die Einzigartigkeit der christlichen Ethik liegt also darin, daß sie „eucharistische Ethik", Ethik der Danksagung ist. Sie unterscheidet sich von anderen Ethiken nur hinsichtlich der Motivation. Für K. Barth wäre eine solche Auffassung schlechthin unerträglich. Die theologische Ethik hat nach seiner Überzeugung mit einem allgemeinen Begriff der Ethik nichts gemein, sie soll sich nicht einmal zu einer apologetischen Auseinandersetzung

natürlich-ethisch sein. Und wenn sie natürlich-ethisch erlaubt sind, sind sie es auch für die Gläubigen. Durch ihre Aufnahme in das evangelische Ethos werden die Normen für die Ehe nicht geändert, sie werden lediglich vertieft durch das theologale Leben."

[96] Nach *R. Spaeman*, Theologie, Prophetie, Politik 492 f., eröffnet der christliche Glaube dem Menschen „ein Motiv und damit eine Möglichkeit, seine Interessenperspektive zu überschreiten". Damit also sollte sich die Theologie befassen, im übrigen aber sich in weltlichen Angelegenheiten überflüssig machen. Denn die partikulären Aspekte, unter denen wir die Wirklichkeit sehen, werden „durch die theologische Brille nicht heller". Dem ist zuzustimmen, denn das, was in dieser Untersuchung „christlicher Sinnhorizont" genannt wird, macht die partikuläre oder kategoriale Betrachtung der Welt in sich nicht heller. Es vermittelt nur eine umfassende Gesamtorientierung. — Es sei schließlich angemerkt, daß die traditionellen Traktate, in denen die Handbücher das Verhältnis von Moraltheologie und Moralphilosophie behandeln, gar nicht sonderlich von diesen „neuen" Erkenntnissen variieren. Vgl. z. B. die immer noch gültigen Aussagen bei *Th. Steinbüchel*, Die philosophische Grundlegung der katholischen Sittenlehre (Handbuch der kath. Sittenlehre, hrsg. von F. Tillmann, Bd. I/1), Düsseldorf ²1939, 60—94.

[97] Moral ohne Normen, Leck 1967 (Situation Ethics. The New Morality, Philadelphia 1966).

mit ihr verführen lassen, sie soll sich vor dem allgemeinen menschlichen Denken nicht zu begründen und zu verantworten suchen.[98] Der starke Eindruck der Theologie K. Barths beruht nicht zuletzt auf der Einseitigkeit seiner Thesen. Doch ist eben diese Einseitigkeit seit langem als Offenbarungspositivismus und Christomonismus erkannt und kritisiert worden – was freilich nicht das einzige Wort zu dieser großartigen Konzeption sein kann. Immerhin wird der reaktive Charakter der Entmythologisierungsbestrebungen von hier aus verständlicher. W. Trillhaas[99] setzt zwar selbst beim christlichen Ursprung der ethischen Fragestellung ein, ist sich aber bewußt, daß man auch mit der allgemein menschlichen ethischen Thematik beginnen könnte. Denn viele wesentliche ethische Fragestellungen sind mit unserer puren Menschlichkeit gegeben. Vor allem im Umgang mit Nicht-Christen – meint er – dürfen wir uns nicht auf unsere dogmatischen Grundlagen berufen. Die Frage der Allgemeingültigkeit ethischer Prinzipien, die Frage also der „Kommunikabilität der Ethik“ muß auch in Absehung von der christlichen Glaubensüberzeugung beantwortet werden. „In den eigentlich ethischen Sätzen muß die Ethik aufs Allgemeine bezogen und auf vernünftige Einsehbarkeit bedacht sein, sie muß in diesem Sinne kommunikabel sein.“[100] Das dem Christentum Eigentümliche kann und muß dazu hin ausgesprochen werden. W. Trillhaas sieht es im „Überschießenden“, wie es durch die Bergpredigt umrissen ist, in jenem „Außerordentlichen, das in jeder christlichen Ethik als unverwechselbares Signal aus einer anderen Dimension erscheint“. Geht man seiner Ethik auf den Grund, dann stößt man auf die einfachen Formeln der Gottes- und Nächstenliebe, der Dankbarkeit oder der Fruchtbarkeit des Glaubens. W. Trillhaas setzt also bei der Christusgemeinschaft an und schreitet von hier weiter zu deren sittlicher Auswirkung. Das spezifisch Christliche liegt nicht nur in einer neuen Motivation, sondern in der neuen Gemeinschaft mit Christus, in die der Glaubende hineingestellt ist

[98] Kirchliche Dogmatik II/2, 606: „Wenn anders Theologie und so auch kirchliche Ethik grundsätzlich Wissenschaft von dem in der Offenbarung, in der Hl. Schrift, in der Verkündigung der Kirche bezeugten Wort Gottes ist, dann muß der Mensch gegenüber ihren Sätzen der Gefragte, dann darf sie mit ihren Sätzen nicht die auf die Fragen des Menschen antwortende sein. Nicht das vom Menschen in Anspruch genommene, sondern das den Menschen seinerseits in Anspruch nehmende Wort Gottes ist ihr Gegenstand: Nicht der Mensch, der mit dem Worte Gottes, sondern das Wort Gottes, das mit dem Menschen etwas anfangen will.“

[99] Ethik, Berlin 1965.

[100] A. a. O. 15.

und die sich in der Liebe fruchtbar erweisen muß. H. Thielicke hingegen geht aus von der Verwechselbarkeit der christlichen Ethik mit jeder anderen im Bereich des Handelns, in der Tatschicht also und auch im ethischen Programm. Normierung und Tatschicht sind gewiß nicht belanglos, aber in ihnen wird das Christliche nicht manifest. Das spezifisch Christliche der Sittlichkeit liegt vielmehr „ausdrücklich und ausschließlich in der Motivation des Handelns". Kol 3,23 („Alles, was ihr tut, das tut von Herzen als dem Herrn und nicht den Menschen") bringt das prägnant zum Ausdruck. Diese Grundregel christlichen Handelns charakterisiert dieses eben nicht nach der materiell-inhaltlichen Seite, sondern nach seinem Grund und seinem Ziel, die beide durch den Kyrios bestimmt sind.[101] D. Bonhoeffer hat – es wurde bereits gesagt – wie wenige andere die Autonomie des Sittlichen erkannt und bejaht. Er sieht die etwa im 13. Jahrhundert beginnende Bewegung in der Richtung auf menschliche Autonomie hin in unserer Zeit zu einer gewissen Vollständigkeit kommen. Unter Autonomie versteht er „die Entdeckung der Gesetze, nach denen die Welt in Wissenschaft, Gesellschafts- und Staatsleben, Kunst, *Ethik*, Religion lebt und mit sich selber fertig wird"[102]. Auf der anderen Seite hat er, wiederum wie wenige andere, die Christozentrik der Welt herausgearbeitet. Gottes- und Weltwirklichkeit sind nicht zwei Räume, vielmehr ist die ganze Weltwirklichkeit bereits in Christus hineingezogen. „Es gibt kein Stück Welt, und sei es noch so verloren, noch so gottlos, das nicht in Jesus Christus angenommen, mit Gott versöhnt wäre ... Die Welt gehört zu Christus, und nur in Christus ist sie, was sie ist."[103] Jesus Christus ist der eigentlich Wirkliche, und alle Faktizitäten erfahren in ihm ihre letzte Begründung und ihren letzten Widerspruch. Auch die vier Mandate (Arbeit, Ehe, Obrigkeit und Kirche) sind nichts anderes als „von oben her in die Welt hineingesenkte ... Gliederungen – ‚Ordnungen' – der Christuswirklichkeit"[104]. Materiell gesehen geht der Christ im Ethischen den gleichen Weg wie der Atheist. Und doch gibt es einen wesentlichen Unterschied: der Christ weiß, daß Gott die letzte Tiefe dieser Wirklichkeit ist, daß er in einer Welt steht, die von Gott durch Jesus Christus geliebt und angenommen ist. So wird für den Christen autonome Moral zugleich christliche Moral. „Wer sich zu der Wirk-

[101] Theologische Ethik I, Tübingen 1951, besonders 18—22.
[102] Brief vom 8. 6. 1944, in: Widerstand und Ergebung, München [13]1966, 215.
[103] Ethik, zusammengestellt und hrsg. von E. Bethge, München [17]1966, 68 f. 167 f.
[104] A. a. O. 224. 257.

lichkeit Jesu Christi als der Offenbarung Gottes bekennt, der bekennt sich im selben Atemzug zu der Wirklichkeit Gottes und zu der Wirklichkeit der Welt."[105] So fließen bei D. Bonhoeffer Autonomie, Theonomie und Christonomie in der Ethik zu einem untrennbaren Ganzen zusammen. Von daher wird verständlich, was jeder Leser seiner Werke sofort bemerkt, daß die Aussagen nicht immer eindeutig sind, sondern oft ohne deutliche Konturen ineinander übergehen, zumal sich nacheinander in seiner geistigen Entwicklung auch immer wieder andere theologische Denkansätze bei ihm durchsetzen. – Als letzter sei P. L. Lehmann genannt.[106] Er definiert christliche Ethik als „die strenge Reflexion über die Frage und über die Antwort auf die Frage: Was soll ich als an Jesus Glaubender und als Glied seiner Kirche tun?" Der Ausgangspunkt seines Nachdenkens liegt also nicht in dem allgemein moralischen Empfinden der Menschheit, nicht im Destillat der ethischen Weisheit früherer Generationen. Er will diese Weisheit zwar nicht ignorieren, aber er setzt nicht bei ihr an. Der Einsatzpunkt für christlich-ethisches Denken muß vielmehr „die Tatsache und das Wesen der christlichen Kirche" sein. Es geht nämlich der christlichen Ethik nicht um ein philosophisch zu bestimmendes Gutes, sondern um das Tun, das sich aus meinem Glauben an Christus und meiner Gliedschaft an der Kirche ergibt. Mit anderen Worten: „Christliche Ethik ist auf Offenbarung und nicht auf Moral ausgerichtet."[107]

Sehen wir von den Versuchen einer radikalen Theologisierung des Sittlichen bei K. Barth und P. L. Lehmann ab, finden wir auch im Bereich der evangelischen Theologie einen starken Trend zu einer Säkularisierung des Sittlichen. Sittlichkeit ist eine autonome Größe, die durch ihre Einordnung in den christlichen Sinnhorizont und durch die Aktualisierung der in diesem Sinnhorizont implizierten Motivationen ihre volle Integrierung findet. Damit sehen wir die vorhergewonnene Position im wesentlichen bestätigt und versuchen nun, aus dieser grundlegenden Reflexion die Konsequenzen für das Selbstverständnis von Lehramt und Moraltheologie zu ziehen.

[105] A. a. O. 214.

[106] Ethik als Antwort. Methodik einer Koinonia-Ethik, München 1966 (Ethics in a christian context, New York 1963); dazu die kritische Würdigung bei *P. Ramsey*, Deeds and Rules in Christian Ethics, New York 1967, 49—103.

[107] Ethik als Antwort 38.

3. Die Funktionen des kirchlichen Lehramts und der Moraltheologie bei der Statuierung weltethischer Weisungen

Die bisherigen Ergebnisse legitimieren zu zwei Unterscheidungen, die für die weiteren Reflexionen förderlich sein können: zu der Unterscheidung zwischen Weltethos und Heilsethos und zu der zwischen originären und subsidiären Funktionen von Kirche und Theologie. Diese Unterscheidungen wollen nicht als magische Formeln verstanden werden, mit deren Hilfe sich alle Probleme spielend lösen lassen, aber doch als kritische Modelle, an denen für die nähere Bestimmung der Funktionen von Kirche und Theologie bei der Statuierung weltethischer Weisungen Maß genommen werden kann und muß.

a) Grundlegende Unterscheidungen

Unter Weltethos verstehen wir das Gesamt der aus der Sachordnung der einzelnen menschlichen Lebensbereiche sich ergebenden Verbindlichkeiten. Es handelt sich hier, wie ausführlich entwickelt wurde, um ein Ethos der Sachlichkeit, um ein immanentes Ethos, das dem Verstehenshorizont der jeweiligen Geschichtszeit entsprechend autonom und säkular entwickelt wird. Es gehört zur „Wahrheit der Welt“ und steht darum in der originären Zuständigkeit des menschlichen Geistes. Unter *Heilsethos* fassen wir das Gesamt jener Verbindlichkeiten, durch die die Abhängigkeit des Menschen von Gott und seine Gemeinschaft mit Christus ausdrücklich verifiziert werden; es handelt sich hier also um Vollzüge, bei denen nicht die Hinwendung zur Welt, sondern die Unmittelbarkeit zu Gott im Vordergrund steht. Die Hl. Schrift fordert uns auf, das Angesicht Gottes im Gebet zu suchen. Das Neue Testament im besonderen gibt uns Richtlinien für die Entfaltung unserer Gemeinschaft mit Christus: die radikale Metanoia zu Glaube, Hoffnung, Freude, Friede, Vertrauen und vor allem zur Agape. Es umreißt die großen Zielvorstellungen für die Verwirklichung der christlichen Existenz: Gerechtigkeit, Heiligkeit, Reinheit, Vollkommenheit. Die Moraltheologie konzentriert sich im allgemeinen auf drei Schwerpunkte des Heilsethos: auf Glaube, Liebe und Hoffnung als die ausdrückliche Verifizierung unserer Gemeinschaft mit Christus, auf das Gebet als die ausdrückliche Affirmation unserer Gottesbeziehung und schließlich auf den Kult, in dem das in Christus geschenkte Heil ausdrücklich dargestellt und aktuell vermittelt wird und in dem die gläubige Gemeinde zugleich ihre Danksagung für das Gottesgeschenk der Schöpfung und des Heils feiert. Solche Zuwendung zu Gott impliziert freilich auch die welthafte Existenz des Christen, weil Gott nicht ohne die Welt und die Welt nicht ohne Gott ist noch gedacht werden kann. Es führt allerdings nicht weiter, wenn man sich darüber streitet, ob die spirituelle Verifizierung der transzendenten Relationen der Welt und des Handelns an ihr besser als integriertes Weltethos (Weltethos im christlichen Kontext) oder als inkarniertes Heilsethos bestimmt wird. Die Dualität zwischen Weltethos und Heilsethos darf auf keinen Fall zu ihrer dualistischen Aufspaltung führen. Beide stehen zueinander im Verhältnis der Reziprozität und der Interdependenz, sie sind nur zwei Aspekte der einen christlichen Existenz.[108]

J. Fuchs scheint mit seiner Unterscheidung zwischen dem „partikulären kategorialen Verhalten", in dem kategoriale Werte oder Normen oder Tugenden (Treue, Keuschheit, Gerechtigkeit) realisiert werden, und den „transzendentalen Haltungen und Normen, die als transzendentale die verschiedenen sittlichen Kategorien durchdringen und übersteigen" (Glaube, Liebe, sich erlösen lassen, Christus nachfolgen usw.), das gleiche zu meinen. Doch läßt sich eine letzte Klarheit über seine Unterscheidung nicht gewinnen, da ja z. B. auch Gerechtigkeit und Treue die verschiedenen sittlichen Kategorien durchdringen und wir in der Moraltheologie eine beachtliche Tradition über die Kardinaltugenden als virtutes generales haben. Es scheint, daß das „partikuläre kategoriale Verhalten", wie J. Fuchs es versteht, mehr von der Tugend- bzw. Wertlehre her zu verstehen ist, während der Begriff „Weltethos" mehr im induktiven Horizont der durch Erfahrung gewonnenen Einsichten in die materialen Gesetzlichkeiten der einzelnen Lebensbereiche konzipiert ist.[109] Eindeutiger etabliert E. Schillebeeckx seine Unterscheidung zwischen dem von der Wirklichkeit inspirierten ursprünglichen und fundamentalen Lebensentwurf, d. h. der kategorialen Forderung, die von einer Wirk-

[108] Vgl. *A. Auer,* Interiorisierung der Transzendenz. Zum Problem Identität oder Reziprozität von Heilsethos und Weltethos, demnächst in: Humanum, Festschrift für R. Egenter . . .; zur Verdeutlichung des Begriffs „Heilsethos" vgl. *A. Auer,* Glaube, Hoffnung und Liebe. Öffnung eines traditionellen moraltheologischen Traktats in die Dimension des Gesellschaftlichen, demnächst in: Festschrift für H. Fleckenstein . . .;
K. H. Schelkle, Theologie des Neuen Testaments III, 117—139; *K. Rahner,* Heilsauftrag der Kirche und Humanisierung der Welt, in: Geist und Leben 44 (1971) 32—48.
[109] Vgl. *J. Fuchs,* Gibt es eine spezifisch christliche Moral? 101.

lichkeit ausgeht und den Menschen als Subjekt trifft, und dem „Gnadenethos". Unter letzterem versteht er die Forderung der heiligmachenden Gnade[110] und die Forderungen der Sakramentalität der Gnade, also „das theologale Leben zusammen mit den Implikationen der sakramentalen Kirche Christi"[111]. Dabei kommt es E. Schillebeeckx darauf an, sowohl die Unterscheidung der beiden Aspekte als auch ihre innere Verwiesenheit aufeinander herauszustellen: innerweltliches Ethos und Gnadenethos sind nicht miteinander identisch, aber für den Gläubigen werden die innerweltlich erkannten ethischen Forderungen zum „Mitinhalt" der gnadenhaften Einladung, die von Gott an ihn ergeht.

Der *Unterscheidung zwischen originären und subsidiären Funktionen von Kirche und Theologie* kommen wir durch einige geschichtliche Hinweise näher. Der originäre Sinn der christlichen Kirchen liegt offensichtlich in der Vermittlung des Heils durch Wort und Sakrament sowie in der Befähigung der einzelnen Gläubigen zu einem christlich motivierten sachgerechten Welteinsatz. Nun hat die Dignität dieses originären heilsmittlerischen Dienstes im sakralen Mittelalter zu Ausdehnungen der spirituellen Autorität in weltliche Bereiche hinein geführt. Dazu kommt, daß die Träger der geistlichen Institutionen zugleich als erste Träger höherer Bildung aufgetreten sind. Dadurch sind ihnen zugleich bedeutsame weltliche Aufgaben zugewachsen, die freilich im Sinne der Subsidiarität, der ergänzenden Hilfeleistung, eine unbestreitbare geschichtliche Legitimität besitzen. Die Ausübung politischer Macht (geistliche Fürsten), die Verantwortung für Wissenschaft, Bildung und Erziehung (Gründung von Universitäten, geistliche Schulaufsicht) oder die ordentliche Sozialfürsorge (kirchliches Wohlfahrtswesen) sind solche Funktionen, die an sich in die originäre Kompetenz weltlicher Instanzen gehören, die aber in der abendländischen Geschichte zunächst und teilweise auf lange Zeit von den Kirchen übernommen werden mußten. Wenn sie von ihnen im Laufe des Säkularisierungsprozesses – meist erst unter dem massiven Druck der Entwicklung – abgegeben wurden, so ist

[110] De God van liefde en de zedelijke normering van het menselijk handelen 190: „Das übernatürliche ethische Leben ist" — da es sich um Forderungen handelt, die sich aus dem Leben in Intersubjektivität mit Gott ergeben — „formal theologal-religiöses Leben. Die christlich-sittliche Verpflichtung impliziert fundamental das menschliche Leben aus dem Glauben heraus zu gestalten als ein Leben der Hoffnung und der Liebe, der Liebe zu Gott und dem Menschen."

[111] A. a. O.

dies eine durchaus normale geschichtliche Entwicklung, auf deren kulturkämpferische Dramatisierung man bei hinlänglich ausgebildetem Sinn für geschichtliche Entwicklungsgesetze auf beiden Seiten hätte verzichten können.

Nachdem nun das Ereignis der Säkularisierung – wie wir sahen – auch den Bereich des Sittlichen erfaßt hat, stellt sich die Frage, ob die Aufstellung detaillierter weltethischer Weisungen, wie sie von Kirche und Theologie bislang praktiziert wurde, zu deren originären oder nur zu deren subsidiären Aufgaben gehört. Es wurde bereits gesagt: die originäre Aufgabe der Kirche – die Theologie unterstützt sie dabei – besteht darin, daß sie Gott als den tragenden Grund aller Wirklichkeit und seine ungeschuldete geschichtliche Präsenz in Jesus Christus verkündet und feiert. Über das Weltliche – im Mittelalter sagte man: über die temporalia – hat sie keine Gewalt.[112] Wollte sie eine solche ausüben, wäre sie an jene autonomen Gesetzlichkeiten verwiesen, die den weltlichen Bereichen innewohnen und die aufzufinden Sache der menschlichen Vernunft ist. Dafür ist nicht die Amtskirche, wohl aber der einzelne christliche Laie zuständig. Er muß zusammen mit den anderen Christen und den Nichtchristen herausfinden, mit welchen Mitteln und auf welchen Wegen in dieser oder jener konkreten Situation die menschlichen Grundrechte der Freiheit oder der Gerechtigkeit geschützt werden müssen. Nur für die Hierarchie, nicht für den gläubigen Laien gibt es hier eine Grenze. Dieser besitzt den originären Auftrag zur Gestaltung der Welt. „Die Ordnung der zeitlichen Gesellschaft bleibt das unvertretbare Recht der Menschheit selbst, der kirchlichen Gläubigen gemeinsam mit den nichtkirchlichen Menschen.“[113]

Je klarer der transzendental-relationale Charakter des Schöpfungs- und Heilsmysteriums theologisch erkannt wird, desto weniger kann man an seiner kategorialen Relevanz für die konkrete Artikulierung weltethischer Normen festhalten. Wenn das Mysterium der Schöpfung und des Heils hinsichtlich des Weltethos keine spezifische Strukturprogrammatik und keine gegenüber einer autonomen oder säkularen Ethik zusätzlichen materialen Gehalte impliziert, erweist sich authentisches kirchlich-theologisches Sprechen in Fragen konkreter sittlicher Lebensführung immer deutlicher als geschichtlich bedingte und dar-

[112] Vgl. *P. Mikat*, Gegenwartsaspekte im Verhältnis von Kirche und Staat in der BRD, in: Ecclesia et ius, Festschrift für Audomar Scheuermann, hrsg. von K. Siepen, J. Weitzel, P. Wirth, Paderborn 1968, 93—97.

[113] *E. Schillebeeckx*, Kirche und Welt 137.

um auch geschichtlich begrenzte Subsidiärfunktion. Die Findung detaillierter Weisungen für das rechte Weltverhalten ist als originäre Funktion des menschlichen Geistes zu deklarieren. Man muß jedoch daran festhalten, daß Kirche und Theologie gegenüber autonom entwickelten Ethiken drei unverzichtbare Funktionen haben, und zwar Funktionen mit ausgesprochen originärem Charakter, jedenfalls insoweit sie aus dem christlichen Sinnhorizont heraus und nicht in purer naturaler Konkurrenz auf gleicher Ebene mit den zuständigen weltlichen Instanzen vollzogen werden, die integrierende, die stimulierende und die kritisierende Funktion.[114]

b) Die integrierende Funktion

Weil die Welt in Gott gründet, genügt es nicht, daß weltliches Handeln sachlich richtig und mit anständiger Gesinnung vollzogen wird, es muß vielmehr von allen, die dies im Glauben zu tun vermögen, ausdrücklich auf den demütigen Gehorsam gegen den Schöpfergott und auf das Heil in Christus hin ausgerichtet werden. Kirche und Theologie müssen also die geistlich-sittlichen Implikationen aufweisen, die in dem durch das Mysterium der Schöpfung, des Heils und der Vollendung konstituierten Sinnhorizont sichtbar werden. Der Christ erfährt das Mysterium in allen seinen Dimensionen als eine an ihn persönlich ergehende Aufforderung Gottes zum rechten Handeln.

[114] Hinsichtlich der Benennung der einzelnen Funktionen fand der Verfasser erste Anregungen bei zwei holländischen Theologen. *G. Th. Rothuizen,* Tweeërlei Etiek bij Calvijn. Inaugurale Rede, Kampen 1964, 16: „Das Verhältnis von christlicher und profaner Ethik ist ein kritisierendes, stimulierendes und honorierendes." In dieser Bestimmung fehlt die Funktion des Integrierens; deren Definition setzt allerdings eine Christologie voraus, in der Christus als Heil der Welt und nicht nur als Modell einer neuen Ethik der Mitmenschlichkeit gilt. Vgl. ferner *Th. Beemer,* De Krisis van de Moraltheologie, in: De Kerk van morgen, Roermond 1966, 45—62; hier 49: „Es ist nicht der Kirche gegeben, von sich aus, aus ihrem Glaubenswissen über Heil und Unheil heraus, die Normen für das menschliche Leben und Zusammenleben herauszufinden und die Gestalt einer lebbaren Zukunft zu entwerfen. Darum müßte man theologische Ethik auch eher verstehen als eine vom Glauben inspirierte kritische Reflexion über die zeiteigene sittliche Erfahrung und das sittliche Bewußtsein (das Gewissen), über die je heutige sittliche Grundtendenz (bewogenheid: Humanisierung des Lebens) und die bestehenden und sich entwickelnden sittlichen Auffassungen und Normen (die Sitten)." Vgl. neuerdings *Th. Beemer,* Von der moraltheologischen Hermeneutik 403: Die Aufgabe der Kirche kann „als kritische Begleitung des geschichtlichen weltlichen Ethos aufgefaßt werden: annehmend, anregend und korrigierend aus dem Glauben an die unveräußerliche Würde eines jeden Menschen vor Gott." — Wertvolle Hinweise auf holländische Literatur sowie deren verläßliche Übersetzung verdankt der Verfasser seinem Doktoranden H. Bour.

Dieser Glaube an das Mysterium wird in der Motivschicht des Handelns und damit im Handeln selbst wirksam.
Es spricht einiges dafür, daß in Zukunft sich nicht wenige Menschen für die christliche Heilsbotschaft interessieren, die nicht von Kind auf in der „katholischen Glaubens- und Sittenlehre" unterrichtet worden sind, die vielmehr ohne jede innere und äußere Bindung an das Christentum ihre sittlichen Vorstellungen entweder in relativ eigenständiger Reflexion entwickelt oder einfach aus dem je vorfindlichen Angebot an ethischen Konzeptionen ausgewählt haben. Wenn Kirche und Theologie solche Vorstellungen, soweit sie mit der Offenbarung vereinbar sind, anerkennen und die spezifisch christliche Dimension ihrer Verwirklichung aufweisen, bedeutet das noch keinen Verzicht auf das eigene Angebot einer „Sittenlehre". Die ethische Reflexion ist zwar längst kein Monopol der Kirche mehr. Die Kirche kann aber vom Mysterium des Heils nicht in abstrakter Weltlosigkeit sprechen, weil dieses Mysterium das letzte Schicksal der Welt betrifft und weil der Glaube an dieses Mysterium die innerweltliche Bewährung fordert. Die Kirche wird also auch in Zukunft – vor allem solange sich für die sittliche Erziehung außer den Eltern so gut wie niemand ernsthaft verantwortlich weiß, sondern fast alle Instanzen sich dieser Aufgabe entziehen – sittliche Richtbilder und konkrete Weisungen vorlegen, und zwar so entschieden in der Sache und so einprägsam in der Form als nur möglich. Aber sie wird sie nicht mit dem Anspruch der Authentizität aus ihrem Glaubenswissen selbst hervorbringen, sondern auf säkular entwickelte, aber bewährte Ethiken zurückgreifen und das – weil es für ein differenziertes Denken unerläßlich ist – im Rahmen ihrer sittlichen Pädagogik auch klar zum Ausdruck bringen. Die Kirche hat zwar anderen Instanzen nie das Recht abgesprochen, sich über sittliche Fragen zu äußern, wenn ihre Äußerungen sich nur für die menschliche Selbstverwirklichung als fruchtbar erwiesen. Aber sie hat für sich eine originäre und authentische Kompetenz in diesem Bereich in Anspruch genommen. Und genau diese originäre Kompetenz ist durch die Säkularisierung des Sittlichen in Frage gestellt. Warum sollte die Kirche nicht, anstatt aus sich selbst sittliche Weisungen bis ins letzte Detail des Weltverhaltens hinein zu entwerfen – sie spricht natürlich, wenn sie dies tut, immer nur von „Auffindung" oder „Auslegung" des natürlichen Sittengesetzes –, überall, wo dies möglich ist, autonom entwickelte Formen des „Hochethos" und auch der „einfachen Sittlichkeit" (O.

F. Bollnow) übernehmen, sie als autonom entwickeltes Ethos auch ausdrücklich erklären und ihren Gläubigen als hilfreiche Modelle für die Bewährung der christlichen Existenz in der Welt vorstellen – wie es im Alten und im Neuen Testament und über weite Strecken der Geschichte der Moraltheologie und Moralverkündigung hin tatsächlich geschehen ist? Auch heute gibt es Konzeptionen, mit denen sich eine Auseinandersetzung lohnt, z. B. die von K. Marx, E. Fromm oder J. Huxley. Wenn die Kirche konkrete weltethische Weisungen aufstellt, die weder durch das zeitgeschichtlich geltende sittliche Bewußtsein noch durch die Offenbarung gedeckt sind (wie es etwa in „Humanae vitae" geschehen ist), dann kann sich ihr Anspruch jedenfalls nur insoweit durchsetzen, als die zur Begründung vorgebrachten Argumente ihn zu stützen vermögen. Ihre Autorität als Vermittlerin der Offenbarung kommt hier nicht ins Spiel, möglicherweise wird sie sogar gefährdet.[115]

Aus dem Gesagten ergibt sich, daß es zwar nur ein christliches Proprium und darum nur ein christliches Heilsethos gibt, daß es aber verschiedene Ausprägungen des Weltethos gibt, die christlich integrierbar sind.[116] Eine gewisse Pluralität des Sittlichen ist also auch innerhalb der Kirche theologisch durchaus legitim. Ein paar Hinweise auf das Zweite Vatikanum bestätigen die vorgetragene Auffassung. In der „Erklärung über die christliche Erziehung" (Vorwort) heißt es: „Der Sorge der Kirche ist auch das ganze irdische Leben aufgegeben, insofern (!) es mit der himmlischen Berufung im Zusammenhang steht." Die Sorge, von der hier die Rede ist, betrifft also genau das, was hier mit Integrierung bezeichnet wird; sie hat ihr Fundament im „inkarnatorisch verstandenen Heilsauftrag der Kirche"[117]. Der Kirche ist der Sinn des menschlichen Daseins anvertraut. So steht es ausdrücklich in der „Dogmatischen Konstitution über die Kirche": „Die Wiederherstellung, die uns verheißen ist und die wir erwarten, hat in Christus schon begonnen, nimmt ihren Fortgang in der Sendung des Hl. Geistes und geht durch ihn weiter in der Kirche, in der wir durch den Glauben auch über den Sinn unseres zeitlichen

[115] Vgl. die bemerkenswerten Überlegungen von *B. Schüller*, Typen ethischer Argumentation in der katholischen Moraltheologie, in: Theologie und Philosophie 45 (1970) 526—550; zur Argumentation des Lehramts vor allem 548—550.

[116] Der Begriff der „Integrierung" ist im übrigen nicht neu. *K. Martin*, Lehrbuch der katholischen Moral, Mainz-Kirchheim [2]1851, 2, schreibt, das „christliche Gesetz (sei) seinem Inhalt nach Integrierung und letzte Vollendung des Naturgesetzes".

[117] Kommentar zu „Gravissimum educationis momentum", in: LThK II (1967) 370 (J. Pohlschneider).

Daseins belehrt werden (in qua per fidem de sensu quoque vitae nostrae temporalis edocemur)" (Art 48). Die Kirche spricht also mit, wenn es um den Sinn des menschlichen Daseins geht, statuiert aber nicht selbst die Normen, die den Weg zu seiner optimalen Entfaltung weisen. Die Konstitution wird noch deutlicher: „Die Kirche fördert und übernimmt Anlagen, Fähigkeiten und Sitten (mores) der Völker, soweit sie gut sind. Bei dieser Übernahme reinigt, kräftigt und hebt es sie aber auch" (Art 13). Dieser Gedanke war zuvor von Paul VI. in seiner Antrittsenzyklika „Ecclesiam suam" mehrfach angesprochen worden: „Die Welt wird nicht von außen gerettet. Man muß, wie das menschgewordene Wort Gottes, gewissermaßen mit den Lebensformen (vitae formae) derjenigen einswerden, denen man die Botschaft Christi bringen will, man muß... die allgemeine Lebensform (communis mos) der anderen annehmen, wenn sie nur menschenwürdig und lauter ist."[118]

Integrierung beraubt autonomes Ethos nicht seiner Eigentlichkeit, sondern gibt ihm erst seine volle innere Wahrheit, seinen Sinn und seine Fülle. Ohne christliche Integrierung verschließt sich der Mensch mit seinem Ethos in der Endlichkeit. W. Kasper weist in anderem Zusammenhang auf die Verständnisschwierigkeiten hin, denen der spezifische Auftrag der Kirche, in unserem Fall der christlichen Integrierung autonomer Sittlichkeit, heute allüberall begegnet, und folgert daraus: „Es muß deshalb gezeigt werden, daß die Kirche gerade dadurch, daß sie den Bereich des bloß Soziologisch-Politischen und Psychologisch-Anthropologischen übersteigt, nochmals der wahren Menschlichkeit des Menschen und dem Frieden der Menschheit dient."[119]

Christliche Integrierung ist also unverzichtbar, weil sie die Wahrheit vollzieht, die mindestens im ganzen gesehen nicht ohne schwere Einbußen für das welthafte Ethos unvollzogen bleiben kann.

[118] Weitere Belege mit Interpretation bei *A. Auer*, Was heißt „Dialog der Kirche mit der Welt"? Überlegungen zur Enzyklika „Ecclesiam suam" Pauls VI., in: Wahrheit und Verkündigung, Festschrift für M. Schmaus zum 70. Geburtstag, hrsg. von L. Scheffczyk, W. Dettloff, R. Heinzmann, München-Paderborn-Wien 1967, Bd. II, 1507—1531.

[119] *W. Kasper*, Die Heilssendung der Kirche in der Gegenwart 29, bestimmt Frieden (schalom) als „den gottgewollten Zustand der menschlichen Beziehungen und aller Dinge, ihr Wohlergehen und Heilsein, die Integrität und Fülle kosmischer, politischer und menschlicher Wirklichkeit und Geschichte, ... (als) die heile Ordnung des menschlichen Lebens und der Welt".

c) Die stimulierende Funktion

Wie schon der alttestamentliche Bundesgedanke, so hat auch die evangelische Botschaft jede echte sittliche Bewegung in der Geschichte ermuntert und stimuliert. Die christliche Hoffnung richtet sich letztlich zwar auf die Parusie des Herrn und auf den darin hervortretenden Vollendungszustand von Welt und Mensch. Aber der Blick auf das Ende setzt sich beim aktiv Hoffenden in einen Impuls ständigen Anfangens in seinem Leben und in der Geschichte um. Das letzte Ziel wird durch die Hoffnung zum Prinzip der sittlichen Selbstentfaltung, des unbegrenzten Voranschreitens des Menschen, seiner radikalen innerweltlichen Offenheit. Leider war die christliche Hoffnung in Kirche und Theologie allzuoft nicht so stark ausgeprägt, daß es für sie eine Selbstverständlichkeit war, sich mit den wirklichen Zukunftskräften jeglicher Provenienz zu solidarisieren. Immerhin, wer darum weiß, welche Explosivkraft die christlichen Grundvorstellungen von der Würde und Gleichheit aller Menschen vor Gott in der Geschichte etwa der Sklavenfrage, der Aufwertung der Frau, der menschlichen Grundrechte im allgemeinen, der Eigentumsvorstellung usw. schließlich doch entwickelt haben – wenn auch nicht immer direkt über die Kirche, sondern gelegentlich sogar über ihre säkularistischen Widersacher –, der wird darauf vertrauen, daß durch christliche Impulse auch in Zukunft entscheidende Fortschritte im sittlichen Bewußtsein und durch dessen Effizienz auch in den sozialen Strukturen erwirkt werden, obwohl das Augenmerk der Kirche keineswegs unmittelbar auf solche Ziele gerichtet sein muß. Vielleicht etwas einseitig, aber doch voll vertretbar hat das Holländische Pastoralkonzil in seinem Rapport über „Die sittliche Lebenshaltung des Christen" folgendermaßen formuliert: „Die Bedeutung des Glaubens für das Ethos besteht darin, daß der Glaube uns zu einem Vertrauen auf die eigene Kraft inspiriert, zu einer Verwirklichung unserer menschlichen Möglichkeiten, weil es von Gott in Gnade geschenkte Möglichkeiten sind, denen letztlich keine Grenzen gesetzt sind . . . Der christliche Glaube ist für das Ethos dadurch inspirierend, daß er uns die Gewißheit gibt, daß wir unser Leben gut und sinnvoll machen können – trotz unserer Erfahrung von Ohnmacht, Mißerfolg und Absurdität."[120]

[120] Pastoraal Concilie van de Nederlandse Kerkprovincie, Bd. 4: Derde plenaire vergadering, Amersfoort 1969, 23—24.

d) *Die kritisierende Funktion*

Wenn die Kirche nicht selbst konkrete sittliche Programme aus sich hervorbringt, sondern innerweltlich entwickelte Verhaltensmodelle übernimmt, so kommt es ihr doch im Sinne einer originären Aufgabe zu, diese Modelle unter das Gericht des Gotteswortes zu stellen. Dabei wird sich jeweils zeigen, daß die Wirklichkeit, wie sie sich geschichtlich entwickelt, nicht auch schon die von Christus gemeinte und gewollte Wirklichkeit ist. Der Mensch bleibt bei allem Fortschritt des sittlichen Bewußtseins der Sünde, dem Irrtum und der Selbstverschließung unterworfen. P. Tillich hat das Wesen der Sünde mit dem Begriff der „Entfremdung“ interpretiert. Der Mensch, wie er aktuell existiert und sich verhält, ist von Gott, von anderen Wesen und von sich selbst getrennt. Er ist nicht, was er aufgrund der in ihm angelegten Möglichkeiten sein sollte; Selbst- und Weltverlust prägen seinen Zustand.[121] In ähnlicher Weise bestimmt J. B. Metz die Unheilssituation des Menschen: „Die Sünde hat etwas Gewaltsames an sich, sie oktroyiert der Welt etwas anderes als ihr eigenes Weltsein. Sie ist selbst nicht Freiheit, sondern Knechtschaft: sie überzeichnet, verbrämt, oktroyiert, sie ‚verhängt‘ die Dinge.“[122] Man hat den Versuch des theokratischen Mittelalters, das transzendente Reich im irdischen Imperium vorwegzunehmen, als „praesumptio“ bezeichnet und damit zugleich auch die „sündhafte“ Haltung der Anmaßung benannt, die hinter solchem Utopismus steht. Jeder Versuch, die der eschatologischen Erfüllung vorbehaltene Ganzheit und Endgültigkeit in den wesentlich partikularen Weisen menschlichen Handelns vorausnehmen zu wollen, trägt notwendig den „Charakter des Totalitären und Gewalttätigen“[123]. Kirche und Theologie kritisieren keineswegs die weltliche Sittlichkeit als solche, sondern nur ihre naiv utopischen oder auch ihre hoffnungslos pessimistischen Verfälschungen. Die „Politische Theologie“ stellt gelegentlich die Frage, woher denn die kritische Instanz, die „le souhaitable humain“ zu erkennen vermöge, kommen solle, wenn nicht aus dem Glauben, daß Gott die Zukunft des Menschen ist.[124] Dazu wird man sagen müssen, daß in

[121] Vgl. *P. Tillich*, Systematische Theologie, Bd. II, Stuttgart 1959, 34. 52 f.
[122] Zur Theologie der Welt 44.
[123] *W. Kasper*, Die Heilssendung der Kirche in der Gegenwart 33.
[124] Vgl. etwa *E. Schillebeeckx*, Gott — Die Zukunft des Menschen 165. A. a. O. 116 f. 129 stellt er freilich wieder fest, daß kritisch-ethische Imperative nicht zuerst von Philosophen, Theologen und dem kirchlichen Lehramt artikuliert werden, daß sie viel-

der menschlichen Gesellschaft entwickelte Normen zunächst auch dieser selbst nicht sakrosankt und ihrer weiteren Verantwortung nicht entzogen sind. Vielmehr ist die gegebenenfalls nötige Korrektur von allem Anfang an auch Sache der kritischen Vernunft und des sozial erweckten Gewissens. Gleichzeitig mit deren Kompetenz und vor allem im Falle ihres Versagens sind Recht und Pflicht von Kirche und Theologie zur kritischen Auseinandersetzung mit autonomen Moralkonzeptionen oder ethischen Einzelaufstellungen zu statuieren. Daseinsentwürfe, die dem geoffenbarten Menschen- und Weltbild widersprechen, müssen verworfen werden.[125]

Auch J. David und F. Böckle betonen in ihrer Kritik an der lehramtlichen Praxis diese Aufgabe und dieses Recht der kirchlichen Autorität, Auslegungen des Naturrechts, die mit der Offenbarung im Widerspruch stehen, abzulehnen.[126] Der Schwerpunkt dieser kritischen Funktion des Lehramtes ist zunächst mehr negativ, d. h. als Zurückweisung sittlicher Auffassungen, die einer Glaubens- oder Sittenlehre klar widersprechen, zu bestimmen. Man kann diese Funktion auch mehr positiv, d. h. als schöpferisch-kritischen Beitrag zur Fortentwicklung des menschlichen Daseinsverständnisses interpretieren. In diesem Sinne will sie auch die „Politische Theologie" verstanden wissen.[127] Die Kritik von Kirche und Theologie spricht nicht unmittelbar in die Sachverhalte des sozial-technologischen Planungsprozesses hinein, aber sie protestiert gegen den Versuch einer Verheizung der augenblicklich lebenden Generation zugunsten einer technisch durchrationalisierten Zukunft und überhaupt gegen die Utopie, daß

mehr aus der elementaren Erfahrungsevidenz derer hervorbrechen, denen sich das Zurückbleiben der menschlichen Gesellschaft, ihre Existenz unter den geschichtlich gegebenen Möglichkeiten unmittelbar aufdrängt.

[125] Schöpferisch-kritische Einsprüche aus dem säkularen Bereich wird man nicht unbedingt als „Fremdprophetie" (H. Ringeling und mit ihm E. Schillebeeckx) bezeichnen müssen, wenn man bedenkt, daß auch sie im Logos der Schöpfung gründen.

[126] Vgl. *J. David*, Das Naturrecht in Krise und Läuterung 60; *F. Böckle*, Das Naturrecht im Disput, Düsseldorf 1967, 147: „Die amtliche Kirche hat jeden Humanismus kritisch ihrem Wissen um den Menschen in Jesus Christus zu unterstellen, vor allem der Tatsache der Freiheit, der Solidarität und der Berufung aller zum eschatologischen Heil." *Ders.*, Naturgesetz in geschichtlicher Wirklichkeit, in: Naturgesetz und christliche Ethik (Münchener Akademie-Schriften, hrsg. von F. Henrich, Bd. 55), München 1970, 114. *J. Gründel*, in: *J. Gründel - H. van Oyen*, Ethik ohne Normen? 59 f. 74.

[127] *J. B. Metz*, Zur Theologie der Welt 67: „Die schöpferisch-kritische Hoffnung, von der (die Politische Theologie) geleitet ist, bezieht sich ... wesentlich auf die Welt als Gesellschaft und auf die weltverändernden Kräfte in ihr. Sie muß sich mit den großen politisch-sozial-technischen Utopien kritisch auseinandersetzen, mit den aus der modernen Gesellschaft reifenden Verheißungen einer universalen Humanisierung der Welt."

man mit Wissenschaft und Technik allein ein Paradies auf Erden bauen kann, gegen die Verabsolutierung bestimmter geschichtlich gewordener und verfestigter Sozialverhältnisse und gegen die Proklamation bestimmter evolutionär oder revolutionär anzustrebender sozialer und politischer Zustände (z. B. klassenlose Gesellschaft) als definitiver gesellschaftlicher Existenzformen.[128]

Wachsamkeit der Kirche und der Theologie ist vor allem deswegen vonnöten, weil fast jeder totale Humanismus sich auf die Dauer zu mystifizieren strebt. In den Konzeptionen etwa E. Fromms oder J. Huxleys ist jegliche Orientierung des Menschen in ein „Jenseits" resolut abgelehnt. Trotzdem fordern sie eine „neue Religion" bzw. einen „neuen Glauben". In der „Religion der Zukunft" – so J. Huxley – soll der Mensch auf eine neue Weise dem Mysterium der Existenz, dem grundlegenden und universalen Geheimnis der Welt, begegnen; diese neue Religion soll auch wie alle Religionen für die Heiligung des Lebens durch Zeremonien sorgen. Wenn E. Fromm einen „neuen Glauben" fordert, dann impliziert diese Forderung keine Rückkehr zur Religion; denn Glaube richtet sich nicht notwendigerweise auf Gott oder auf bestimmte religiöse Lehren. Glaube ist für E. Fromm eine Grundhaltung des Menschen, die sämtliche Erlebnisse

[128] Vgl. etwa *J. B. Metz*, a. a. O. 110—112. 145 f., oder *E. Schillebeeckx*, Gott — Die Zukunft des Menschen 163 f. Zum Problem einer „institutionalisierten" kritischen Funktion von Kirche und Theologie gegenüber der geschichtlichen Gesellschaft vgl. die Bemerkungen von *H. Maier*, Politische Theologie? 81 f.: Mit seiner Einbeziehung der institutionalisierten Kirche in den Prozeß der politisch-dialektischen Kritik und Gesellschaftsveränderung „scheint mir Metz nicht nur die faktischen Möglichkeiten der Kirche in der modernen Gesellschaft zu überschätzen, die Kirche wird von ihm zugleich auf eine Rolle festgelegt, die sie unvermeidlich als rivalisierende Kraft unter anderen Kräften in den politischen Kampf hineinziehen muß. Damit aber wird das Gesetz verkannt, unter dem die Kirche im modernen Verfassungsstaat und in der demokratischen Gesellschaft lebt: daß nämlich ihr spiritueller Primatsanspruch gerade durch die Anerkennung der (relativen) Autonomie des Zeitlichen, durch Eigenständigkeit gegenüber Staat und Gesellschaft, nicht durch Teilhabe an ihnen, gesichert ist . . . Die Kirche ist keineswegs nur ein ‚Establishment der Kritik', wie es die Metzschen Formulierungen nahelegen. Sie kann ihre eschatologische Vorläufigkeit in vielen Formen realisieren: durch Weltdistanz ebenso wie durch Weltveränderung; durch den Contemptus mundi ebenso wie durch richterliche Weisung und Zurechtweisung; durch institutionelle Autonomie ebenso wie durch das ‚Allen-alles-Werden' im Gesetz der geschichtlichen Anpassung. Wer ihr ein bestimmtes Verhalten verbindlich vorschreiben will, verkennt sowohl ihre Geschichtlichkeit wie ihre innere Differenzierung, legt sie auf eine historische Phase fest, politisiert sie nach dem Modus der jeweiligen Gesellschaft. Denn auch eine den ‚gesellschaftlichen Prozeß' kritisierende Kirche ist notwendig politisch und wird zum Teil des ‚Systems', wenn sie auf ihre kritische Rolle institutionell festgelegt wird; sie empfängt die Imperative ihres Tuns von der Gesellschaft, der sie doch ‚kritischbefreiend' gegenüberzutreten beansprucht."

durchdringt und ihn befähigt, der Wirklichkeit illusionslos ins Gesicht zu schauen und trotzdem im Glauben zu leben. Die Basis dieses Glaubens ist jene schöpferische Produktivität, aus der die Gewißheit entsteht, daß jeder die Fähigkeit zur Selbstverwirklichung hat.[129] F. W. Förster hat schon vor mehr als einem halben Jahrhundert davon gehandelt, daß bereits der eigentliche Begründer der soziologischen Ethik, August Comte, eine Ahnung von den Schwierigkeiten rein menschlicher Moralbegründung hatte; bereits er habe den Versuch gemacht, dem ernüchternden Eindruck der soziologischen Analyse des Sittlichen ein Gegengewicht durch den „Kultus der Menschheit" zu geben. Der Pädagoge F. W. Förster weiß aus Erfahrung, daß unsere von Natur ohnehin nicht sehr stark ausgebildeten altruistischen Triebe nur allzuschnell von unseren eigenen Antipathien, Eifersüchteleien, Empfindlichkeiten und Gehässigkeiten sowie von Neid und Trotz überholt und zum Schweigen gebracht werden, wenn „die Menschen" der einzige Gegenstand und Sinn unserer sittlichen Bemühungen sind. „Erst wenn (die Menschenliebe) zu ihrer Inspiration nicht mehr auf den Mitmenschen angewiesen ist, wird sie ihm gegenüber zur wahren Größe und Standhaftigkeit emporwachsen können. Das ist psychologisch eine ganz unbestreitbare Wahrheit. Und wer zu jener höheren Art von Liebe fähig ist, obwohl er keine Religion im alten Sinne mehr besitzt, der ist es auch nur, weil das alte Hohelied der göttlichen Liebe und des grenzenlosen Erbarmens aus der religiösen Erziehung her noch unbewußt in ihm nachklingt."[130]

[129] Vgl. *J. Huxley*, Der Mensch in der modernen Welt, Nürnberg 1950; *ders.* (Hrsg.), Der evolutionäre Humanismus, München 1964; *E. Fromm*, Psychoanalyse und Ethik, Stuttgart-Konstanz 1957. In diesem Zusammenhang wäre auch auf die säkularisierte Eschatologie des Marxismus hinzuweisen.

[130] Vgl. *F. W. Förster*, Die pädagogische Unentbehrlichkeit der religiösen Moralbegründung, in: Hochland 1 (1908/09) 30—43, hier 35. — Zur Interpretation der „kritisierenden Funktion" der Theologie bietet wertvolle Anregungen *P. Touilleux*, Kritische Theologie, in: Theol. Quartalschrift 149 (1969) 235—258.

Wichtigste Literatur

Alt A., Die Ursprünge des israelitischen Rechts (Berichte über die Verhandlungen der Sächsischen Akademie der Wissenschaften, Philologisch-historische Klasse, Bd. 86, H. 1) Leipzig 1934

Aubert J.-M., La spécificité de la morale chrétienne selon saint Thomas, in: Supplément Nr. 92, Paris 1970, 55–73

Baumgartner W., Israelitische und altorientalische Weisheit (Sammlung gemeinverständlicher Vorträge und Schriften aus dem Gebiet der Theologie und Religionsgeschichte 166) Tübingen 1933

Beemer Th., Bericht über die moraltheologische Hermeneutik, in: Concilium 5 (1969) 395–404

Berg L., Naturrecht im Neuen Testament, in: Jahrbuch für christliche Sozialwissenschaft 9 (1968) 23–42

Bilanz der Theologie im 20. Jahrhundert, hrsg. von H. Vorgrimler und R. V. Gucht, Bd. I, Freiburg-Basel-Wien 1969

Blank J., Zum Problem „ethischer Normen" im Neuen Testament, in: Concilium 3 (1967) 356–362

Böckle F., Was ist das Proprium einer christlichen Ethik?, in: Zeitschrift für evangelische Ethik 11 (1967) 148–159

Böckle F. – Hermann I., Die Probe aufs Humane. Über die Normen sittlichen Verhaltens (Das theologische Interview 15) Düsseldorf 1970

Bonhoeffer, A., Epiktet und das Neue Testament, Gießen 1911

Bonsirven J., Les enseignements de Jésus-Christ (Verbum salutis) Paris 1945

Botterweck G. J., Form- und überlieferungsgeschichtliche Studie zum Dekalog, in: Concilium 1 (1965) 392-401

Buber M., Der Glaube der Propheten, Zürich 1950

Chauchard P., Wie frei ist der Mensch? Biologie und Moral (Patmos Paperbacks) Düsseldorf 1968

Congar Y., Kirche und Welt, in: Weltverständnis im Glauben, hrsg. von J. B. Metz (Grünewald-Reihe) Mainz 1965, 102–126

Conzelmann H., Grundriß der Theologie des Neuen Testaments, München 1967

Conzelmann H., Geschichte des Urchristentums (Grundrisse zum Neuen Testament, hrsg. von G. Friedrich. Ergänzungsreihe zu „Das Neue Testament Deutsch" Bd. 5) Göttingen 1969

David J., Das Naturrecht in Krise und Läuterung. Eine kritische Neubesinnung, Köln 1967

Descamps A., La Morale des Synoptiques, in: Morale chrétienne et requêtes contemporaines (Cahiers de l'actualité religieuse) Tournai – Paris 1954, 27–46

Die Antwort der Theologen, hrsg. von K. Rahner (Patmos-Paperback) Düsseldorf 1968

Dihle A., Die Goldene Regel. Eine Einführung in die Geschichte der antiken und frühchristlichen Vulgärethik (Studienhefte zur Altertumswissenschaft, hrsg. von B. Snell und H. Erbse, H. 7) Göttingen 1962

Dinkler E., Zum Problem der Ethik bei Paulus: Rechtsnahme und Rechtsverzicht (1 Kor 6, 1–11), in: Zeitschrift für Theologie und Kirche 49 (1952) 167–200

Dreier W., Zur Struktur der Kirche und ihres Heilsdienstes im Hinblick auf unsere christliche Weltverantwortung, in: Berichte und Dokumente, hrsg. vom Zentralkomitee der deutschen Katholiken, Bd. 6, Bonn-Bad Godesberg 1970, 3–41

Dupuy B.-D., Der konstitutive Charakter der Ethik im christlichen Glaubensbekenntnis, in: Concilium 5 (1970) 32–37

Ebeling G., Die Evidenz des Ethischen und die Theologie, in: Zeitschrift für Theologie und Kirche 57 (1960) 318-356

Eichrodt W., Theologie des Alten Testaments, Tübingen [3]1948 (Bd. I), [2]1948 (Bd. II und III)

Enslin M. S., The Ethics of Paul, Cambridge 1934

Feine P., Theologie des Neuen Testaments, Leipzig [7]1936

Fohrer G., Das sog. apodiktisch formulierte Recht und der Dekalog, in: Kerygma und Dogma 11 (1965) 49–74

Fries H., Das Lehramt als Dienst am Glauben, in: Zur Diskussion über das kirchliche Lehramt (Beiträge zur Begegnung von Kirche und Welt, hrsg. von der Akademie der Diözese Rottenburg, Nr. 84) Stuttgart 1969, 23–38

Fries H., Ein zweiter Fall Galilei? Zur Situation und Diskussion nach ‚Humanae vitae', in: A. a. O. 39–52

Fuchs J., Gibt es eine spezifisch christliche Moral?, in: Stimmen der Zeit 185 (1970) 99–112

Gäumann N., Taufe und Ethik. Studien zu Röm 6 (Beiträge zur evangelischen Theologie, hrsg. von E. Wolf, Bd. 47) München 1967

Gemser B., Sprüche Salomos (Handbuch zum Alten Testament, hrsg. von O. Eißfeldt, Erste Reihe, Bd. 16) Tübingen 1937

Gerstenberger E., Wesen und Herkunft des „apodiktischen Rechts" (Wissenschaftliche Monographien zum Alten und Neuen Testament, hrsg. von G. Bornkamm und G. von Rad, Bd. 20) Neukirchen-Vluyn 1965

Gese H., Lehre und Wirklichkeit in der alten Weisheit. Studien zu den Sprüchen Salomos und zu dem Buche Hiob, Tübingen 1958

Gese H., Der Dekalog als Ganzheit betrachtet, in: Zeitschrift für Theologie und Kirche 64 (1967) 121–138

Girardi J., Überlegungen zur Begründung einer weltlichen Moral, in: Moderner Atheismus und Moral (Weltgespräch, hrsg. von der Arbeitsgemeinschaft Weltgespräch, Bd. 5) Freiburg-Barcelona-Dar-es-Salam-New York-Sao Paulo-Tokio 1968, 35–51

Grabner-Haider A., Paraklese und Eschatologie bei Paulus (Neutestamentliche Abhandlungen, hrsg. von J. Gnilka, Bd. 4) Münster 1968

Grabner-Haider A., Zur Geschichtlichkeit der Moral. Biblische Bemerkungen, in: Catholica 22 (1968) 262–270

Gründel J., Die Bedeutung der Konvergenzargumentation für die Gewißheitsbildung und für die Zustimmung zur absoluten Geltung einzelner sittlicher Normen, in: Wahrheit und Verkündigung, Festschrift zum 70. Geburtstag von M. Schmaus, hrsg. von L. Scheffczyk, W. Dettloff und R. Heinzmann, Bd. II, München-Paderborn-Wien 1967, 1607-1630

Gründel J. – van Oyen H., Ethik ohne Normen? Zu den Weisungen des Evangeliums (Ökumenische Forschungen, hrsg. von H. Küng, Kleine ökumenische Schriften 4) Freiburg-Basel-Wien 1970

Haag H., Der Dekalog, in: Moraltheologie und Bibel (Abhandlungen zur Moraltheologie, hrsg. von J. Stelzenberger, Bd. VI) Paderborn 1964, 9–38

Hamel E., L'usage de l'Ecriture Sainte en théologie morale, in: Gregorianum 47 (1966) 53–85

Hempel J., Das Ethos des Alten Testaments (Beihefte zur Zeitschrift für die alttestamentliche Wissenschaft, Bd. 67) Berlin 1938

Henning R., Sachgesetzlichkeit und Ethik, in: Jahrbuch des Instituts für Christliche Sozialwissenschaften Münster 11 (1970) 9–20

Henkel H., Einführung in die Rechtsphilosophie, München und Berlin 1964

Höffner J., Versuch einer „Ortsbestimmung" der Christlichen Gesellschaftslehre, in: Jahrbuch des Instituts für Christliche Sozialwissenschaften Münster 1 (1960) 9–18

Höffner J., Christliche Gesellschaftslehre (Berckers Theologische Grundrisse, Bd. I) Kevelaer 1962

Hörmann K., Die Zuständigkeit der Kirche für das Naturrecht nach der Lehre Pius' XII, in: Naturordnung in Gesellschaft, Staat, Wirtschaft. Festschrift zum 70. Geburtstag von J. Meßner, hrsg. von J. Höffner, A. Verdroß und F. Vito, Innsbruck-Wien-München 1961, 139–150

Hofmann R., Was ist Sittlichkeit?, in: Lebendiges Zeugnis (1965) Märzheft 7–23

Humbert A., La morale de Saint Paul: morale du plan du salut, in: Gregorianum 47 (1966) 53–85

Jäger H. - Bader K. S., Der Normanspruch des Staates, in: Psychopathologie der Sexualität, hrsg. von H. Giese, Stuttgart 1962, 163–179

Kasper W., Die Heilssendung der Kirche in der Gegenwart (Pastorale) Mainz 1970

Keil S., Absolutheit und Relativität der Normen in soziologischer und theologischer Sicht, in: Neue Zeitschrift für systematische Theologie und Religionsphilosophie 8 (1966) 67–78

Kerber W., Hermeneutik in der Moraltheologie, in: Theologie und Philosophie 44 (1969) 42–66

Kessler W., Die literarische, historische und theologische Problematik des Dekalogs, in: Vetus Testamentum 7 (1957) 1–16

Kilian R., Apodiktisches und kasuistisches Recht im Licht ägyptischer Analogien, in: Biblische Zeitschrift N. F. 7 (1963) 185–202

Kittel G., Die Probleme des palästinensischen Spätjudentums und das Urchristentum (Beiträge zur Wissenschaft vom Alten und Neuen Testament, hrsg. von R. Kittel, 3. Folge, H. 1) Stuttgart 1926

Kluxen, W., Philosophische Ethik bei Thomas von Aquin (Walberberger Studien, Philosophische Reihe, hrsg. von P. Engelhardt, W. Kluxen, D. Schlüter, Bd. II) Mainz 1964

Kraus J., Zum Problem des christozentrischen Aufbaus der Moraltheologie, in: Divus Thomas 30 (1952) 257–272

Liechtenhan, R., Gottes Gebot im Neuen Testament. Sein ursprünglicher Sinn und seine bleibende Bedeutung, Basel 1942

Lohfink N., Bibelauslegung im Wandel. Ein Exeget ortet seine Wissenschaft, Frankfurt 1967

Lück U., Das Problem der allgemeingültigen Ethik (Sammlung Politeia, hrsg. von A. F. Utz, Bd. XVI) Heidelberg-Löwen 1963

Luthardt C. E., Geschichte der christlichen Ethik, Bd. I, Leipzig 1888

Macquarrie J., Three Issues in Ethics, New York-Evanston-London 1970

Maier H., Politische Theologie? Einwände eines Laien, in: Stimmen der Zeit 184 (1969) 73–91

Marck W. van der, Grundzüge einer christlichen Ethik (Patmos Paperback) Düsseldorf 1967

Marshall L. H., The Challenge of New Testament Ethics, London 1956

Meßner J., Ehemoral und Entscheidungsethik, in: Hochland 62 (1970) 1–19

Metz J. B., Zur Theologie der Welt, Mainz-München 1968

Mieth D., Auf dem Wege zu einer dynamischen Moral (Reihe X) Graz-Wien-Köln 1970

Möller J., Zum Thema Menschsein (Probleme der praktischen Theologie, Festgabe zum 60. Geburtstag von J. M. Reuß, hrsg. von L. M. Weber und A. Görres, Bd. 1) Mainz 1967

Mynarek H., Der Mensch – Sinnziel der Weltentwicklung. Das Bild des Menschen in einem dynamischen Universum, Paderborn 1967

Neuhäusler E., Anspruch und Antwort Gottes. Zur Lehre von den Weisungen innerhalb der synoptischen Jesusverkündigung, Düsseldorf 1962

Nieder L., Die Motive der religiös-sittlichen Paränese in den paulinischen Gemeindebriefen (Münchener theologische Studien I/42) München 1956

Nielsen E., Die Zehn Gebote. Eine traditionsgeschichtliche Skizze (Acta theologica danica, cur. T. Christensen, E. Nielsen, J. Munck, R. Prenter, Vol. VIII) Kopenhagen 1965

Oeing-Hanhoff L., Der Mensch – Natur oder Geschichte?, in: Naturgesetz und christliche Ethik (Münchener Akademie-Studien, hrsg. von F. Henrich, Bd. 55) München 1970, 11–47

Ouwerkerk C. van, Säkularität und christliche Ethik, in: Concilium 3 (1967) 397–416

Oyen H. van, Zur Deutungsgeschichte des „En Christo“, in: Zeitschrift für evangelische Ethik 11 (1967) 129–135

Oyen H. van, Ethik des Alten Testaments (Geschichte der Ethik, hrsg. von H. van Oyen und H. Reiner, Bd. 2) Gütersloh 1967

Pieper J., Die Wirklichkeit und das Gute, München [5]1949

Pohlenz M., Paulus und die Stoa, in: Zeitschrift für neutestamentliche Wissenschaft 42 (1949) 69–104

Preisker H., Das Ethos des Urchristentums, Gütersloh 1949

Rad G. von, Theologie des Alten Testaments, München [4]1962 (Bd. I), [2]1961 (Bd. II)

Ratzinger J., Der Christ und die Welt von heute. Überlegungen zum Schema 13 des Zweiten Vatikanischen Konzils, in: Weltverständnis im Glauben, hrsg. von J. B. Metz (Grünewald-Reihe) Mainz 1965, 143–160

Ratzinger J., Einführung in das Christentum, München 1968

Ratzinger J., Glaube und Zukunft (Kleine Schriften zur Theologie) München 1970

Rex H. H., Das ethische Problem in der eschatologischen Existenz bei Paulus (ungedr. Dissertation) Tübingen 1954

Rombach H., Die Wissenschaft und die geschichtliche Selbstbestimmung des Menschen. Anthropologie auf strukturaler Basis, in: Philosophisches Jahrbuch der Görresgesellschaft 75/I (1967) 166–185

Ruf A. K., Maßstäbe sittlichen Verhaltens. Zur Frage der Normfindung in der Moraltheologie, in: Die neue Ordnung 23 (1969) 161–174

Schelkle K. H., Theologie des Neuen Testaments, Bd. III: Ethos, Düsseldorf 1970

Scherer G., Religion als anthropologisches Phänomen in ihrer Bedeutung für Staat und Gesellschaft, in: Essener Gespräche zum Thema Staat und Kirche, hrsg. von J. Krautscheidt und H. Marré, Nr. 2, Münster 1969, 12–31

Schillebeeckx, E., De God van liefde en de zedelijke normering van het menselijk handelen, in: God en mens (Theologische Peilingen II) Bilthoven 1965, 183–216

Schillebeeckx, E., Kirche und Welt, in: Weltverständnis im Glauben, hrsg. von J. B. Metz (Grünewald-Reihe) Mainz 1965, 127–142

Schillebeeckx E., Von der theologischen Tragweite lehramtlicher Verlautbarungen über gesellschaftspolitische Fragen, in: Concilium 4 (1968) 411–421

Schillebeeckx E., Einige hermeneutische Überlegungen zur Eschatologie, in: Concilium 5 (1969) 18–25

Schillebeeckx E., Gott – Die Zukunft des Menschen, Mainz 1969

Schlier H., Die Zeit der Kirche, Freiburg ²1958

Schnackenburg, R., Gottes Herrschaft und Reich. Eine biblisch-theologische Studie, Freiburg 1959

Schnackenburg R., Die sittliche Botschaft des Neuen Testamentes (Handbuch der Moraltheologie, hrsg. von M. Reding, Bd. 6) München ²1962

Schnackenburg R., Neutestamentliche Theologie. Der Stand der Forschung (Biblische Handbibliothek Bd. 1) München 1963

Schnackenburg R., Die neutestamentliche Sittenlehre in ihrer Eigenart, in: Moraltheologie und Bibel (Abhandlungen zur Moraltheologie hrsg. von J. Stelzenberger, Bd. 6) Paderborn 1964, 39–69

Schnackenburg R., – Schmid J., Zur neutestamentlichen Ethik, in: Biblische Zeitschrift N. F. 8 (1964) 119–131

Schnackenburg R., Christliche Existenz nach dem Neuen Testament, Bd. I/II, München 1968

Schöllgen W., Die soziologischen Grundlagen der katholischen Sittenlehre (Handbuch der katholischen Sittenlehre, hrsg. von F. Tillmann, Bd. V) Düsseldorf 1953

Schöllgen W., Konkrete Ethik, Düsseldorf 1961

Schrage W., Die konkreten Einzelgebote in der paulinischen Paränese, Gütersloh 1961

Schrage W., Zur formalethischen Deutung der paulinischen Paränese, in: Zeitschrift für evangelische Ethik 4 (1960) 207–233

Schrage W., Die Stellung zur Welt bei Paulus, Epiktet und in der Apokalyptik, in: Zeitschrift für Theologie und Kirche 61 (1964) 125–154

Schreiner J., Die Zehn Gebote im Leben des Gottesvolkes (Biblische Handbibliothek III) München 1966

Schroeder D., Die Haustafeln des Neuen Testaments (ungedr. Dissertation) Hamburg 1959

Schüller B., Wieweit kann die Moraltheologie das Naturrecht entbehren?, in: Lebendiges Zeugnis (1965) 41–65

Schüller B., Zur Problematik allgemein verbindlicher ethischer Grundsätze, in: Theologie und Philosophie 45 (1970) 1–23

Schupp F., Das kirchliche Lehramt. Grundsätzliches zu einer umstrittenen Instanz, in: Zur Diskussion über das kirchliche Lehramt (Beiträge zur Begegnung von Kirche und Welt, hrsg. von der Akademie der Diözese Rottenburg, Nr. 84) Stuttgart 1969, 9–21

Schweitzer W., Glaube und Ethos im Neuen und Alten Testament, in: Zeitschrift für evangelische Ethik 5 (1961) 129–149

Scott E. F., The ethical teaching of Jesus, New York 1957

Seckler M., Die Theologie als kirchliche Wissenschaft nach Pius XII. und Paul VI., in: Theologische Quartalschrift 149 (1969) 209–234

Semmelroth O., Orthodoxie und Orthopraxie, in: Geist und Leben 42 (1969) 359–373

Simon R., Spécificité de l'éthique chrétienne, in: Le Supplément Nr. 92, Paris 1970, 74–104

Spaemann R., Theologie, Prophetie, Politik. Zur Kritik der politischen Theologie, in: Wort und Wahrheit 6 (1969) 483–495

Spicq C., La morale paulinienne, in: Morale chrétienne et requêtes contemporaines (Cahiers de l'actualité religieuse) Tournai-Paris 1954, 70–84

Spicq C., Vie morale et Trinité S. selon S. Paul (Lectio divina 19), Paris 1957

Spicq C., Théologie morale du Nouveau Testament (Etudes bibliques) Tome I/II, Paris 1965

Stamm J. J., Der Dekalog im Lichte der neueren Forschung, Bern und Stuttgart ²1962

Stamm J. J., Dreißig Jahre Dekalogforschung, in: Theologische Rundschau N. F. 27 (1961) 189–239. 281–305

Stauffer E., Die Botschaft Jesu damals und heute (DALP-Taschenbücher 333) Bern 1959

Stelzenberger J., Die Beziehungen der frühchristlichen Sittenlehre zur Ethik der Stoa. Eine moralgeschichtliche Studie, München 1933

Stoeckle B., Ich glaube an die Schöpfung (Sammlung Licht vom Licht, hrsg. von F. X. von Hornstein und H. S. Braun, 3. Folge, Bd. 4) Einsiedeln 1966

Thüsing W., Die Botschaft des Neuen Testaments – Hemmnis oder Triebkraft der gesellschaftlichen Entwicklung, in: Geist und Leben 43 (1970) 136–148

Touilleux P., Kritische Theologie, in: Theologische Quartalschrift 149 (1969) 235–258

Vögtle A., Die Tugend- und Lasterkataloge im Neuen Testament (Neutestamentliche Abhandlungen, hrsg. von M. Meinertz, Bd. XVI/4-5) Münster 1936

Völkl R., Christ und Welt nach dem Neuen Testament, Würzburg 1961

Weidinger K., Die Haustafeln. Ein Stück urchristlicher Paränese, Leipzig 1928

Wendland H. D., Ethik und Eschatologie in der Theologie des Paulus, in: Neue kirchliche Zeitschrift 41 (1930) 757–783. 793–811

Wibbing S., Die Tugend- und Lasterkataloge im Neuen Testament und ihre Traditionsgeschichte unter besonderer Berücksichtigung der Qumran-Texte (Beiheft 25 zur Zeitschrift für neutestamentliche Wissenschaft) Berlin 1959

Wilder A. N., Equivalents of Natural Law in the Teaching of Jesus, in: The Journal of Religion 26 (1946) 125–135

Wittmann M., Die Ethik des hl. Thomas von Aquin, in ihrem systematischen Aufbau dargestellt und in ihren geschichtlichen, besonders in den antiken Quellen erforscht, München 1933

Zimmerli W., Zur Struktur der alttestamentlichen Weisheit, in: Zeitschrift für die alttestamentliche Wissenschaft N. F. 10 (1933) 177–204

Nachtrag
Die umstrittene Rezeption der Autonomie-Vorstellung in der katholisch-theologischen Ethik

Vorbemerkung

Die hier vorliegende 2. Auflage von „Autonome Moral und christlicher Glaube“ stellt einen unveränderten Nachdruck der 1. Auflage dar. (Nur Druckfehler wurden korrigiert.) Das Buch hat – nach etlichen ruhigen Jahren – Zustimmung und Widerspruch in unerwartetem Umfang gefunden. Die wissenschaftliche Diskussion, die während des vergangenen Jahrzehnts über die darin vertretenen Thesen geführt worden ist, war offensichtlich überfällig. Sie ausgelöst zu haben ist keineswegs „Verdienst“ bzw. „Mißverdienst“ des Verfassers. Sein Buch war lediglich ein fast zufälliger Auslöser.

Zustimmung zu seinem Konzept hat der Verfasser dankbar registriert, ohne sich ausdrücklich auf sie zu berufen. Wohl aber hat er zu den Einreden gegen die Rezeption der Autonomie-Vorstellung mehrfach Stellung bezogen. Doch konnte auch dies nur summarisch geschehen. Vieles mußte aus verschiedenen Gründen unterbleiben, wie etwa eine Auseinandersetzung mit der wichtigen Dissertation von *K. Hilpert*, Ethik und Rationalität. Untersuchungen zum Autonomieproblem und zu seiner Bedeutung für die theologische Ethik, Düsseldorf 1980.

Nun hat der Leser der 2. Auflage gewiß ein Anrecht darauf, wenigstens einen kurzen Überblick über das in der Diskussion vorgebrachte Für und Wider einer Rezeption der Autonomie-Vorstellung zu erhalten. Eine sorgfältige Aufarbeitung der ganzen Diskussion ist im Augenblick nicht möglich. Darum wird im folgenden eine um etliche Aspekte angereicherte Zusammenfassung der vom Verfasser in den letzten Jahren veröffentlichten Stellungnahmen als „Nachtrag“ abgedruckt. Die Stellungnahmen sind im einzelnen zu finden in: Literaturwissenschaft und Geistesgeschichte (Festschrift für R. Brinkmann), hrsg. von J. Brummack u. a., Tübingen 1981, 772–791; Theologische Quartalschrift 161 (1981) 2–13; Glaubenspraxis, hrsg. von J. Reikerstorfer, Wien–Freiburg–Basel 1981, 11–22; Erfahrung, Glaube und Moral, hrsg. von J. Blank und G. Hasenhüttl, Düsseldorf 1982, 22–35.

Während der letzten fünfzehn Jahre hat sich in der katholisch-theologischen Ethik mit zunehmender Deutlichkeit ein Modell „autonomer Moral im christlichen Kontext“ etabliert. Der evangelische Ethiker *T. Rendtorff* sieht den weiterführenden Beitrag dieser Bemühungen darin, „daß sich die katholische Moraltheologie auf breiter Front auf eine Auseinandersetzung mit dem spezifisch neuzeitlichen Freiheitsbegriff einläßt und damit die selbstgenügsamen Grenzen zwischen einer binnenkirchlichen und einer säkularen ethischen Theoriebildung durchbricht"[1]. Der geistige Kern der neuzeitlichen Freiheitsgeschichte ist ohne Zweifel die emphatische Proklamation der Autonomie. Der Begriff Autonomie artikuliert die Vorstellung, daß der Mensch sich selbst Gesetz ist, daß sittliche Normen also dem Menschen nicht von außen im Sinne einer heteronomen Inpflichtnahme auferlegt, sondern von ihm selbst mit der Kraft seiner Vernunft entwickelt werden. Der radikale Autonomismus zielt auf die klare Konfrontation mit der christlichen Ethik und mit dem Anspruch der christlichen Verkündigung, sie allein habe die konkrete und zuverlässige Einsicht in das, was den Menschen freimacht bzw. was ihn erniedrigt und zerbricht. Diesem Anspruch gegenüber wird mit Nachdruck geltend gemacht, Selbstbefreiung gebe es nur durch Wissen; die Vernunft bedürfe keiner weiteren Begründung und dulde keine Norm, die von anderswo herkommt als aus ihr selbst.

Angesichts dieser Herausforderung haben sich in der neueren katholisch-theologischen Ethik im wesentlichen zwei Positionen herausgebildet. Die erste bezeichnet sich selbst als „Glaubensethik".[2] Ihre Vertreter scheinen gar nicht darnach zu fragen, ob die Inkompatibilität von sittlicher Freiheit und religiöser Bindung, von Autonomie und Theonomie zu Recht behauptet wird. Sie verbinden mit der Vorstellung der Autonomie ohne weiteres und auf jeden Fall die Leugnung eines transzendenten Gottes, der den Menschen in Pflicht nimmt. Darum stellen sie dem modernen Autonomie-Anspruch die Forderung einer radikalen Glaubensethik entgegen. Christliche Sittlichkeit – meinen sie – kann nicht autonom, sondern muß aus dem Glauben entwickelt werden. Aus der christlichen Botschaft müssen durch Ableitung, Anwendung, Explikation oder wie immer sonst konkrete ethische Normen gewonnen werden. Man kann sogar die Ansicht hören, der Mensch sei überhaupt unfähig, sittliche Wahrheit verlässig zu erkennen; sie müsse darum von einer Instanz, die sich jenseits innerweltlicher Wirklichkeit befindet, dem Menschen konkret zugesprochen werden.

[1] Theologische Problemfelder der christlichen Ethik. In: Handbuch der christlichen Ethik, hrsg. von A. Hertz, W. Korff, T. Rendtorff, H. Ringeling. Bd. 1, Freiburg–Basel–Wien–Gütersloh 1978, 199–216, hier 214. – Wieweit *M. Welker*, Der Vorgang Autonomie. Philosophische Beiträge zur Einsicht in theologischer Rezeption und Kritik, Neukirchen–Vluyn 1975, für den Weg der evangelisch-theologischen Ethik signifikant ist, ist hier nicht zu entscheiden.

[2] Vgl. *B. Stoeckle*, Grenzen der autonomen Moral, München 1974; *J. Ratzinger* (Hrsg.), Prinzipien christlicher Moral, Einsiedeln 1975.

Aber wie soll man sich einen konkreten Zuspruch des Guten durch eine jenseitige Instanz vorstellen? Wie soll, wenn die einzelnen sich auf einen solchen Zuspruch berufen, eine zwischenmenschliche Verständigung über das Gute möglich werden? Wenn man sich aber auf die Heilige Schrift beruft, wie soll man die bedrängenden Fragen lösen, für die sie keine Antwort bereithält? Die „Glaubensethik", die übrigens als explizites Konzept noch nicht vorgestellt ist, vermag sich vor diesen schwierigen hermeneutischen Problemen nicht überzeugend auszuweisen.
Als Alternative bietet sich das Modell einer „autonomen Moral im christlichen Kontext"[3] an, das in diesem Buch favorisiert wird. Bevor es mit seinen Kernthesen noch einmal präsentiert wird (II), soll das Phänomen der Rezeption im allgemeinen kurz beleuchtet werden (I). Im weiteren sollen der rezeptionsgeschichtliche Hintergrund aufgewiesen (III) und die Einwände gegen die Rezeption der Autonomie-Vorstellung geprüft werden (IV). Abschließend werden einige wichtige Desiderate zur wissenschaftlichen Aufarbeitung des Autonomie-Modells aufgeführt (V).

I. Das Problem der Rezeption

1. Allgemeine Überlegungen

Rezeption hat es in der Kirche zu allen Zeiten gegeben; sie gehört geradezu zu ihrem theologischen Wesen. In der sorgfältigen Analyse von Rezeptionsvorgängen sind allerdings die Juristen den Theologen meilenweit voraus.[4] Ganze rechtswissenschaftliche Forschergenerationen haben den sich über Jahrhunderte erstreckenden Prozeß der Rezeption des römischen Rechts in Deutschland analysiert und dabei

[3] Neben dem vorliegenden Werk vgl. etwa *J. Fuchs*, Gibt es eine spezifisch christliche Moral?, in: Stimmen der Zeit 185 (1970) 99–112; *F. Böckle*, Theonome Autonomie, in: Humanum. Moraltheologie im Dienste des Menschen, hrsg. von J. Gründel, F. Rauh und V. Eid, Düsseldorf 1972, 17–46; *ders.*, Fundamentalmoral, München 1977; *W. Korff*, Norm und Sittlichkeit. Untersuchungen zur Logik der normativen Vernunft, Mainz 1973; *D. Mieth*, Autonome Moral im christlichen Kontext, in: Orientierung 40 (1976) 31–34; *B. Schüller*, Sittliche Forderung und Erkenntnis Gottes. Überlegungen zu einer alten Kontroverse, in: Gregorianum 59 (1978) 5–37. Vgl. die wertvolle Dokumentation von *A. Bondolfi* in: Concilium 20 (1984) 167–173.

[4] Vgl. zum Folgenden *F. Wieacker*, Privatrechtsgeschichte der Neuzeit, Göttingen ^{2}1967; *F. Merzbacher*, Römisches Recht und Romanistik im Mittelalter. Zum gegenwärtigen Stand der Forschung, in: Hist. Jahrbuch 89 (1969) 1–32; *A. Grillmeier*, Konzil und Rezeption, in: Theologie und Philosophie 45 (1970) 321–352, bes. 322–331.

nicht nur den Begriff geklärt, sondern zugleich eine praktikable Methode der Rezeptionsforschung entwickelt. Ihren Ergebnissen zufolge geht es bei Rezeption um einen Prozeß, in dem ein Volk Kulturelemente, also Begriffe, Vorstellungen, Symbole, Normen, Ordnungsstrukturen, übernimmt, die es nicht selbst hervorgebracht hat, aus denen es aber im Vollzug der Übernahme Eigenes gestaltet. F. Wieacker betont ausdrücklich, die Rezeptionsforschung dürfe nicht beim Materialobjekt der Rezeption, also etwa bei übernommenen Rechtssätzen, stehenbleiben; man müsse Rezeption vielmehr als geistig-kulturellen Prozeß in seiner Eigenart und in seinem Gesamtsinn begreifen. So sei im Prozeß der Rezeption des römischen Rechts nicht die Veränderung von Normen und Institutionen das primäre Element gewesen, es sei dabei vielmehr um die „Verwissenschaftlichung des deutschen Rechtswesens und seiner fachlichen Träger", um „die intellektuelle Rationalisierung des gesamten öffentlichen Lebens" gegangen. Deren Bedeutung aber liege darin, daß nunmehr politische und private Konflikte nicht mehr durch Emotionen, durch unreflektierte Lehrtraditionen oder durch pure Gewalt, sondern „durch logische Erörterung der autonomen juristischen Sachproblematik und durch Entscheidung nach einer daraus gewonnenen rationalen Regel" ausgetragen worden seien.[5]

Es wäre an der Zeit, kirchlich-theologische Rezeptionsvorgänge mit dem von den Juristen entwickelten Instrumentarium zu analysieren und zu bewerten. Es gab Rezeption profaner Rechtsvorstellungen durch das Kirchenrecht und in deren Gefolge etwa die Zurückdrängung des sakramentalen und ethischen durch rechtliches Denken oder die allmähliche Konstitutierung des souveränen Papsttums unter Zurückdrängung des monarchischen Episkopats.[6] Es gab zwischen der Gesamtkirche und Teilkirchen wechselseitige Rezeption von Synoden bzw. Konzilien. Von F. Wieacker sollten wir lernen, daß Rezeption zunächst und vor allem als bereichernde und befreiende Annahme eines Gutes zu sehen ist und daß auch kirchlich-theologische Rezeptionsvorgänge Jahrhunderte durchziehen können und von jeder Generation neu zu vollziehen sind. Die Dogmengeschichte weiß um zahlreiche Rezeptionsvorgänge. Es sei nur erinnert an die Übernahme der Begriffe *gnosis, logos, hypostasis, mysterium*. Im Bereich der Sittenlehre haben schon die frühen Väter, durch biblische Entsprechungen

[5] *F. Wieacker*, a.a.O. 130f; vgl. *H. Grillmeier*, a.a.O. 326.
[6] Vgl. *A. Grillmeier*, a.a.O. 328 (mit Hinweisen auf R. Sohm und H. Dombois).

sich wohl legitimiert fühlend, die wichtigsten ethischen Doktrinen der Stoiker rezipiert, die Lehren vom Naturrecht, vom Gewissen, von der Pflicht, von den Tugenden und den Sünden. Sie haben sogar ethische Schriften bedeutender Stoiker als ganze übernommen. So gibt es z. B. zwei Paraphrasen zu Epiktets Handbüchlein der Moral und die weitgehende Rezeption von Ciceros „De officiis" durch Ambrosius. Daß schon hier keine blinde, sondern eine kritische Rezeption vorgenommen wurde, kann hier im einzelnen nicht aufgewiesen werden. Der vielleicht bedeutendste Vorgang dieser Art wird wohl darin zu sehen sein, daß die Hochscholastik den Vertikalismus der augustinischen Theologie durch ein „horizontales, geschöpfliches Netzwerk" unterbrochen hat, indem sie zwischen Gott bzw. der *lex aeterna* einerseits und dem menschlichen Gewissen andererseits die menschliche Natur eingebaut hat. Die Intention war, „die Moral zu humanisieren, *im* Menschen selbst grundzulegen und damit zu interiorisieren, ohne zu leugnen, daß sie letztlich auf theistischer Grundlage beruht". Damit wurde „zum ersten Mal in der Geschichte des Christentums im Prinzip die Legitimität eines autonomen, rationalen Verstehenshorizontes grundgelegt"[7].

2. Zum Problem der Rezeption der Autonomie-Vorstellung

Rezipiert wurde durch die theologische Ethik nicht die Autonomie-Vorstellung Kants oder eines anderen Philosophen, sondern eine allgemeine Vorstellung von Autonomie, wie sie sozusagen in der Luft lag und wie sie als christlich integrierbar erschien. Die Rezeption war ein Vorgang, der von geistesgeschichtlichen und aktuell kirchlichen Entwicklungen her sich so nachhaltig geltend machte, daß er sich wie von selbst ereignete. Es stand gar nicht zur Debatte, ob er nicht wenigstens solange aufgeschoben werden könnte oder sollte, bis hinsichtlich der genauen geschichtlichen Anknüpfung Klarheit geschaffen war. In der Diskussion über die Empfängnisregelung – also um die Mitte der sechziger Jahre – trat die mangelnde argumentative Tragfähigkeit der bisherigen Position so deutlich zutage, daß sich ein neues Argumentationsmodell auch ohne konkrete geistesgeschichtliche Absicherung aufdrängte. Mit der Formel von der Autonomie wurde

[7] *E. Schillebeeckx*, Gott, die Zukunft des Menschen, Mainz 1969, 51 f. Diese Auffassung wird nachdrücklich bestätigt durch *M.-D. Chenu*, Das Werk des hl. Thomas von Aquin (Die deutsche Thomasausgabe 2. Ergänzungsband), Heidelberg-Graz-Wien-Köln 1960, 25–55.

eine Vorstellung aufgegriffen, die den geistigen Grundwillen der Neuzeit ebenso prägnant wie faszinierend zum Ausdruck bringt.
Rezeption ohne genaue Rechenschaft über das „Woher" des übernommenen Interpretaments hat es oft gegeben. So hat etwa Paulus in Röm 2,14 aus dem ins allgemeine Bewußtsein eingegangenen Gedankengut der stoischen Philosophie den Begriff *physis* (Natur) aufgegriffen. Hier bedeutete er einen letzten Seins- und Wirkgrund: die Stoa kennt keinen persönlichen Gott. Paulus deutete den Begriff soweit um, daß er sich zwanglos in sein alttestamentliches Weltbild einordnen ließ. Nun sagen die Exegeten, in Röm 2 komme der Rezeption des *physis*-Begriffs eher eine beiläufige Bedeutung zu. Für die systematische Reflexion kann jedoch auch in der Schrift beiläufig Gesagtes wichtig werden. Immerhin schreibt Paulus, daß „die Heiden, die das [mosaische] Gesetz nicht haben, von Natur die [Werke] des Gesetzes tun". Die also das mosaische Gesetz nicht haben, „sind sich selbst Gesetz". Bereits Paulus vollzieht hier, was unter I (1) dieses Beitrags als besondere Leistung der Hochscholastik gerühmt wurde. Er hat zwischen Gott und dem Gewissen die Natur eingebaut und damit die Moral humanisiert, *im* Menschen selbst grundgelegt und damit interiorisiert, ohne zu leugnen, daß sie letztlich auf theistischer Grundlage beruht (E. Schillebeeckx). Dabei verwendet er sogar schon den hier diskutierten Begriff der Autonomie: *heautois eisin nomos* (sie sind sich selbst Gesetz). – Übrigens hat Paulus auch den Begriff *syneidesis* (Gewissen) übernommen, ohne sich über seine geistesgeschichtliche Genese Rechenschaft zu geben. Die geistige Welt der Philosophie war ihm fremd. „Die Philosophie wirkt jedoch, so wie sie immer ein wesentlicher Ausdruck des geistigen Selbstbewußtseins einer Epoche ist, durch zahlreiche Medien und Kanäle auf den Zeitgenossen ein. Der breite, mannigfache Bestandteile mit sich führende Ideenstrom, den wir etwa ‚Zeitgeist' nennen, ist das Reservoir, aus dem Paulus hier und anderswo geschöpft hat."[8]
Die Kritiker sollten dies im Auge behalten. Bei der Rezeption der Autonomie-Vorstellung hatten die theologischen Ethiker nicht eine philosophiegeschichtlich genau festzumachende, sondern eine allge-

[8] *O. Kuß*, Der Römerbrief. Regensburg (1. Lieferung) 1957, 73. 76–82. A.a.O. 79 schreibt der Verf.: was das Gewissen betreffe, so scheine das Besondere des Paulus „vor allem in der Einordnung des Gewissens in ein Gesamtgefüge zu bestehen, das durch den Glauben an einen persönlichen Gott bestimmt wird, ohne Christus keinen Halt kennt und allem sittlichen Urteilen ein unvergleichlich viel höheres Wertsystem zugrunde legt".

meine Vorstellung von Autonomie im Sinne. Deren Kerngehalte sind die Authentizität des Sittlichen, die Zuständigkeit der Vernunft für seine Erkenntnis und die Unbedingtheit seines Anspruchs. D.h. erstens: Das Gute hat seinen Grund in der vernünftigen Freiheit des Menschen. Es darf nicht eudämonistisch, aber auch nicht voluntaristisch verfremdet werden – wie es etwa im Nominalismus geschah, wo etwas nicht deswegen als gut galt, weil es in sich gut wäre, sondern weil Gott es will. Zweitens: Die Zuständigkeit der Vernunft für die Erkenntnis des Sittlichen muß entschieden respektiert werden. Nur die Vernunft kann das Gute als letzte Verbindlichkeit menschlicher Freiheit erkennen; nur sie erkennt auch, was in konkreten Entscheidungssituationen das sittlich Richtige ist. Und drittens: Die Moral der Autonomie umfaßt vor allem den Willen zum Unbedingten. Das Gute ist für sie nicht eine metaphysische Idee, sondern der erfahrbare Grund des personalen Vernunftwillens. Vernünftige Freiheit bringt das Unbedingte im Bedingten zur Erscheinung.[9]

Natürlich scheint hier Kants Autonomie-Vorstellung durch. Aber es ging in dem hier darzustellenden Rezeptionsvorgang nicht um Deutung und Umdeutung von Kants Autonomie-Verständnis. Man ging einfach davon aus, daß die emphatische Proklamation der Autonomie aus der Rückschau den geistigen Kern der neuzeitlichen Freiheitsgeschichte darstellt. Im Begriff der Autonomie sah man vor allem die Auffassung umgriffen, daß der Mensch sich selbst Gesetz ist: Seine Vernunft findet die Sachgesetzlichkeit und Sinngehalte der weltlichen Bereiche; sie erfährt und konstatiert auch ihre sittliche Verbindlichkeit und sieht schließlich auch die einzelnen Bereiche zu einer Gesamtdeutung von Mensch und Welt zusammen.[10]

[9] Hier kann es nicht ohne Streit abgehen. Die einen sagen: „Indem [die Moral der Autonomie] im modernen Freiheitsbewußtsein selbst die Bindung des Menschen an das an sich oder unbedingt Gute aufzeigt, wird in der alles bewegenden Mitte des modernen Bewußtseins die wesenhafte Offenheit des Menschen und seine notwendige Transzendenz aufgewiesen." (*J. Schwartländer*, Nicht nur Autonomie der Moral – sondern Moral der Autonomie, in: *H. Weber – D. Mieth* (Hrsg.), Anspruch der Wirklichkeit und christlicher Glaube, Düsseldorf 1980, 75–94, hier 77.) Nach dieser Auffassung kommt also die neuzeitliche Grundhaltung aus ihrem innersten Kern heraus dem christlichen Glauben entgegen. Die anderen meinen, man könne den neuzeitlichen Autonomie-Gedanken nur zur Grundlage einer Moraltheologie machen, wenn man ihm die Spitze abbreche und ihn „durch die Einführung eines radikal theonomen Vernunftbegriffs gewissermaßen theologisch domestiziere" (*E. Schockenhoff*, Autonomes Verstehen und Handeln aus dem Glauben. Ungedr., an der Gregoriana in Rom geschriebene Liz. Diss. 1978, 145).

[10] Um zu erkennen, wie sehr diese Vorstellung von der Autonomie-Vorstellung Kants divergiert, vgl. z.B. *J. Schwartländer*, Der Mensch ist Person. Kants Lehre vom Menschen. Stuttgart–Berlin–Köln–Mainz 1968, 160–168 („Autonomie als Vorstellung der sittlichen Freiheit").

II. Heutige „autonome Moral im christlichen Kontext“

Nach dieser Vorüberlegung muß nun genauer gefragt werden: Wie versteht sich heutige katholisch-theologische Ethik, insofern sie durch die Rezeption der Autonomie-Vorstellung geprägt ist? Ihr Selbstverständnis kann in drei Thesen skizziert werden, in einer ethischen, einer theologischen und einer lehramtlichen These. Im vorliegenden Buch sind diese Thesen im einzelnen entfaltet.

Die ethische These optiert für die Vernunftgemäßheit („Rationalität“, „Wahrheitsfähigkeit“) sittlicher Aussagen. Dieser Option liegt die Überzeugung zugrunde, daß es eine der Wirklichkeit innewohnende Wahrheit oder Vernünftigkeit gibt und daß diese Wahrheit bzw. Vernünftigkeit wenigstens so weit erkennbar, aussagbar und mitteilbar ist, wie es für menschliches Handeln unverzichtbar ist. Die Rationalität der Wirklichkeit, ihre Ordnungsgesetze also und ihre Sinngestalten, werden konkret nach der Methode hermeneutischer Argumentation ausgewiesen: Sittliche Erkenntnis wird ermöglicht, insofern die Erkenntnisse der Human- und Sozialwissenschaften über die Bedingungen menschlichen Handelns und die Einsichten der philosophischen Anthropologie über den Sinn des Menschseins zusammengesehen und die dabei sichtbar werdenden menschlichen Notwendigkeiten und Dringlichkeiten geglückten Menschseins in die Sprache der sittlichen Verbindlichkeit übersetzt werden. Das heißt: Die Ethik ist auf die ständige Kooperation mit den empirischen Wissenschaften und den philosophischen Deutungen des menschlichen Daseinssinnes verwiesen.

Die theologische These erhebt die Bedeutung der christlichen Botschaft für das sittliche Handeln und für die Findung und Begründung sittlicher Normen. Die christliche Botschaft zeitigt keine konkreten material-ethischen Weisungen im Hinblick auf das menschliche Weltverhalten; deren Findung ist Sache der gesellschaftlich-geschichtlichen Vernunft des Menschen. Der Christ ist zunächst Mensch wie jeder andere auch; es gibt für ihn kein eigenes ethisches Einmaleins, kein eigenes ethisches Alphabet. Das Menschliche ist menschlich für Heiden wie für Christen. Wohl aber stellt die christliche Botschaft den Glaubenden in einen neuen Sinnhorizont. Mit dem „neuen Sinnhorizont“ ist jenes neue Gesamtverständnis gemeint, in dem die durch Jesus Christus gegebene fundamentale Neubestimmung der menschlichen und welthaften Wirklichkeit ausgelegt wird. Dieser christliche Sinnhorizont wirkt sich nun in einer doppelten Richtung aus: Für das konkrete sittliche Handeln ergeben sich aus dem Evangelium spezifische Grundhaltungen und Motivationen (Glaube, Hoffnung, Liebe, Dankbarkeit, Wachsamkeit u. a.), für den Prozeß der sittlichen Normenfindung erbringt es einen integrierenden, kritisierenden und stimulierenden Effekt, d. h., die christliche Botschaft ordnet alle Bemühungen um besseres Menschsein auf das im Glauben einsichtige letzte Ziel hin, sie deckt die Irrwege dieser Bemühungen auf und drängt über das in den Normen artikulierte ethische Minimum und überhaupt über jede Stufe sittlichen Wachstums zu noch besseren und schließlich zu hochethischen Gestaltungen des Menschseins voran.

Die Lehramtsthese zielt auf eine differenziertere Bewertung der kirchlichen Kompetenz für die Statuierung weltethischer Weisungen. Hinsichtlich des Heilsethos, das alle aus der Gemeinschaft mit Gott in Jesus Christus sich ergebenden Verbindlichkeiten umgreift, äußert sich das kirchliche Lehramt originär und authentisch. Der weltethische Bereich jedoch, d. h. die Findung konkreter material-ethischer Orientierungshilfen für das Weltverhalten, steht in der originären und authentischen Kompetenz der gesellschaftlich-geschichtlichen Vernunft des Menschen. Doch verbleiben dem Lehramt auch im Hinblick auf das Weltethos drei authentische Funktionen: Es muß den integrierenden, den kritisierenden und den stimulierenden Effekt der christlichen Botschaft unablässig und nachhaltig in den Prozeß der sittlichen Bewußtseinsbildung einbringen. Dabei ist im Sinne der „Pastoralkonstitution" des II. Vatikanums zu fordern, daß das Lehramt seine Aussagen dialogisch und argumentativ wahrnimmt und sich gegenüber den praktisch gelebten Überzeugungen der Gläubigen nicht isoliert. –

So versteht sich das Modell katholisch-theologischer Ethik, insofern es unmittelbar bei der Autonomie des Sittlichen ansetzt. Man kann auch anders ansetzen. Für F. Böckle etwa ist die Liebe Mittelpunkt aller materialer Forderungen eines christlichen Ethos. Um das Liebesgebot sachgemäß anwenden zu können, muß man die geschichtliche Lebenswirklichkeit und die gesellschaftlich angebotenen Daseinsentwürfe kennen und aus dem Glaubensverständnis heraus kritisch deuten. Dazu aber bedarf es vernünftiger Überlegung. J. Fuchs geht aus von der christlichen „Intentionalität", d. h. von der vollen personalen Entschiedenheit für Christus. Diese Entschiedenheit geht ständig in das partikulare Handeln ein. Wie jedoch dieses partikulare Handeln konkret aussehen soll, läßt sich nicht anders als durch vernünftiges Denken ausmachen. B. Schüller schließlich vertritt unter Berufung auf eine starke Tradition die Meinung, alle sittlichen Gebote des „Neuen Gesetzes" seien zugleich Gebote des natürlichen Sittengesetzes; Jesus habe keine einzige zusätzliche Vorschrift positiver Art hinzugefügt.

Für den unmittelbaren Ansatz bei der Autonomie des Sittlichen spricht zunächst die wissenschaftstheoretische Angemessenheit. Das Sittliche betrifft die Verbindlichkeit des optimal Menschlichen. Wenn es aber das Menschliche betrifft, muß die sittliche Aussage kommunikabel sein; sie muß auch ohne spezielle weltanschauliche oder gar konfessionelle Implikationen und Letztbegründungen artikuliert werden können. Natürlich bleiben hier schwerwiegende Fragen offen – Fragen etwa wie die, welche menschliche Erfahrungen als authentisch menschliche gelten können; welche Instanz mit welchen Kriterien darüber entscheiden soll; wie angesichts der sehr verschiedenen Ansätze heutiger Philosophie eine anthropologische und schließlich dann eine christliche Integrierung noch zu leisten ist.

Für den unmittelbaren Ansatz bei der Autonomie des Sittlichen spricht auch das Interesse der Theologie selbst. In der säkularisierten Gesellschaft besteht für den Christen nur dann eine reelle Chance, bei Nicht-Glaubenden ein offenes Ohr zu finden, mit ihnen in wichtigen Bereichen zu kooperieren und überdies für die unlösbaren Aporien einer radikal autonomistischen Moral die christliche Botschaft als Lösungsangebot ins Gespräch zu bringen, wenn seine ethischen Aussagen kommunikabel sind. Nur auf dieser Basis können sich Glaubwürdigkeit, Vertrauen und Dialogbereitschaft entwickeln.[11]

Schließlich spricht für den unmittelbaren Ansatz bei der Autonomie des Sittlichen seine aktuelle Dringlichkeit. Aufgrund der Fortschritte von Wissenschaft und Technik entstehen ganz neue ethische Fragen. Es ist für die Zukunft unserer Gesellschaft von eminenter Bedeutung, daß bezüglich solcher Fragen sich ein möglichst breiter Konsens bil-

[11] Die Argumentationsweise wird verschieden sein, je nachdem es sich um Rechenschaft nach außen oder um Selbstauslegung des christlichen Ethos innerhalb der Glaubensgemeinschaft handelt. Vgl. dazu: Rechenschaft über den Glauben. Zum fundamentaltheologischen Problembewußtsein heute. Ein Gespräch mit Professor Max Seckler, in: Herderkorrespondenz 34 (1980) 553–560. Der Beitrag läßt im übrigen ahnen, wie gut es der hermeneutischen Diskussion unter den theologischen Ethikern getan hätte, wenn diese dabei mit den Fundamentaltheologen auf Tuchfühlung gegangen wären.

det. Dies ist nur möglich auf der Basis einer rationalen Argumentation.

III. Der rezeptionsgeschichtliche Hintergrund der gegenwärtigen Diskussion

„Autonome Moral im christlichen Kontext" gibt es nicht erst seit fünfzehn Jahren. Obwohl der rezeptionsgeschichtliche Hintergrund noch sehr unzureichend aufgewiesen ist, kann man, ohne sich dem Vorwurf der Unbesonnenheit auszusetzen, von drei Phasen der theologischen Auseinandersetzung mit der Autonomie-Vorstellung sprechen: von ihrer fast zweitausendjährigen selbstverständlichen Voraussetzung in Schrift und Überlieferung (1), vom Erschrecken über ihre Radikalisierung im 19. Jahrhundert (2) und von ihrer beginnenden expliziten theologischen Ratifizierung (3).

1. Selbstverständliche Voraussetzung in der biblischen und moraltheologischen Tradition

Schon in der Heiligen Schrift wird der Kern der Autonomie-Vorstellung vorausgesetzt. Eine der zentralen theologischen Aussagen des Alten Testaments bezeichnet den Menschen als „Bild Gottes" (Gen 1,27). Die Vorstellung von der Gottebenbildlichkeit bringt das Ineinander der transzendenten und immanenten Bestimmung des Menschen zum Ausdruck; in ihr begegnen sich Verwiesenheit auf das Urbild und Verbindlichkeit seiner Nachbildung in einem erfüllten Menschsein, Freiheit zum Gehorsam und Freiheit zum Eigensein, Theonomie und Autonomie. Gott hat den Menschen nicht geschaffen und ihm dann als Orientierung für sein Handeln das Gesetz in unmittelbarer materialer Offenbarung hinterhergereicht. Er hat ihm Vernunft gegeben, damit er sich auf dem Weg durch die Geschichte selbst zu orientieren vermag. So enthält die sog. zweite Tafel des Dekalogs ein fundamentales Normengefüge, das in jahrhundertelangem Umgang mit der Wirklichkeit allmählich entwickelt wurde – ein zunächst autonom herausgebildetes Ethos also, das erst später in den Bundesgedanken integriert wurde: Durch die Erfüllung dessen, was sich in reflektierter geschichtlicher Erfahrung als unabdingbare Voraussetzung einer geordneten und fruchtbaren Existenz erwiesen hatte,

sollte das Volk nunmehr zugleich seine Treue zum Bundesgott bekunden. Auch im Ethos der Weisheitsliteratur sind aus konkreter sittlicher Erfahrung gewonnene Einsichten religiös, näherhin im Schöpfungsglauben, integriert. Unter dem Schema ‚tun-ergehen' (wenn du dies oder jenes tust, wird es dir so oder so ergehen) wird auf der Basis von Erkenntnissen der gesunden Vernunft in einer pragmatischen Normenbegründung dargestellt, daß es jeder einzelne selbst in der Hand hat, wie sein Leben zu einem guten Ende kommt. Es ließe sich an den beiden genannten und an weiteren Beispielen im einzelnen nachweisen, daß das Proprium des alttestamentlichen Ethos nicht in spezifischen, nur ihm eigenen weltethischen Weisungen liegt, sondern in der Übernahme vorgefundener Ethosstrukturen in den alttestamentlichen Glauben, näherhin in den Bundesgedanken bzw. in die theologische Weisheitsvorstellung.
Auch Jesus greift auf ethische Einsichten früherer Zeiten zurück. Selbst seine hochethischen Weisungen, wie etwa die positiv formulierte ‚Goldene Regel' oder die Feindesliebe, lassen sich wenigstens bei einzelnen jüdischen oder heidnischen Schriftstellern bis mindestens auf das 8. Jahrhundert zurück nachweisen. Aber er hat alle ethischen Vorstellungen einem neuen Sinnhorizont zugeordnet: dem Kommen der Gottesherrschaft. In diesem neuen Sinnhorizont bildet sich jene Radikalität der Theozentrik, der Konzentration, der Intensität, der Verinnerlichung und der Universalität, durch die das jesuanische Ethos alle früheren ethischen Einsichten weit hinter sich läßt.[12]
Am intensivsten hat sich die gegenwärtige theologische Ethik mit der von Paulus vorausgesetzten Autonomie-Vorstellung befaßt. Man ging zunächst davon aus, daß Paulus, wo er um weltethische Weisungen angegangen wurde, in seiner Paränese recht unbefangen das Angebot der gängigen popularphilosophischen Ethik aufgegriffen hat. In den „Haustafeln" legt er offensichtlich stoisches, volksethisches und jüdisches Traditionsgut neu vor. Seine Tugend- und Lasterkataloge finden sich ähnlich in der stoisch-kynischen Diatribenliteratur. Paulus greift solche Traditionen auf, weil sie die geordnete und fruchtbare Gestaltung menschlichen Daseins in verbindlichen Modellen artikulieren. Aber er weist sie in den neuen christlichen Sinnhorizont ein, macht dabei ihre Begrenztheiten sichtbar und deckt die im christlichen Sinnhorizont implizierten Motivationen auf. Die weltlichen Bereiche

[12] Vgl. *P. Hoffmann – V. Eid*, Jesus von Nazareth und eine christliche Moral, Freiburg–Basel–Wien 1975; *H. Merklein*, Die Gottesherrschaft als Handlungsprinzip. Untersuchungen zur Ethik Jesu, Würzburg 1978.

werden nunmehr zu Bewährungsfeldern christlichen Glaubens und christlicher Liebe.[13]

R. Hasenstab hat gezeigt, daß solche Versuche, das sog. ‚Paränese-Modell' als Rezeptions- und Integrierungsmodell zu präsentieren, letztlich doch nicht recht überzeugen, daß sie sich jedenfalls nicht in optimaler Weise eignen, um ein theologisches Autonomie-Konzept, vor allem gegen die Widerstände in den eigenen Reihen, durchzusetzen.[14] Auch verschiedene von Hasenstab vorgestellte rezeptionsgeschichtliche Modelle paulinischer Ethik (Luther, Karl Barth, Bruno Schüller) vermögen nach seiner Meinung den hermeneutischen Anforderungen heutiger theologischer Autonomie-Begründung kaum zu genügen. Aus diesem Grund versucht er „ein eigenes Autonomie-Modell aus paulinischem Geist zu entwerfen und zur Diskussion zu stellen"[15]. Als Schlüsselbegriff führt er dabei den paulinischen klesis (=Berufung) – Begriff ein, dessen theologischer und hermeneutischer Stellenwert von der heutigen Exegese in der Tat entschieden höher eingeschätzt wird als von der früheren.[16]

Schließlich sei noch auf Röm 2,14 als einen locus classicus der Theologie verwiesen. Paulus sagt hier von den Heiden: Die das (jüdische) Gesetz nicht haben, „sind sich selbst Gesetz – *heautois eisin nomos*". Hier haben wir bereits den Begriff der Autonomie. Man ist verwun-

[13] Vgl. oben 55–122; *F. Böckle*, Fundamentalmoral, München 1977, 167–232; *Th. Herr*, Naturrecht aus der kritischen Sicht des Neuen Testaments, München–Paderborn–Wien 1976; vgl. auch *H. Halter*, Taufe und Ethos. Paulinische Kriterien für das Proprium christlicher Moral, Freiburg 1975 (Lit.).

[14] *R. Hasenstab*, Modelle paulinischer Ethik. Beiträge zu einem Autonomie-Modell aus paulinischem Geist, Mainz 1976. Nach Meinung des Verf. ist auch das von *A. Grabner-Haider*, Paraklese und Eschatologie bei Paulus. Mensch und Welt im Anspruch der Zukunft Gottes, Münster 1968, vorgelegte „Paraklese-Modell" kein überzeugendes Rezeptions- und Integrierungsmodell.

[15] A.a.O. 26.

[16] A.a.O. 316: Die paulinische klesis-Theologie stellt eine im Ringen mit dem antiken Immanenzprinzip erwachsene Hermeneutik des Christseins dar. Trotz des bewußtseinsgeschichtlichen Abstandes stellt sie zumindest Ansätze für eine Auseinandersetzung mit dem neuzeitlichen Immanenzprinzip bereit, wie es in der Radikalisierung der Autonomie-Vorstellung hervortritt. „Im Lichte des paulinischen Denkens erscheint die immanentistische Abkapselung gegenüber Gott, wie sie sich im Anspruch auf absolute Autonomie artikuliert, als das entscheidende Datum der Unheilsgeschichte, die Öffnung des autonomen Menschen für Theozentrik und Theonomie dagegen als das entscheidende Datum der Heilsgeschichte. Im Mittelpunkt des Autonomie-Modells aus paulinischem Geist steht daher der von der klesis des Schöpfers ins Dasein, d.h. zur relativen Autonomie gerufene und durch das Nein unter die Herrschaft der Äonsmächte geratene Mensch, der durch die heilsgeschichtlich-eschatologische klesis Gottes von der Fremdbestimmung befreit und durch den Ruf in die Christuskoinonia bzw. ekklesia zur aionkritischen und aion-überwindenden Autonomie befähigt wird."

dert, warum bei Darstellungen der Geschichte des Autonomie-Begriffs auf diese Stelle nie eingegangen wird.[17] Nach Paulus entspricht die ‚relationale' Autonomie des Menschen und der Welt offensichtlich dem Willen Gottes. Von dieser fundamentalen These seiner Anthropologie her kann Paulus zu einer ethischen Verständigung und Kooperation mit Nicht-Glaubenden kommen; nur wenn er ihre sittliche Autonomie akzeptiert, kann er von ihnen ethische Normen rezipieren.

Wie in der Heiligen Schrift, wurde auch in entscheidenden Phasen der *moraltheologischen Tradition* die Autonomie-Vorstellung wie selbstverständlich vorausgesetzt. So haben die Kirchenväter, wie schon erwähnt, weithin die wichtigsten ethischen Doktrinen der Stoiker inhaltlich rezipiert und sogar ethische Schriften bedeutender Stoiker als ganze übernommen. Selbstverständlich wurden dabei Aussagen der heidnischen Autoren, die mit christlichem Denken unvereinbar waren, ausgemerzt, es wurden heidnische durch christliche Beispiele ersetzt und biblische Zitate zur Stützung der ethischen Doktrinen eingestreut.[18] Die Entscheidung der frühchristlichen Autoren für die Rezeption stoischer Doktrinen war implizit bereits eine Entscheidung für die Autonomie des Sittlichen, auch wenn ihnen dies nicht ausdrücklich bewußtgeworden ist.

Sehr gründlich hat sich die theologische Ethik in den letzten Jahren mit dem Verständnis der sittlichen Autonomie bei Thomas von Aquin beschäftigt. Im Prologus zur Summa Theologiae, an der Stelle also, wo er methodisch und inhaltlich die Weichen für seine moraltheologischen Überlegungen stellt, führt Thomas den Begriff der Gottebenbildlichkeit ein. Er hebt damit die Fähigkeit des Menschen hervor, über sich selbst und sein Handeln in Freiheit zu verfügen: Der Mensch ist „Prinzip seiner Werke", er hat „einen freien Willen und die Macht über sein Handeln", er ist „sich selbst Gesetz" (Röm 2,14). Als Gottes Ebenbild wird der Mensch in die volle Autonomie freigesetzt, er wird in die Geschichte entlassen, um darin die ihm anvertraute Welt verantwortlich zu gestalten und damit auch sich selbst zu verwirklichen. In diesem Prozeß der Selbst- und Weltgestaltung gibt es keinen anderen Maßstab als die Rationalität der Wirk-

[17] Vgl. den sonst vorzüglichen Artikel ‚Autonomie' von *R. Pohlmann*, in: Historisches Wörterbuch der Philosophie, hrsg. von J. Ritter, Bd. 1, Darmstadt 1971, 701–719.

[18] Vgl. *J. Stelzenberger*, Die Beziehungen der frühchristlichen Sittenlehre zur Ethik der Stoa. Eine moralgeschichtliche Studie, München 1933, bes. 95–508 (Lit.); *D. Löpfe*, Die Tugendlehre des hl. Ambrosius, Sarnen 1947.

lichkeit, in die der Mensch hineingestellt ist. Thomas setzt, auch wenn der Begriff nicht auftaucht, sachlich bei der sittlichen Autonomie an. Es gibt für ihn keine andere als die vor der Vernunft verantwortete Moral: „Zu den Tugendwerken ... werden wir durch die menschliche Vernunft geleitet, die eine Regel menschlichen Tuns ist. So bedurfte es [für die Tugendwerke] keiner weiteren, über die vernunftgemäßen Sittengebote des Gesetzes hinausgehenden Gebote".[19] Für Thomas gründet das bonum hominis in der Freiheit und wird durch den vernünftigen Daseinsvollzug, durch das „secundum rationem vivere" verwirklicht. Damit ist der Begriff der Autonomie als Selbstgesetzlichkeit präzis erfüllt. Freilich spricht Thomas als Theologe. Er sieht die Autonomie in die Theonomie eingegründet (‚relationale' Autonomie). Doch Gott und Mensch sind keine Konkurrenten. Gott stellt seine Größe und seine Liebe gerade dadurch unter Beweis, daß er den Menschen mit Vernunft und Freiheit ausstattet und ihm die Verfügung über sein Dasein überantwortet. Die Theonomie höhlt also die Autonomie nicht aus, sondern begründet sie und ermöglicht ihren besseren, freieren und bewußteren Vollzug. Den Gegnern einer theologischen Rezeption der Autonomie-Vorstellung müßte zu denken geben, daß Thomas gerade von seinem theologischen Grundansatz her zum autonomen Verständnis des Sittlichen vorstößt.[20]

Noch im 15. Jahrhundert wird das Verhältnis von Gott und Mensch in ähnlicher Weise bestimmt wie bei Thomas von Aquin. Nikolaus von Kues läßt den Menschen zu Gott sprechen: „O Herr, ... du hast mich in meiner Freiheit festgesetzt, damit ich mir selbst gehöre, wenn ich will. Wenn ich also nicht ganz mir selbst zu eigen bin, bist auch du mir nicht zu eigen."[21] Pico della Mirandola aus dem Kreis der Florentiner Humanisten läßt Gott zum Menschen sagen: „Keinen

[19] Summa Theologiae I–II, 108, 2. Ähnlich I–II, 100, 1: illi mores dicuntur boni qui rationi congruunt, mali autem qui a ratione discordant ... omne autem rationis humanae iudicium aliquiter a naturali ratione derivatur.

[20] Vgl. *A. Auer*, Die Autonomie des Sittlichen nach Thomas von Aquin, in: Christlich glauben und handeln, hrsg. von K. Demmer und B. Schüller, Düsseldorf 1977, 31–54; *D. Mongillo*, Theonomie als Autonomie des Menschen in Gott, in: Christlich glauben und handeln 55–77; besonders verdienstlich sind die Untersuchungen von *W. Kluxen*, Philosophische Ethik bei Thomas von Aquin, Mainz 1964; vgl. auch *K.-W. Merks*, Theologische Grundlegung der sittlichen Autonomie. Strukturelemente eines „autonomen" Normenbegründungsverständnisses im lex-Traktat der Summa theologiae des Thomas von Aquin, Düsseldorf 1978, und *B. Bujo*, Moralautonomie und Normenfindung bei Thomas von Aquin, Paderborn–München–Zürich 1979.

[21] De visione Dei c. 7

bestimmten Wohnsitz, kein eigenes Gesicht und keine besondere Gabe habe ich dir zugeteilt, o Adam. Dir soll zu eigen sein der Sitz, das Gesicht, die Gaben, die du dir selbst wünschest, nach deinem Willen und deiner Meinung. Der anderen Geschöpfe Natur ist durch die von uns verfügten Gesetze bestimmt und eingeschränkt ... Du sollst nach deinem freien Willen, in dessen Hand ich dich gegeben habe, dir jene Natur bestimmen ... Du sollst als dein eigener freier und ehrenhalber schaltender Bildner und Gestalter dir selbst die Form bestimmen, die du wählst."[22]

Schließlich sei darauf verwiesen, daß die altchristliche und mittelalterliche Naturrechtslehre letztlich als Platzhalterin heutigen Autonomie-Denkens bewertet werden muß. Im Wechsel von der einen zum anderen hält sich die Thematik einer vor der Vernunft zu verantwortenden Moralität durch, nur daß als Begründungsinstanz in der Naturrechtslehre vorwiegend die Rationalität der Wirklichkeit (letztlich die Rationalität Gottes), im Autonomie-Denken vorwiegend die Rationalität des menschlichen Subjekts fungiert.

2. Die Radikalisierung der Autonomie-Vorstellung im 19. Jahrhundert

Die zweite Phase in der theologischen Auseinandersetzung mit der Autonomie-Vorstellung ist durch das Erschrecken über deren Radikalisierung im 19. Jahrhundert gekennzeichnet. Wäre die Theologie der Neuzeit freilich auf dem von Thomas eröffneten Weg weitergeschritten, hätte sie zumindest durch Kants Lehre von der „Autonomie als Darstellung der sittlichen Freiheit"[23] nicht so sehr aus der Fassung gebracht werden können. In dem Bemühen, den Menschen „dahin zu bringen, sein eigenes Sein verantwortlich zu übernehmen", hätte sie ein zutiefst Gemeinsames entdecken können, zumal auch Kant „schon die innermoralisch verstandene Autonomie nicht als eine absolute, sondern als eine gehorsame und so transzendenz-offene verstanden haben kann"[24]. Jedenfalls könnte eine thomanisch orientierte Theologie der Kantschen „Idee des Willens eines jeden vernünftigen

[22] Weitere Belege bei *A. Auer*, Gianozzo Manetti und Pico della Mirandola, De hominis dignitate, in: Vitae et veritati (Festgabe für K. Adam), Düsseldorf 1956, 83–102, hier 93–102.

[23] *J. Schwartländer*, Der Mensch ist Person. Kants Lehre vom Menschen, Stuttgart 1968, 160–169.

[24] A. a. O. 167f.

Wesens als allgemeingesetzgebenden Willens" genauso zustimmen wie der Forderung, daß der Mensch „nur seiner eigenen und doch allgemeinen Gesetzgebung unterworfen sei"[25]. Autonomie ist für Kant nicht die Freiheit der individuellen Subjektivität für sich genommen, sondern deren Fähigkeit, die eigenen Grundsätze an ihrer widerspruchsfreien Allgemeingültigkeit zu verifizieren. Theonomie erscheint als Heteronomie nur dort, wo sie den Menschen im Sinne des Nominalismus dem reinen, nicht rational begründeten Willen Gottes ausliefert, wo das Gute deswegen gut ist, weil Gott es will, wo Gott es also nicht tut bzw. gebietet, weil es gut ist.[26]

Konnte Kant noch das Postulat aufstellen, alle Pflichten als göttliche Gebote zu erkennen, so wird das emanzipatorische Pathos schon bei Fichte radikalisiert. Die ‚Eigengesetzlichkeit' des Sittlichen wird hier durch die ‚Selbstsetzung', durch das sich selbst setzende Ich abgelöst. Das Ich wird durch nichts anderes bestimmt als eben durch sich selbst. Die „absolute Unbestimmbarkeit durch irgend etwas anderes außer dem Ich"[27] bedeutet die Verabsolutierung der Autonomie-Vorstellung. Hier ist das traditionelle Objektdenken radikal abgelöst durch das von Descartes initiierte Subjektdenken, das vom Ich ausgeht. Selbstschöpfung und Wertschöpfung sind voll identifiziert. Die Beziehung zu Gott entfremdet den Menschen sich selbst. Wenn der Mensch einziger Bezugspunkt der Welt ist, muß er sich von einem transzendenten Seinsgrund emanzipieren. Dieser radikal immanentistische Autonomie-Anspruch „ist zum Modell atheistischen Selbstverständnisses und atheistischer Selbstverwirklichung geworden"[28].

Gegen die Radikalisierung der Autonomie-Vorstellung haben – Kant gegenüber freilich allzu unbedacht – christlich orientierte Philosophen Front gemacht. Friedrich Heinrich Jacobi kritisiert das Autonomie-Denken Kants und Fichtes als „Selbstgötterey". Karl Wilhelm Friedrich von Schlegel hält an der Verankerung des Sittengesetzes in Gott fest und deklariert jede Begründung der Moral „aus reiner Selbstbe-

[25] *I. Kant*, Grundlegung zur Metaphysik der Sitten, hrsg. von K. Vorländer (Philosophische Bibliothek, Bd. 41), Hamburg 1957, 56; vgl. 42–65.71f. Vgl. auch *K.-W. Merks*, Theologische Grundlegung der sittlichen Autonomie 323f. 365.

[26] Die wichtigsten Kant-Texte zum Verhältnis von Autonomie und Theonomie sind interpretiert bei *J. Hoffmann*, Moralpädagogik, Bd. 1: Moralpädagogische Grundlegung, Düsseldorf 1979, 203–213.

[27] *J. G. Fichte*, Das System der Sittenlehre nach den Prinzipien der Wissenschaftslehre, in: Sämtliche Werke, hrsg. von I.H. Fichte, Bd.4, Leipzig o.J. 56. Vgl. *M. Welker*, Der Vorgang Autonomie 52–82.

[28] *R. Hasenstab*, Modelle paulinischer Ethik 265.

stimmung" als verwerflich. Auch Franz von Baader nennt das Prinzip der Kantschen Autonomie-Moral „antireligiös" und wendet sich entschieden gegen „die ganz neue Irrlehre der Autonomie des Menschen und seiner Sichselbstbegründung oder seines Sichselbst-Autoritätseins"[29].

Die zeitgenössische Theologie hat – abgesehen von Sebastian Mutschelle, von dem noch zu sprechen sein wird – mit einer resoluten Theologisierung des Sittlichen reagiert. Sie fürchtet, bei autonomer Konzipierung des Sittlichen – auch in der gemäßigten Form, wie sie bei Kant vorliegt – werde die Stellung der Religion pervertiert. Eine Reihe bedeutender Moraltheologen (Johann Michael Sailer, Johann Baptist Hirscher, Johann Baptist Lüft, Franz Anton Staudenmaier, Magnus Jocham, Karl Werner) hat sich entschieden dafür eingesetzt, daß die ethischen Prinzipien nicht von außen her, sondern aus der eigenen Mitte der christlichen Botschaft heraus entwickelt werden. Die Zentralidee des Christentums müsse zur Zentralidee des sittlichen Lebens werden; sittliches Leben sei nichts anderes als die christliche Offenbarungswahrheit, insofern sie im Menschen wirksam werde. Diese Tendenz einer Theologisierung der Moral als Reaktion auf ihre Autonomisierung hielt sich auch im 20. Jahrhundert durch. Joseph Mausbach hat ein resolutes Umdenken auf den theologischen Charakter der Moraltheologie gefordert. Die Lehrbücher der Moraltheologie von Fritz Tillmann, Gustav Ermecke, Bernhard Häring und Johannes Stelzenberger, die unter große biblische Themen (‚Nachfolge Christi', ‚Gesetz Christi', ‚Gottesherrschaft') gestellt sind, dokumentieren eindrucksvoll, wie sehr den Theologen die Erfüllung der von Joseph Mausbach erhobenen Forderungen am Herzen lag.[30]

[29] Belege bei *R. Pohlmann*, Art. Autonomie 710f.

[30] Vgl. etwa *F. Tillmann*, Idee der Nachfolge Christi, Düsseldorf ³1933, 9: „... die katholische Sittenlehre findet [die sittlichen] Normen nicht aus reiner Vernunft oder aus bloßer Analyse des Bewußtseins vom Sittlichen, sie entnimmt sie vielmehr den Quellen des katholischen Glaubens, in denen sie zugleich mit dem Anspruch unbedingter Wahrheit und Ordnung enthalten sind." – Übrigens wird auch von manchen christlichen Philosophen nach wie vor an der Inkompatibilität von Autonomie und Theonomie festgehalten. Für *H.-E. Hengstenberg*, Autonomismus und Transzendenzphilosophie, Heidelberg 1950, hat das Autonomie-Denken ein so starkes Gefälle zum Autonomismus, daß der Autonomie-Begriff für die Ethik als ungeeignet erscheint und daß ihm auch für die Theologie keinerlei Gebrauchswert zukommt. Weitere Hinweise bei *R. Pohlmann*, Art. Autonomie 715, und bei *R. Hasenstab*, Modelle paulinischer Ethik 267f.

3. Die theologische Ratifizierung der Autonomie-Vorstellung

Die Anfänge einer expliziten Ratifizierung der Autonomie-Vorstellung liegen nicht etwa erst in der Gegenwart, sie reichen bis ins 18. Jahrhundert zurück. Ein erster, noch etwas unsicherer Versuch ging von dem Münchener Moraltheologen Sebastian Mutschelle (1749–1800) aus. Er war von der Vereinbarkeit der Kantschen mit der christlichen Moral überzeugt und suchte jene in seiner „Theologischen Moral" zu integrieren. Das Sittliche ist für ihn in der Vernunft des Menschen angelegt; der christliche Glaube – sagt er – interpretiere die Gesetze der Sittlichkeit als Gesetze Gottes, bestätige die autonom entwickelten sittlichen Gesetze aus der Lehre Christi und bringe schließlich die göttlichen Verheißungen und Drohungen als Motive des Handelns ins Spiel.[31] Auch andere Theologen (vor allem Jakob Danzer, Georg Hermes und Anton Günther) versuchten Kant zu rezipieren und setzten sich, wie Sebastian Mutschelle, heftigen Pressionen des kirchlichen Lehramts aus. In der zweiten Hälfte des 19. Jahrhunderts hat der Tübinger Moraltheologe Franz Xaver Linsenmann die Diskussion über Eigenwertigkeit und Eigengesetzlichkeit der einzelnen Kulturgebiete entscheidend vorangetrieben und sich ausdrücklich zur Autonomie des Sittlichen bekannt. Er hat als erster auch mit Nachdruck die für die Erkenntnis konkreter Sittlichkeit unverzichtbare Kooperation mit den je einschlägigen Profanwissenschaften gefordert und praktiziert.[32]

In den ersten Jahrzehnten dieses Jahrhunderts wurden für eine theologische Rezeption der Autonomie-Vorstellung von seiten der Philosophie goldene Brücken gebaut, insofern hier ein gewichtiger Beitrag zur Entideologisierung der Diskussion geleistet wurde. Wilhelm Wundt, Alois Riehl, Wilhelm Windelband, Leonard Nelson u. a. haben die Bedeutungsgehalte des Autonomie-Begriffs neutralisiert. Autonomie erscheint bei ihnen als gleichbedeutend mit Willensfreiheit,

[31] Moraltheologie oder Theologische Moral. Allgemeine Moral, München 1801; vgl. oben 126–131; neueste Bearbeitung durch *Ch. Keller*, Das Theologische in der Moraltheologie. Eine Untersuchung historischer Modelle aus der Zeit des Deutschen Idealismus, Göttingen 1976, 87–192. Keller spricht mit Recht von einem kognitiven, einem affirmativen und einem energierenden Beitrag, den die Theologie (nach Mutschelle) in die Lehre vom Sittlichen einzubringen vermag.

[32] Lehrbuch der Moraltheologie. Freiburg 1878. Vgl. *A. Auer*, Franz Xaver Linsenmann (1835–1898), in: Katholische Theologen Deutschlands im 19. Jahrhundert, hrsg. von H. Fries und G. Schwaiger, Bd. 3, München 1975, 215–240.

ethischer Freiheit, Selbstverpflichtung durch eigene Einsicht.[33] Hier liegt keine immanentistische Emanzipation des Menschen von Gott mehr vor. Das Verständnis von Autonomie beginnt sich zwischen methodischem Atheismus und grundsätzlicher Offenheit gegenüber der Gottesfrage in der Schwebe zu halten. Es war aber wohl vor allem der Wandel christlicher Welterfahrung, der für die christliche Interpretation der Welt neue Impulse entstehen ließ. Die Christen sehen sich einer ausgesprochen weltlichen Welt gegenüber, in der die Eigenwerte der verschiedenen Lebensbereiche in einer früher kaum vorstellbaren Vitalität erkannt und bejaht werden. Auch die Christen selbst engagieren sich ungleich stärker als früher in der Welt. Dabei wird ihnen zugleich deutlich, daß die Weltlosigkeit bzw. Weltunfähigkeit ihrer Frömmigkeit an der Gottlosigkeit der modernen Welt mitschuldig ist. Schließlich machen sie die Erfahrung, daß ein Rückzug aus einer immer weltlicher werdenden Welt mit Sicherheit den ohnehin schon gefährlichen Mangel ihrer Christlichkeit an inkarnatorischer Kraft noch verstärken würde.

Der englische Religionsphilosoph Friedrich von Hügel hat als einer der ersten solche Erfahrungen zu interpretieren versucht: Es gibt nicht nur Gott, sondern auch die Welt. Es gibt nicht nur die Religion, sondern auch Wirtschaft, Technik, Kunst und Wissenschaft. Und sie alle haben ihr Eigensein. Religion kann nicht unmittelbar und schlechthin alles sein, sie kann den anderen Gebieten nicht aus sich heraus eine Sachordnung diktieren und konkrete Normen statuieren. Diese Gebiete müssen vielmehr, „um überhaupt wirklich zu leben, ihre eigenen Gesetze und ihre eigene wenigstens relative Autonomie“ haben.[34] Gustave Thils hat die Begründung einer expliziten „Theologie der irdischen Wirklichkeiten“ inauguriert und damit die Möglichkeit einer Anerkennung der Autonomie und ihrer theologischen Begründung klarer in Sicht gebracht.[35] Wesentlich weiter ging der Versuch, Anthropozentrik, Autonomie und Säkularität als Auswirkungen des christlichen Schöpfungsglaubens zu begreifen; damit

[33] Belege bei *R. Pohlmann*, Art. Autonomie 713f.

[34] *F. von Hügel*, Andacht zur Wirklichkeit. Schriften zur Auswahl. Ausgewählt, übersetzt und eingeleitet von M. Schlüter-Hermkes, München 1952, 45.

[35] Théologie et Réalité sociale. Tournai–Paris 1950; Théologie des réalités terrestres, Tournai 1954; weitere wichtige Beiträge zu einer „Theologie der irdischen Wirklichkeiten“ stammen von M.-D. Chenu, J. David, H. Rondet u. a.

sollte die Theologie in die Lage versetzt werden, sich den nachcartesianisch-anthropozentrischen Denkhorizont zu eigen zu machen.[36] Die Konstitution des II. Vatikanums über „Die Kirche in der Welt von heute" stößt zwar zu keiner vollen Klärung der anstehenden Fragen durch, anerkennt aber mit bislang nicht gekannter Eindeutigkeit und Eindringlichkeit die Autonomie der Welt und ihrer einzelnen Bereiche.[37] Im übrigen nimmt die Konstitution Recht und Pflicht der Kirche wahr, die recht verstandene Autonomie gegenüber dem immanentistischen Mißverständnis abzusichern.[38] Jedenfalls hat das II. Vatikanum die Theologie ermutigt, die Probleme, denen sie sich seit Sebastian Mutschelle gegenübersieht, nicht länger vor sich herzuschieben, sondern sie als ihr unweigerlich aufgegeben zu betrachten. Sie hat das Erschrecken über die Radikalisierung der Autonomie-Vorstellung überwunden und deren explizite theologische Ratifizierung eingeleitet.

IV. Kritik an der Rezeption der Autonomie-Vorstellung

Es bleiben freilich schwierige Fragen offen. Davon war bereits die Rede. Daß die Kritik sie besonders scharf unter die Lupe nimmt, ist berechtigt und wünschenswert. Drastische Unterstellungen (Eudämonismus, offensichtliche Tendenz zur Dehumanisierung, totaler Ausverkauf des Christlichen) gab es nur in der Anfangsphase der Diskussion; sie können hier übergangen werden. Im folgenden sei auf sechs Einwände eingegangen, die als besonders gewichtig erscheinen.[39]

[36] Vgl. *J. B. Metz*, Christliche Anthropozentrik. Über die Denkform des Thomas von Aquin, München 1972; *P. Eicher*, Die anthropologische Wende. Karl Rahners philosophischer Weg vom Wesen des Menschen zur personalen Existenz, Freiburg/Schweiz 1970.

[37] Gaudium et spes, Art. 36 und 64.

[38] Es bleibt freilich zu bedauern, daß die resoluteste Bestimmung der Autonomie im endgültigen Text der genannten Konstitution nicht zum Zuge kam; sie findet sich noch in einem der Entwürfe, im sog. ‚Text von Mecheln' (Abschnitt II: De mundo aedificando): „Mundus [...] propria viget consistentia et suis regitur principiis et legibus, quas Ecclesia libenter et sincere agnoscit, non tanquam suas, sed tamen a Deo, auctore naturae, statutas." („non tanquam suas" meint: nicht in ihre, d.h. der Kirche fallende Zuständigkeit, nicht ihrer Verfügung anheimgegebene Gesetzlichkeiten.)

[39] Vgl. zum Folgenden vor allem *K. Hilpert*, Art. Autonomie, in: Wörterbuch christlicher Ethik, hrsg. von B. Stoeckle, Freiburg 1975, 26–34; *ders.*, Die theologische Ethik und der Autonomieanspruch, in: Münchener Theologische Zeitschrift 28 (1977) 329–366;

1. Die theologische Rezeption der Autonomie-Vorstellung stelle einen „Akt semantischer Politik" dar

B. Stoeckle, K. Hilpert, H. Oberhem und R. Spaemann sind sich einig in der Auffassung, der Autonomie-Begriff stehe im ethischen Bereich seit Kant für ein ausgesprochenes Widerspruchsprogramm einer Emanzipation des Ethischen von religiöser Heteronomie. Der Prozeß, in dem die Autonomie zum Grundwort erhoben worden sei, stelle ein „Konkurrenzunternehmen zur theologischen Ethik" dar.

Dies ist in der Tat weithin richtig und wird durch die Tatsache bestätigt, daß mit der Rezeption des Autonomie-Begriffs in die Philosophie keine Rezeption in die Theologie parallel ging. Im Gegenteil, kirchliche Autoritäten und theologische Gegner des Autonomie-Gedankens haben sich gerade des Gedankens und des Begriffs der Autonomie bedient, um eine dem Christentum und dem katholischen Glauben höchst gefährliche und ihnen gänzlich widersprechende Position zu bezeichnen. Auch heute noch ist „Autonomie" ein Reizwort; es beinhaltet für viele eine stark affektive Komponente, es löst von vornherein Zustimmung oder Widerspruch aus. Wer also von theologischer Seite das Wort „Autonomie" gebraucht, der spricht, wie K. Hilpert zu Recht feststellt, „nicht in einen leeren Raum, sondern nimmt de facto einen Begriff auf, der im Leser bzw. im Hörer positiv besetzt ist ... Der Begriff ist im gegenwärtigen Verständnis kein deskriptiv-neutraler, und eben darum ist es auch nicht möglich, gleichsam durch eine Anstrengung der Naivität begriffliche Unschuld zurückzugewinnen."[40]

Zu diesem Einwand sei zunächst nur folgendes gesagt. Erstens: Heutige Vertreter eines theologischen Autonomie-Modells halten überhaupt nichts von dem Grunddogma des neuzeitlichen Modells einer autonomen Moral, daß Autonomie und Theonomie miteinander un-

ders., Ethik und Rationalität. Untersuchungen zum Autonomieproblem und zu seiner Bedeutung für die theologische Ethik, Düsseldorf 1980; *H. Oberhem*, Die Bestimmung des moralischen Bewußtseins und das religionspädagogische Postulat „sittlicher Autonomie", in: Religionspädagogische Beiträge, Heft 3, 1979; *J. Ratzinger* (Hrsg.), Prinzipien christlicher Moral, Einsiedeln 1967 (mit Beiträgen von H. Schürmann und H. Urs von Balthasar); *R. Spaemann*, Wovon handelt die Moraltheologie? Bemerkungen eines Philosophen, in: Internationale katholische Zeitschrift 6 (1977) 289–311; *B. Stoeckle*, Grenzen der autonomen Moral, München 1974; *ders.* (Hrsg.), Wörterbuch christlicher Ethik, Freiburg 1975.

[40] *K. Hilpert*, Die theologische Ethik und der Autonomie-Anspruch 336; vgl. auch: *ders.*, Ethik und Rationalität 581.

verträglich sind. Beide sind vielmehr konstitutiv aufeinander verwiesen. Aber wenn man auch von diesem Dogma nichts hält, so kann man sich doch das positive Grundanliegen der modernen Freiheitsgeschichte, nämlich die Eigenwertigkeit des Sittlichen, zu eigen machen. Dies umso mehr, als sich die Legitimität dieses Anliegens – wie gezeigt wurde – aus der klassischen moraltheologischen Tradition deutlich aufweisen läßt. Die Tatsache, daß dieses Anliegen heute vielfach in autonomistisch-totalitärer Verzerrung hervortritt, sollte die theologische Ethik nicht dazu verführen, sich selbst aus dem geistig-kulturellen Prozeß zu exkommunizieren. – Zweitens: Wir konnten uns für die Rezeption der Autonomie-Vorstellung auf Röm 2,14 berufen. In der traditionellen Naturrechtslehre hat diese Stelle einen hohen Legitimationswert gehabt. Wenn sie in Darstellungen der Geschichte des Autonomie-Begriffs nicht auftaucht, dann könnte der Grund darin liegen, daß für eine Beachtung und Rezeption dieses Begriffs erst jetzt der Kairos gekommen ist.
Einen „Akt semantischer Politik" bedeutet jedenfalls die theologische Rezeption des Autonomie-Begriffs nicht. Er ist nicht im Hinblick auf die römische Schultheologie ausdrücklich als Symbol der Kontestation aufgegriffen worden. Er soll auch nicht dazu dienen, zentrale Kompetenzansprüche des kirchlichen Lehramts theoretisch und praktisch zu unterlaufen. Er hat sich allerdings deutlich und nachdrücklich angeboten, als es darum ging, die Eigenwertigkeit des Sittlichen argumentativ aufzuweisen und bezüglich der Zuständigkeit des kirchlichen Lehramts zu einer angemessenen Differenzierung zu kommen.

2. Frühere Versuche einer theologischen Rezeption der Autonomie-Vorstellung seien theologiegeschichtlich in die Isolation geraten

Dies ist gewiß zutreffend. Der Versuch des Münchener Moraltheologen Sebastian Mutschelle, die kantische Ethik zu integrieren, ist, wie erwähnt, geschichtlich steckengeblieben. Auch der Tübinger Moraltheologe Franz Xaver Linsenmann, der den Kern des heutigen Programms einer autonomen Moral im christlichen Kontext mit Sachkenntnis und Entschiedenheit vertreten hat, ist mit seinem „Lehrbuch der Moraltheologie" über die 1. Auflage nicht hinausgekommen, während neuscholastische Lehrbücher zwei Dutzend und mehr Auflagen erlebten. Aber man kann die Augen nicht davor verschließen, daß in den letzten Jahrzehnten der Christenheit einige wesentliche Erfahrungen und Erkenntnisse zugewachsen sind, die zu einem deutlichen Wandel im Verständnis des Verhältnisses von Kirche und Welt geführt haben. Dazu kommt die bereits angesprochene Entideologisierung der Autonomie-Diskussion in der neueren Philosophie. Aufgrund dieser Entwicklungen tritt die theologische Rezeption der Autonomie-Vorstellung als Möglichkeit und als Dringlichkeit immer stärker hervor. Mag sein, daß in der näheren Zukunft die Rezeptionsversuche abermals in eine gewisse Isolation gedrängt werden, man kann doch nicht übersehen, daß derartige Bemühungen immer kurzatmiger werden.

3. *Die gegenwärtige theologisch-ethische Rezeption der Autonomie-Vorstellung sei durch einen defizitären Theorie-Status gekennzeichnet*

Mit dieser Formel wird eine ganze Reihe kritischer Ausstellungen zusammengefaßt, die vor allem durch K. Hilpert und H. Oberhem von der heutigen wissenschaftstheoretischen Diskussion her vorgebracht werden. Man kritisiert die theoretische und methodisch unsaubere Argumentationsweise. Man kritisiert auch die wissenschaftstheoretische Unzeitgemäßheit der neuen Konzeption mit dem Hinweis, daß heute Wissenschaftlichkeit und Wahrheitsfähigkeit normativer Ethik überhaupt bestritten werden; was sollen da die Bemühungen der Vertreter einer theonom-autonomen Moral, der neuen Entwicklung zum Trotz den Geltungsanspruch einer theologischen Ethik wiederherzustellen? Man kritisiert schließlich die konservative Tendenz der neuen Richtung: sie bleibe in einer Zeit, in der autonome Selbstbestimmung zum selbstverständlichen Bewußtsein und Anspruch des Menschen gehöre, den Problemen einer autoritativen und normativistischen Moralauffassung verhaftet. Das alles lege den Verdacht nahe, daß es sich hier im letzten um eine „Reformulierung der traditionellen Lehre ad hominem aetatis nostrae“[41] handle; die Grundstrukturen der traditionellen Moral scheinen hier erhalten zu bleiben, man wolle sie nur richtig erschließen und dem heutigen Menschen nahebringen. Mit diesen und ähnlichen Argumenten wird der Versuch gemacht, dem neuen Modell die wissenschaftliche Dignität abzusprechen.

[41] *K. Hilpert*, Die theologische Ethik und der Autonomie-Anspruch 335; vgl. *ders.*, Ethik und Rationalität 558ff; 564.

Einige dieser Argumente sind leicht zu widerlegen, andere widersprechen sich gegenseitig. Doch ist nicht zu bestreiten, daß eine Reihe schwieriger wissenschaftstheoretischer Fragen offenbleiben. Dazu sei folgendes bemerkt. Erstens: Nach dem Ausweis der Wissenschaftsgeschichte geht es oft Jahrzehnte, ja sogar Jahrhunderte, bis eine neue Theorie und ein neues Interpretament nach allen Seiten abgesichert sind. Hinsichtlich der doktrinären Explikation bleiben sie überkommenen Theorien und Interpretamenten gegenüber, an deren wissenschaftlicher Darstellung und Begründung ganze Gelehrtengenerationen gearbeitet haben, notwendigerweise im Hintertreffen. So schreibt A. Ganoczy im Hinblick auf die neuscholastische Schöpfungslehre: Die Schultheologie „hält sich an die Denk- und Sprachdisziplin eines in jahrhundertelanger Kleinarbeit verfeinerten Systems, in dem abstrakte Begriffe gleichsam kristallisierte Gestalten innertheologisch ausgetragener Diskussionen sind. Wenn der Scholastiker oder Neuscholastiker von Schöpfung redet, begibt er sich nicht ins Ausland. Er bleibt zu Hause, unter den bergenden Mauern seiner traditionellen Begriffsfestung."[42] – Zweitens: Eine Theorie oder ein Interpretament vermag nie alles zu erklären, sondern nur für bestimmte Probleme eine bessere Erklärungsmöglichkeit anzubieten. – Drittens: Wer sich für einen bestimmten Denkansatz entscheidet, nimmt damit von vornherein auch bestimmte Defizienzen in Kauf. Es ist naiv zu glauben, man brauche nur die Vorteile verschiedener Ansätze miteinander zu kombinieren, um zu einem rundherum praktikablen System zu kommen. „Die Optima sind inkompossibel."[43] Wer im übrigen einige Jahrzehnte hindurch die hermeneutische Misere der theologischen Ethik ausgekostet hat, gibt sich nicht mehr der Illusion hin, er könne eines Tages das Ei des Kolumbus auf den Tisch der ethischen Hermeneutik setzen.

4. Die Rezeption der Autonomie-Vorstellung impliziere einen allzu individualistischen Ansatz

Diesen Einwand referiert D. Mieth aus dem Umkreis der lateinamerikanischen Befreiungstheologie, macht ihn sich allerdings auch selbst zu eigen. Zwar sei der autonome Ansatz ein durchaus personaler Ansatz, doch das Personale werde faktisch individualistisch verkürzt. Mieth weist mit Recht auf das verbürgerlichte Verständnis der Men-

[42] Der schöpferische Mensch und die Schöpfung Gottes, Mainz 1976, 191.

[43] *M. Landmann*, Der Mensch als Schöpfer und Geschöpf der Kultur, München–Basel 1961, 73.

schenrechte hin, in dem „immer neue Ansprüche des menschlichen Bedürfnisses nach individuellem Glück, persönlichen Beziehungen und sozialer Anerkennung als ‚Rechte‘ deklariert werden“[44]. Darum fordert er die christliche Ethik der Autonomie auf, in einen gemeinsamen Lernprozeß mit dem christlichen Ethos der Befreiung einzutreten, ihre Prioritäten zu ändern und statt der Grenzfragen der individuellen Freiheit die großen Überlebensfragen der Menschheit zu thematisieren (Umweltprobleme, soziale Manipulation, Rüstung und Friede). Dieser Einwand trifft in der Tat weithin die konkrete Gestalt autonomer Ethiken. Aber er trifft doch wohl nur insoweit, als hier der personale Ansatz individualistisch enggeführt anstatt sozial und ökologisch aufgefüllt, als hier menschliches Dasein eben nicht in seiner vollen Dreidimensionalität (personale Identität, soziale Verwiesenheit, naturale Verwurzelung) realisiert wird. Das autonome Subjekt muß jedenfalls den Anspruch der ganzen Wirklichkeit wahrnehmen und einlösen. Ph. Rossi hat soeben deutlich gemacht, daß schon bei Kant die mit dem Aufeinanderangewiesensein und der Zeitgebundenheit der Menschen sich ergebenden Einschränkungen keineswegs im Gegensatz zu Freiheit und Autonomie stehen. Die Autonomie mache uns einander nicht zu Fremden, sondern gebe einem Engagement Ausdruck, „in einer gemeinsamen Moralwelt zu leben“.[45] Tatsache ist allerdings, daß das Bürgertum auf die klassischen liberalen Menschenrechte ausgerichtet blieb; hier liegen freilich auch seine unbestreitbaren Verdienste. Aber es bedurfte der Marxschen Vision der „Freiheit“ (nicht des autonomen Subjekts primär, sondern zuallererst) eines gesellschaftlichen Zustandes, in dem alle Ausbeutung ein Ende hat und jeder als freier Mensch dem anderen begegnen kann, damit nach den individuellen auch die sozialen Menschenrechte bewußtgemacht und allmählich stärker durchgesetzt werden konnten. Heute schließlich schärft sich der Blick langsam auch für die ökologischen Grundwerte und Grundrechte und damit für die Beachtung auch der dritten Dimension des Menschseins. Die „makroethischen“ Dimensionen verlangen die entschlossene Zuwendung der christlichen Ethik. Aus der Sicht einer „Ethik der Befreiung“ bleibt auch eine solche Position noch typisch „reformistisch“ und darum halbherzig.

[44] Autonomie oder Befreiung – zwei Paradigmen christlicher Ethik, in: Concilium 20 (1984) 160–166, hier 165.

[45] *Ph. Rossi*, Die Grundlegung des philosophischen Autonomiebegriffs durch Kant und ihre geschichtlichen Folgen, in: Concilium 20 (1984) 89–94; 93f: „Schon die Verständlichkeit unserer sittlichen Autonomie beruht darauf, daß wir vorerst die menschliche Gemeinsamkeit und Gemeinschaftlichkeit anerkennen.“

5. *Die Rezeption der Autonomie-Vorstellung bedeute eine Anbiederung an die Modernität*

Als „sehr negativen" Wesenszug des Autonomie-Konzepts betrachtet der spanische Moraltheologe M. Vidal die allzu starke Anbiederung „an die Welt der Modernität, um sich für sie annehmbar zu machen". Dies habe zum Verlust des „messianischen Atems" geführt. Die einzige Möglichkeit, seine „messianische Funktion" zurückzugewinnen, sei für das Autonomie-Konzept „der frische Wind, der von der Befreiungstheologie her weht"[46]. Niemand bestreitet den „messianischen Geist" der Befreiungstheologie, und es tut der autonomen Moral gewiß gut und sogar not, sich ihm auszusetzen. Doch gilt wohl bei aller Dringlichkeit universalmenschlicher Verantwortung auch für die Theologie das „hic Rhodus, hic salta". Wenn man freilich einer theologischen Ethik, die einer säkularen Welt den Anspruch des Christlichen neu kommunikabel machen will, den messianischen Impetus pauschal abspricht, dann sollte man die Kriterien nennen, die es erlauben, Messianismus ohne Zögern und pauschal der „Befreiung", Anbiederung ohne Zögern und pauschal der „Autonomie" zuzusprechen. Die Erfahrung lehrt doch, daß man je aktuelle Rezeptionsvorgänge allzuleicht als Anbiederungsversuche, geschichtlich zurückliegende aber als Früchte des messianischen Geistes bewertet. Noch einmal: Nichts gegen den messianischen Geist der Befreiungstheologie und nichts gegen den frischen Wind, der von ihr ausgeht! Und nichts gegen die Option für die Armen! Und auch nichts gegen die Forderung, daß wir uns der namenlosen Not ums pure Überleben öffnen! Aber das in unserem Raum Notwendige muß auch getan werden, und es kann eben nur von uns getan werden. Es gibt im übrigen einen legitimen und wünschenswerten Pluralismus der Theologie, der keineswegs eine Selbstisolierung ihrer einzelnen Ausprägungen bedeutet. Auch der höchste Respekt vor den Intentionen der Befreiungstheologie kann uns nicht von der Aufgabe dispensieren, über eine praktikable Ethik für unseren Raum nachzudenken. – Diese Bemerkungen implizieren keine Verweigerung des angemahnten Dialogs zwischen „Autonomie" und „Befreiung"; sie wollen lediglich die Voraussetzungen abklären helfen, damit das Unternehmen auch wirklich fruchtbar werden kann.

[46] Läßt sich die Autonomie als Moralgrundlage mit der Befreiungsethik vereinbaren? Der notwendige Dialog zwischen „Autonomie" und „Befreiung", in: Concilium 20 (1984) 154–159, hier 155.

6. *Die Rezeption der Autonomie-Vorstellung gefährde die Identität der theologischen Ethik*

Dieser Einwand betrifft die fundamentale Frage, ob eine autonome Moral im christlichen Kontext „überhaupt mit dem (seit Kant bzw. schon seit Descartes entwickelten) historischen Programm ‚autonomer Moral' zusammengebracht werden bzw. (ob eine theologische Ethik), falls sie dieses konsequent rezipieren würde, ihre Identität erhalten könnte“[47].

Nun, eine konsequente Rezeption des „historischen Programms ‚autonomer Moral'“ steht für die Theologie nicht zur Debatte, falls mit dieser Formel an eine mechanische und unkritische Übernahme gedacht wäre. Auch andere dogmen- und moralgeschichtlich bedeutsame Begriffe wie *logos, gnosis* oder *kosmos,* wie *Natur* oder *Gewissen* sind von der christlichen Theologie nicht „konsequent“ rezipiert worden. Dem Einwand der Identitätsgefährdung soll hier durch zwei Beispiele aus der Heiligen Schrift und einen Hinweis auf Vorgänge in der altkirchlichen Rezeptionsgeschichte entgegengetreten werden.

(1) Aus dem Alten Testament sei der Begriff „Vertrag“ oder „Bund“ ausgewählt.[48] Im Jahre 733 war Juda unter assyrische Herrschaft geraten. Das bedeutete nicht nur Tributzahlung, sondern Faszination durch die überlegene, ungleich attraktivere Kultur von Assur. Diese Faszination erschütterte „die Plausibilität der traditionellen jahwistischen Sinnwelt“ und führte zu einem „Kulturschock“ (38). Nach der Rückgewinnung der politischen Unabhängigkeit in der 2. Hälfte des 7. Jahrhunderts stellte sich die Frage, wie dem Mann in Jerusalem und Juda die jahwistische Sinnwelt wieder schmackhaft gemacht werden könne. Die deuteronomische Theologie ermöglichte dies durch eine doppelte Leistung. Zunächst hat sie die barocke Fülle der Pentateucherzählungen auf ein einfaches System gebracht: Alles wurde verständlich gemacht vom Kern des sog. „historischen Credos“ her, daß Jahwe den Vätern Abraham, Isaak und Jakob geschworen hat, ihnen das Land zu geben. In diesem Horizont wurden die alten Traditionen plastisch und erschienen in einem für alle verstehbaren Zusammenhang. Dazu kommt ein Zweites. Wenn solche Systematisierung an sich schon eine Aufwertung der Tradition brachte, dann

[47] *K. Hilpert,* Art. Autonomie, in: Wörterbuch christlicher Ethik 28–34, hier 33.

[48] Vgl. zum Folgenden *N. Lohfink,* Unsere großen Wörter. Das Alte Testament zu Themen dieser Jahre, Freiburg–Basel–Wien 1977, 24–43. Die Zitate werden im Folgenden durch Einfügung der Seitenzahlen in den Text belegt.

bedeutete die „Systematisierung mit Hilfe von Elementen der konkurrierenden Sinnwelt ... zugleich eine Integration der Konkurrenz, die eben dadurch ungefährlich wurde". Die Theologie vermochte dies, indem sie ihre ganze Systematik von der Vertragstheorie her entwickelte. Die Faszinationskraft der Vertragskategorie war darin begründet, daß das neuassyrische Reich durch ein Netz von Eiden und Verträgen zusammengehalten wurde. So hatte sich im Bewußtsein der Judäer die Vorstellung gebildet, es gehöre „zu einer überlegenen Kultur, von Verträgen durchwaltet zu sein ... Falls es gelang, das Verträgemachen in die eigene Kultur zu integrieren, konnte man dieser einen neuen ... Wert verleihen" (40f).
Aufgrund dieser Einsicht wurde die Kategorie des Vertrages bzw. des Bundes als zentrale Kategorie der deuteronomischen Theologie eingeführt. Das deuteronomische Gesetz wurde als Vertrag zwischen Jahwe und Israel konzipiert. N. Lohfink faßt seine Interpretation mit folgenden Worten zusammen: „In der Bedrohung der jahwistischen Sinnwelt durch die überlegene und machtabgestützte assyrische Kultur wurde Theologie nötig, ja sogar gerade diese Theologie. Es mußte eine Theologie sein, die weder reine Repetition der Tradition noch reine Neuerung war. Sie mußte die Tradition vortragen, sie aber dadurch wieder attraktiv machen, daß sie sie systematisierte, wobei sie die gefährlichsten Elemente der konkurrierenden Kultur gerade dadurch unschädlich machte, daß sie dieselben in die eigene Sinnwelt integrierte, indem sie von ihnen her die Systematik entwikkelte" (41).
(2) Als Beispiel aus dem Neuen Testament diene Kol 1,15–17: Christus ist „das Ebenbild des unsichtbaren Gottes, der Erstgeborene der ganzen Schöpfung; denn in ihm ist alles, was in den Himmeln und auf Erden ist, erschaffen worden ... Alles ist durch ihn und auf ihn hin erschaffen worden." Die Exegeten haben aufgewiesen, daß dieser Christushymnus auf dem Hintergrund der alttestamentlichen Weisheitsspekulation und der hellenistischen Logosspekulation zu sehen ist. Der Autor hat sich der hier vorgefundenen Interpretamente bedient, um sein christozentrisches Verständnis der Schöpfung zu vermitteln und gegenüber den gnostischen Tendenzen in Kolossae durchzusetzen. Man nimmt an, daß die hier umgehende Lehre von den ‚Elementen' jener Auffassung ähnlich war, die Marc Aurel in seiner Schrift „Wege zu sich selbst" (II, 8) auf die Formel gebracht hat: „Alles ist mir Frucht, was deine Zeiten bringen, o Natur. Von

dir ist alles, in dir ist alles, zu dir ist alles." Diese Formel greift der Verfasser des Kolosserbriefs auf, um auszudrücken, daß die ganze Schöpfung in Christus ihre Mitte hat: sie ist „in ihm", „durch ihn" und „auf ihn hin". Die Exegeten bewundern zu Recht die Kühnheit und die Unbefangenheit, mit der hier zentrale Gedanken und Formeln des Gegners aufgegriffen werden, um in ihnen den eigenen Glauben den Lesern nahezubringen. H. Rendtorff sieht darin einen Beleg dafür, „wie wenig die Glaubensaussagen des Paulus [H. R. hält noch an Paulus als Verf. des Kol fest; Anm. A. A.] über Christus Ergebnisse denkerischer Bemühungen sind, die nun mit den Ergebnissen fremder Denkarbeit auf gleicher Ebene stehend die Auseinandersetzung versuchen, wie sie vielmehr dem Ergriffensein von der übergedanklichen Wirklichkeit entstammen und deshalb unbedenklich der gewohnten Sprache sich begeben und fremde Gedankenrüstung anlegen können"[49].

(3) Schließlich sei paradigmatisch auf einige Vorgänge in der altkirchlichen Rezeptionsgeschichte hingewiesen.[50] Formeln wie „Hellenisierung", „Romanisierung" oder „Germanisierung" des Christentums bedeuten nicht Verlust von christlicher Identität, sie bezeugen nur, „daß die christliche Religion in den betreffenden Epochen selbständig durchdacht und angeeignet worden und daß sie Bestandteil der Kultur der Völker geworden ist"[51]. Das gänzlich bibelfremde *homoousios* wurde durch Nikaia in einer Weise interpretiert, daß es der hellenistischen Konzeption gerade nicht nachgab, sondern die biblisch-christliche Überlieferung weiterdeutete. Ähnlich war es mit Chalkedon. Das Konzil widersetzte sich einer Christologie, die in den Sog einer hellenisierenden Spekulation geraten war und die Einheit von Gott und Mensch in Christus im Sinne einer Natursymbiose, also einer physisch-biologischen Natureinheit mißverstand. Indem das Konzil Christus als „eine Hypostase, (als) eine Person in zwei Naturen", als „einen und denselben in wahrer Gottheit und in wahrer Menschheit" verstand, hat es den Hypostase-Begriff vom Physis-Begriff abgelöst. Durch das „unvermischt" und „ungetrennt" (*asynchytos* und *adihairetos*) der Verbindung von Gott und Mensch in Chri-

[49] Der Brief an die Kolosser. In: Die kleineren Briefe des Apostels Paulus. Übers. und erklärt von H.W. Beyer, H. Rendtorff, B. Heinzelmann und A. Oepke (Das Neue Testament Deutsch, Neues Göttinger Bibelwerk, 8. Teilbändchen), Göttingen [4]1959, 110.

[50] Vgl. zum Folgenden *A. Grillmeier*, Mit ihm und in ihm. Christologische Forschungen und Perspektiven, Freiburg 1975, vor allem 303–334 und 335–370; vgl. auch *Y. Congar*, Die Rezeption als ekklesiologische Realität, in: Concilium 8 (1972) 500–514.

[51] *A. Grillmeier*, a. a. O. 455.

stus wird das Menschsein erst recht zur Vollendung geführt und erhält „die Autonomie in Verwirklichung seiner selbst"[52]. Damit ist – Grillmeier hat auf diesen Zusammenhang aufmerksam gemacht – ein Zugang auch zur modernen Anthropologie eröffnet.

Das II. Vatikanum kann auf der Basis des von der chalkedonischen Theologie rezipierten Personbegriffs die Idee der Menschwerdung und der Christusnachfolge und die Idee der Autonomie des Menschen miteinander verbinden. In seiner Pastoralkonstitution *Gaudium et spes* (I, n. 41) heißt es: „Wer Christus, dem vollkommenen Menschen, folgt, wird auch selbst mehr Mensch ... Dies entspricht dem grundlegenden Gesetz der christlichen Heilsordnung. Wenn auch derselbe Gott Schöpfer und Erlöser ist, Herr der Profangeschichte und der Heilsgeschichte (und so gleichsam zu befürchten wäre, daß der ‚Heilsgott' den ‚Schöpfergott' in den Hintergrund drängen könnte), so wird doch in eben dieser göttlichen Ordnung die richtige Autonomie der Schöpfung und besonders des Menschen nicht nur nicht aufgehoben, sondern vielmehr in ihre eigene Würde eingesetzt und in ihr befestigt."

Diese von A. Grillmeier dargestellten dogmengeschichtlichen Perspektiven erscheinen für unsere Thematik ergiebiger als der Versuch, die heutige theologische Rezeption der Autonomie-Vorstellung als „Etikettenschwindel" abzutun. So sollte man mit der Frage der Begegnung von neuzeitlichem Autonomieanspruch und christlicher Botschaft in der Tat nicht umgehen.

Die Beispiele sprechen für sich selbst, wenn man sich an zwei wissenschaftstheoretische Einsichten erinnert, die Thomas S. Kuhn in seinem Buch „Die Struktur wissenschaftlicher Revolutionen"[53] vorlegt. Freilich geht es bei der theologischen Rezeption der Autonomie-Vorstellung nicht um eine „wissenschaftliche Revolution", noch nicht einmal um eine ausgearbeitete wissenschaftliche Theorie, sondern nur um den Versuch, ein neues Interpretament einzuführen. Wenn man Kuhns Einsichten auf unser Problem anwendet, kann man sagen: Erstens, neue Interpretamente kommen nur ins Spiel, wenn frühere Versuche einer Lösung anstehender Probleme versagt haben und die bisherigen Plausibilitäten ausgehöhlt sind (87, 90, 96f., 104). – Zweitens, die Krise allein genügt nicht. Es muß auch eine Basis des Vertrauens gegenüber dem neu ins Spiel gekommenen Interpreta-

[52] A.a.O. 544.

[53] Frankfurt ^{3}1978. Die Zitate werden durch Einfügung der Seitenzahlen in den Text belegt.

ment vorhanden sein, „wenn sie auch nicht rational oder endgültig zu sein braucht. Etwas muß wenigstens einigen Wissenschaftlern das Gefühl geben, daß der neue Gedanke auf dem richtigen Weg ist" (168). Es geht bei der Einführung eines neuen Interpretaments – in der Sprache Thomas S. Kuhns: bei der Neuorientierung einer Wissenschaft durch „Paradigmawechsel" – nicht eigentlich um neue Daten, sondern vielmehr um die Betrachtung der überkommenen Daten in einem neuen Horizont. Natürlich gibt es dabei Widerstände vor allem von seiten derer, die mit der herkömmlichen wissenschaftlichen Argumentationsweise am besten vertraut sind. Man sollte freilich bedenken, was Max Planck beim Rückblick auf seine wissenschaftliche Laufbahn voll Bedauern festgestellt hat: „Eine neue wissenschaftliche Wahrheit pflegt sich nicht in der Weise durchzusetzen, daß ihre Gegner überzeugt werden und sich als belehrt erklären, sondern vielmehr dadurch, daß die Gegner allmählich aussterben und daß die heranwachsende Generation von vornherein mit der Wahrheit vertraut gemacht ist" (162).

V. Desiderate zur wissenschaftlichen Aufarbeitung der Rezeption der Autonomie-Vorstellung

Die ausführliche Einlassung auf die Einwände gegen die Rezeption der Autonomie-Vorstellung soll keineswegs den Eindruck erwecken, es gebe hier keine Probleme. Manche werden vielleicht mit diesem Ansatz nur sehr unzulänglich zu lösen sein. Sicherlich kann und muß aber einiges getan werden, um die spontane, vielleicht sogar überhastete Rezeption wissenschaftlich gründlicher aufzuarbeiten.

Zur Zeit bestehen diesbezüglich im wesentlichen fünf Desiderate. Erstens: Die biblischen Entsprechungen zur Autonomie-Vorstellung müssen noch klarer analysiert werden. Es ist ermutigend zu sehen, daß sich auch evangelische Exegeten an den einschlägigen Untersuchungen beteiligen.[54] – Zweitens: Der in der Diskussion verwendete bzw. stillschweigend vorausgesetzte Vernunftbegriff muß weiter geklärt werden. Es wurde zwar ein hermeneutisches Instrumentarium entwickelt, mit dessen Hilfe der Anspruch der Wirklichkeit adäquat

[54] Vgl. z. B. G. *Strecker*, Konstrukturen neutestamentlicher Ethik, in: Zeitschrift für Theologie und Kirche 75 (1978) 117–146; *ders.*, Autonome Sittlichkeit und das Proprium der christlichen Ethik bei Paulus, in: Theologische Literaturzeitung 104 (1979) 866–872.

ausgelegt und zugleich als Forderung Gottes ausgelegt werden kann. Doch muß die Interpretationsleistung dieses Instrumentariums noch deutlicher vorgestellt werden. Vor allem steht eine ausdrückliche Auseinandersetzung mit den philosophisch möglichen Konzeptionen von Vernunft noch aus.[55] – Drittens: Die weitere Forschung wird sich mit konkret vorliegenden Autonomie-Konzepten und ihrer christlichen Integrierbarkeit einlassen müssen. Gewichtige Untersuchungen liegen schon vor, andere stehen vor dem Abschluß. Angesichts der Schwierigkeiten, die sich bei der Interpretation der seit Kant vorgelegten Autonomie-Konzepte immer schon eingestellt haben, wird man auf harte Auseinandersetzungen gefaßt sein müssen. – Viertens: „Autonome Moral im christlichen Kontext" sucht die Wirklichkeit adäquat auszulegen und den in ihr angelegten Anspruch auf optimale Entfaltung zu erheben. Dies wird vermutlich überall dort als Fremdbestimmung des Sittlichen bewertet werden, wo man den Bezug der Erkenntnis auf die Wirklichkeit (im Sinn einer realistischen Erkenntnistheorie) verkennt und sich mit der transzendentalen Überprüfung der Bedingungen der Möglichkeit kritischen Vernunftgebrauchs zu begnügen entschlossen ist. Hier ist kaum mit einem Konsens zu rechnen. Jedenfalls kann eine theologische Ethik nicht einfach die Kongruenztheorie zugunsten der Konsenstheorie aufgeben. Sie wird eher bereit sein, eine Zeit lang Schmach auf sich zu nehmen, als den Bezug des Denkens zur Wirklichkeit zu verleugnen. – Und schließlich fünftens: Es muß klargemacht werden, daß für das Konzept einer „autonomen Moral im christlichen Kontext" das Normenproblem nur ein partielles Problem darstellt. Normen haben ein Gefälle zum sittlichen Minimum. Der „christliche Kontext" aber drängt unweigerlich auf ein hochethisches Verständnis des Sittlichen. An dieser Stelle könnte der Dialog mit der Theologie der Befreiung besonders fruchtbar werden.

Die Zeitschrift ‚Concilium' urgiert diesen Dialog in ihrem thematischen Heft „Ethik vor dem Anspruch auf Befreiung".[56] In der leidenschaftlichen Selbstpräsentation der „Befreiungsethik" findet man

[55] Hier liegt unbestreitbar das Verdienst von *E. Schockenhoff* (Autonomes Verstehen und Handeln aus dem Glauben), der die Interdependenzlogik „zwischen dem jeweils zugrundegelegten Vernunftbegriff und dem darauf aufbauenden Autonomieverständnis" (4) ausdrücklich thematisiert.

[56] 20 (1984) 89–114: Eine Ethik der Autonomie; 115–141: Eine Ethik der Befreiung; 142–166: Auf dem Weg zu einem Dialog zwischen Ethik der Autonomie und Ethik der Befreiung; 167–176: Dokumentation zur autonomen Moral *(A. Bondolfi)* und zur Befrei-

„religiöse Symbole" (Gottesreich, Hoffnung u. a.) mitsamt dem darin implizierten „ethischen Gehalt" (Maßstäbe, Werte, Haltungen), aber kein einziges Kriterium, das die Ausarbeitung einer konkreten sozial- oder wirtschaftsethischen Konzeption ermöglichen könnte. Demgegenüber muß das Ethos der Autonomie darauf beharren, „daß das Kriterium der Vernunft zwischen den Impuls des Glaubens und die Tat tritt", wie D. Mieth prägnant feststellt.[57] Sonst ist totalitären (heute linkslastigen, früher eher rechtslastigen) Sakralisierungstendenzen Tür und Tor geöffnet. M. Vidal führt den „verworrenen epistemologischen Status" der befreiungstheologischen Ethik darauf zurück, daß sie nicht voneinander unterscheidet „die autonome Rationalität der Ethik (das, was man in bestimmter Sprechweise ‚kategorial' nennt und was das hermeneutische Bett der konkreten Normen bildet)" und „die spezifische theologische Rationalität (das, was man in bestimmter Sprache ‚transzendental' nennt und was die christlichen Bezugspunkte mit ihren entsprechenden axiologischen Relevanzen hervorbringt"[58]. Vidal setzt selbst auf den Dialog zwischen „Autonomie" und „Befreiung", weil die erste „die Struktur des Menschlichen", die zweite „den ethisch-religiösen Horizont des christlichen Lebens" darstellt. Beide passen nach ihm „in die strukturelle und funktionale Einheit *eines* Moralmodells. Die Autonomie stellt den ‚Text' der innerweltlichen Rationalität dar. Die Befreiung bietet den ‚Kontext' der eschatologischen Verheißung. Die Autonomie wird zum Emanzipationsprozeß; die Befreiung führt das Auswahlkriterium der Solidarität ein. Auf diese Weise entsteht ein neues Modell der theologischen Ethik: die Ethik der solidarischen Befreiung." – Wer wollte nach solcher Schlüssigkeit noch daran erinnern, daß das theologische Konzept einer autonomen Moral sich immer „im christlichen Kontext" verstanden hat! Wer wollte sich da noch Sorge darüber machen, ob das neue Paradigma für die Vermittlung der spezifisch theologischen Rationalität, nämlich „Befreiung", vielleicht nicht weniger mißverständlich und nicht weniger mißbräuchlich ist als das Paradigma „Autonomie"! Es gibt da ja auch schon einige Erfahrungen. Ein redlicher Dialog wird Klarheit bringen. Daß die Entfaltung des

ungsethik *(M. Ch. Morkovsky)*. Besonders instruktiv sind der schon zitierte Beitrag von *Ph. Rossi* und die Beiträge von *M. Vidal*, **Läßt sich die Autonomie** als Moralgrundlage mit der Befreiungsethik vereinbaren? Der notwendige Dialog zwischen „Autonomie" und „Befreiung" (154–159), und von *D. Mieth*, Autonomie oder Befreiung – zwei Paradigmen christlicher Ethik? (160–166).

57 A. a. O. 164.

58 A. a. O. 157; zum Folgenden 159.

„christlichen Kontexts“ im Rahmen des theologischen Konzepts einer autonomen Moral nüchterner, blasser, vielleicht steriler wirkt als im Rahmen des prophetischen Genus der Befreiungstheologie, wird kaum jemand anzweifeln; es sollte die „Autonomisten“ für die Weiterführung des angestoßenen Dialogs optimal motivieren.

Schlußbemerkung

Das Modell einer autonomen Moral im christlichen Kontext will keine neue Theorie des Sittlichen sein. Mit Hilfe des Interpretaments „Autonomie“ sammelt und systematisiert es vielmehr lediglich Aspekte und Kriterien, die auf jeden Fall respektiert werden müssen, wenn die Vernünftigkeit ethischer Normen und das christliche Proprium des Sittlichen wissenschaftlich traktiert werden. Das Modell erhebt keinerlei dogmatischen Anspruch. Es versteht sich als Versuch, für den uns heute abgeforderten Schritt von einer naiven zu einer kritisch bewußten Moralität eine Verstehenshilfe, ein methodisches Instrumentarium bereitzustellen. Das Autonomie-Modell strebt nicht mehr, aber auch nicht weniger an als „methodische Strenge (wie) für das philosophische (so auch für das theologische) Reden über das Sittliche“[59]. Damit könnte es einen wichtigen Beitrag leisten, daß die Kirche auch für den heutigen Menschen intellektuell und ethisch wieder leichter bewohnbar wird.
Ob die „autonome Moral im christlichen Kontext“ eine Chance in der Kirche hat? Jedenfalls stehen die Aussichten günstiger als vor 100 Jahren, zur Zeit F.X. Linsenmanns. Und doch schrieb dieser im Vorwort zu seinem „Lehrbuch der Moraltheologie“ (1878): „Es ist mit Meinungen, die man wagt, wie mit Steinen, die man voran im Brett bewegt: sie können geschlagen werden, aber sie haben ein Spiel eingeleitet, das gewonnen wird.“

[59] Vgl. O. *Schwemmer*, Philosophie der Praxis. Versuch zur Grundlegung einer Lehre vom moralischen Argumentieren, Frankfurt 1971, 34.